머리말

JLPT(일본어능력시험)는 일본어를 모국어로 하지 않는 학습자들의 일본어 능력을 측정하고 인정하는 것을 목적으로 하는 시험으로 일본국제교류기금 및 일본국제교육지원협회가 1984년부터 실시하고 있습니다.

JLPT는 1984년 총 15개 국가의 21개 도시에서 응모자 7,998명(일본 국내 2,849명, 해외 5,149명)으로 제1회 시험이 개시되어, 2016년에는 866,294명(제1회 389,674명, 제2회 476,620명)이 응시하는 대규모 시험으로 발전하였습니다. 일본 정부가 공인하는 세계 유일의 일본어 시험인 만큼 JLPT는 일본의 대학, 전문학교, 국내 대학교의 일본어과 등의 특기자 전형과 기업 인사 및 공무원 선발에서의 일본어 능력에 대한 평가 자료로도 활용되고 있습니다.

2010년부터 실시된 새로운 시험에서는 학습자들의 과제 수행을 위한 커뮤니케이션 능력을 측정하는 것을 목표로 하고 있으며, 기존 4단계에서 5단계로 단계 조정을 하게 되었습니다. 기존의 시험은 위의 급부터 1급-2급-3급-4급 구성이었지만, 새로운 시험에서는 N1-N2-N3-N4-N5로 바뀌었습니다. 여기서 「N」은 「NIHONGO(일본어)」, 「NEW(신)」의 첫 글자인 「N」을 가리킵니다.

1990~2017년까지의 JLPT(일본어능력시험) 문법의 분석을 토대로 이번에 『JLPT 콕콕 찍어주마 N4·5 문법』을 개정하여 출간하게 되었습니다.

『JLPT 콕콕 찍어주마 N4·5 문법』의 Part I 은 N5 문법, Part II는 N4 문법으로 품사별로 출제가 예상되는 문법을 제시하고, 다양한 예문과 풍부한 실전 문제를 실었습니다. 그리고 부록으로 필수 접속사와 부사를 선별하여 실었으며, 학습자의 실력을 점검할 수 있도록 각각 4회분의 「파이널 테스트」를 마련했습니다. 따라서 이 책만 충실히 공부한다면 JLPT N4·5 문법에 대한 고민은 더 이상 하지 않아도 되리라 확신합니다. 이 책으로 학습한 분들께 좋은 결과가 있기를 진심으로 기원합니다.

끝으로 자료 수집과 분석을 도와준 이한나 님, 감수를 해 주신 米倉安生 님, 이 책의 출판에 도움을 주신 (주)다락원의 정규도 사장님, 그리고 일본어 출판부 직원들에게 이 자리를 빌어 감사를 드립니다.

저자 이치우

JLPT 일본어 능력시험에 대하여

1. **목적 및 주최** | JLPT 일본어 능력시험은 원칙적으로 일본 국내외에서 일본어를 모국어로 하지 않는 사람을 대상으로 하며, 일본어를 공부하거나 사용하는 사람들의 일본어 능력을 측정하고 인정하는 것을 목적으로 한다. 일본 정부가 세계적으로 공인하는 유일한 일본어 시험으로 국제교류기금과 재단법인 일본국제교육지원협회가 주최한다.

2. **실시 횟수** | 매년 7월 첫 번째 일요일과 12월 첫 번째 일요일 2회 실시한다. 하지만 주관 부서의 사정에 따라 변경될 수도 있으니 http://www.jlpt.or.kr/ 에서 확인하기 바란다.

3. **레벨** | 시험은 N1, N2, N3, N4, N5로 나뉘어져 있어 수험자가 자신에게 맞는 레벨을 선택하면 된다. 각 레벨에 따라 N1~N2는 언어지식(문자·어휘·문법)·독해, 청해의 두 섹션으로, N3~N5는 언어지식(문자·어휘), 언어지식(문법)·독해, 청해의 세 섹션으로 나뉘어져 있다.

4. **시험결과 통지와 합격 여부** | JLPT 일본어 능력시험은 다음 예와 같이 각 과목의 ①구분 별 득점과 구분 별 득점을 합계한 ②총점을 통지하며, 이 두 가지 기준에 따라 합격 여부를 판정한다. 즉, 총점이 합격점 이상이고, 각 구분별 득점(과목별 점수)이 기준점 이상이어야 합격이 된다.

〈일반 수험자 합격 기준점〉

2017. 7월 시험 기준

레벨	합격점/만점	기준점		
		언어지식	독해	청해
N4	90점 / 180점	38점 /120점		19점 / 60점

레벨	합격점/만점	기준점		
		언어지식	독해	청해
N5	80점 / 180점	38점 /120점		19점 / 60점

* 2017년 7월 N4시험에서는 총점은 90점, 기준점으로는 언어지식+독해가 38점, 청해가 19점이 모두 넘어야 합격이 되었고, N5시험에서는 총점은 80점, 기준점으로는 언어지식+독해가 38점, 청해가 19점이 모두 넘어야 합격이 되었다. 만약 한 과목이라도 기준점을 넘기지 못하면 총점이 충족되더라도 불합격이 된다. 이 점수는 매년 달라진다. 그럼 N4시험을 치른 A씨와 B씨의 성적표를 예로 들어 보자.

* A 씨의 성적표 (예)

① 구분 별 득점			② 총점
언어지식	독해	청해	
90 / 120		15 / 60	105 / 180

* 총점은 105점으로 합격점은 충족하지만, 청해가 15점으로 기준점 19점을 넘기지 못했다. 따라서 A씨는 **불합격**이다.

* B 씨의 성적표 (예)

① 구분 별 득점			② 총점
언어지식	독해	청해	
70 / 120		35 / 60	105 / 180

* 총점은 105점으로 합격점을 충족하며, 구분별 득점도 모두 기준점을 충족하므로 B씨는 **합격**이다.

5. 시험 내용 | 각 레벨의 인정 기준을 【읽기】, 【듣기】라는 언어행동으로 나타낸다. 각 레벨에는 이 언어행동을 실현하기 위한 언어지식이 필요하다.

레벨	구성 (항목 / 시간)		인정 기준
N1	언어지식 (문자 · 어휘 · 문법) 독해	110분	폭넓은 장면에서 사용되는 일본어를 이해할 수 있다. 읽기 • 폭넓은 화제에 대해 쓰여진 신문의 논설, 논평 등 논리적으로 약간 복잡한 문장이나 추상도가 높은 문장 등을 읽고, 문장의 구성이나 내용을 이해할 수 있다. • 다양한 화제의 내용에 깊이 있는 내용을 읽고, 이야기의 흐름이나 상세한 표현 의도를 이해할 수 있다. 듣기 • 폭넓은 장면에 있어 자연스러운 속도의 정리된 회화나 뉴스, 강의를 듣고 이야기의 흐름이나 내용, 등장인물의 관계나 내용의 논리 구성 등을 상세하게 이해하거나 요지를 파악할 수 있다.
	청해	65분	
	계	175분	
N2	언어지식 (문자 · 어휘 · 문법) 독해	105분	일상적인 장면에서 사용되는 일본어의 이해에 더해, 보다 폭넓은 장면에서 사용되는 일본어를 어느 정도 이해할 수 있다. 읽기 • 폭넓은 화제에 대해 쓰여진 신문이나 잡지의 기사·해설, 평이한 논평 등 요지가 명쾌한 문장을 읽고 문장의 내용을 이해할 수 있다. • 일반적인 화제에 관한 내용을 읽고, 이야기의 흐름이나 표현 의도를 이해할 수 있다. 듣기 • 일상적인 장면에 더해 폭넓은 장면에서, 비교적 자연스러운 속도의 정리된 회화나 뉴스를 듣고 이야기의 흐름이나 내용, 등장인물의 관계를 이해하거나 요지를 파악할 수 있다.
	청해	55분	
	계	160분	
N3	언어지식(문자 · 어휘)	100분	일상적인 장면에서 사용되는 일본어를 어느 정도 이해할 수 있다. 읽기 • 일상적인 화제에 대해 쓰여진 구체적인 내용을 나타내는 문장을 읽고 이해할 수 있다. • 신문의 표제어 등에서 정보의 개요를 캐치할 수 있다. • 일상적인 장면에서 눈으로 보는 범위의 난이도가 약간 높은 문장은 대체 표현이 주어지면 요지를 이해할 수 있다. 듣기 • 일상적인 장면에서 비교적 자연스러운 속도의 정리된 회화를 듣고 이야기의 구체적인 내용을 등장인물의 관계 등과 맞춰서 거의 이해할 수 있다.
	언어지식(문법) · 독해		
	청해	45분	
	계	145분	
N4	언어지식(문자 · 어휘)	80분	기본적인 일본어를 이해할 수 있다. 읽기 • 기본적인 어휘나 한자로 쓰여진, 일상생활 중에서도 우리 주변의 화제의 문장을 읽고 이해할 수 있다. 듣기 • 일상적인 장면에서 약간 천천히 이야기하는 대화라면 내용을 거의 이해할 수 있다.
	언어지식(문법) · 독해		
	청해	40분	
	계	120분	
N5	언어지식(문자 · 어휘)	60분	기본적인 일본어를 어느 정도 이해할 수 있다. 읽기 • 히라가나나 가타카나, 일상생활에서 사용되는 기본적인 한자로 쓰여진 정형적 어구나 글, 문장을 읽고 이해할 수 있다. 듣기 • 교실이나 신변적인 일상생활 중에서도 자주 접하는 장면으로, 천천히 이야기하는 짧은 대화라면 필요한 정보를 캐치할 수 있다.
	언어지식(문법) · 독해		
	청해	30분	
	계	90분	

※ N3 – N5 의 경우, 1교시에 언어지식(문자·어휘)과 언어지식(문법)·독해가 연결실시됩니다.
※ N4 – N5 의 경우, 2020년 제2회 JLPT 시험부터 과목별 시간이 변경되었습니다.

6. 결과 발표 | 합격자에 한해 교부되는 급수별 「일본어 능력 인정서」와 함께 응시자 전원에게 합격·불합격의 결과를 알려주는 통지서, 인정 결과 및 성적에 관한 증명서를 교부한다.

이 책의 구성 및 특징

이 책은 JLPT (일본어능력시험) N4・5 문법에 완벽하게 대응하도록 분석・정리하여, JLPT의 출제 경향을 한눈에 파악할 수 있도록 한 수험서입니다. 품사별로 출제가 예상되는 문법을 싣고, 실전 문제로 실제 시험에 익숙해지도록 하였습니다.

Part Ⅰ N5 문법

「Part1 N5 문법」은 조사(24), い형용사・な형용사・동사・명사의 활용(31), 지시어(4), 의문사(17), 접미어・부사의 호응(4), 숫자・조수사 등(4), 표현 의도(24), 인사말(21), 초급 회화(8), 기타 문법 항목(6)의 총 137개 항목에 대해 설명하고 있습니다.

- **급소 찌르기**   해당 항목의 가장 대표적인 것을 실었습니다.
- **콕콕 실전 문제**   앞에서 다룬 문법을 잘 숙지했는지 문제를 통해 확인할 수 있습니다.

Part Ⅱ N4 문법

「Part2 N4 문법」은 N5 문법에 대한 복습으로 문형・활용(7), 조사・지시어・의문사(11), 표현 의도(8)를, N4 문법으로 문형・활용(19), 지시어・축약형・접미어(6), 조사(7), 표현 의도(68), 경어(21), 인사말(11), 기본 회화(2)의 총 160항목에 대해 설명하고 있습니다.

- **급소 찌르기**   해당 항목의 가장 대표적인 것을 실었습니다.
- **콕콕 실전 문제**   앞에서 다룬 문법을 잘 숙지했는지 문제를 통해 확인할 수 있습니다.

부록

부록에는 N4・5 필수 접속사 24와 필수 부사 56을 실어 문장의 문법 문제에 대비할 수 있도록 하였습니다. 또 실제 일본어 능력시험 N4・5 문법과 같은 형식의 〈파이널 테스트〉를 각 4회씩 수록하여 마무리 점검을 할 수 있도록 하였습니다. 〈콕콕 실전 문제와 파이널 테스트 해석〉은 교재 안의 QR코드 또는 홈페이지 게시판에서 다운로드 하실 수 있습니다. 마지막으로 〈JLPT N4・5 문법 출제표〉를 수록하여 시험에 임하기 전 복습・정리가 가능하도록 하였으며, 또한 색인으로도 활용할 수 있도록 구성하였습니다.

학습자를 위해 준비했습니다!
1. **파이널 테스트 추가 제공**   다락원 홈페이지 학습자료실에서 N4・5 문법 파이널 테스트 4회분을 추가로 제공.
2. **정답 및 해석 바로 확인**   다락원 홈페이지 학습자료실에서 다운로드 또는 스마트폰으로 QR코드로 찍어서 바로 확인 가능.

차례

- 머리말 　　　　　　　　　　　　　　　　　　　　　　　　　　　　03
- JLPT(일본어능력시험)에 대하여 　　　　　　　　　　　　　　　　　04
- 이 책의 구성과 특징 　　　　　　　　　　　　　　　　　　　　　　06
- 이 책의 학습 방법 　　　　　　　　　　　　　　　　　　　　　　　09

PART I　N5 문법

N5 문법 문제 유형 분석 　　　　　　　　　　　　　　　　　　　　12

01	조사	14
	콕콕 실전 문제 01~02	
02	い형용사	42
	콕콕 실전 문제 03	
03	な형용사	52
	콕콕 실전 문제 04	
04	동사	62
	콕콕 실전 문제 05	
05	명사	74
06	지시어	77
	콕콕 실전 문제 06	
07	의문사	84
08	접미어·부사의 호응	92
	콕콕 실전 문제 07	
09	숫자, 조수사 등	100
	콕콕 실전 문제 08	
10	표현 의도	111
	콕콕 실전 문제 09~10	
11	인사말·초급 회화	136
	콕콕 실전 문제 11	

PART II N4 문법

N4 문법 문제 유형 분석 — 148

01 N5 문법 복습 — 150
콕콕 실전 문제 01

02 문형·활용 — 172
콕콕 실전 문제 02

03 지시어·축약형·접미어 — 189
콕콕 실전 문제 03

04 조사 — 198
콕콕 실전 문제 04

05 표현 의도 — 207
콕콕 실전 문제 05~11

06 경어 — 298

07 인사말·기본 회화 — 300
콕콕 실전 문제 12

부록

1. N4·5 필수 접속사 24 / 부사 56 — 310
2. N5 파이널 테스트 1~4회 — 320
3. N4 파이널 테스트 1~4회 — 343
4. N5 문법 출제표 — 366
5. N4 문법 출제표 — 376
6. 콕콕 실전 문제 및 파이널 테스트 정답 — 385
7. 파이널 테스트 해답 용지 — 390

이 책의 학습 방법

① 문법 기능어와 뜻, 설명을 숙지한다.
② 급소찌르기로 간단한 예문을 통해 쓰임새를 이해한다.
③ 출제 가능성이 높은 예문을 통해 시험에 대비한다.
④ 콕콕 실전 문제를 통해 단어가 숙지되었는지 체크하고 마무리로 파이널 테스트를 풀어보자.
⑤ 빠르게 문법을 훑어보거나 모르는 문법 기능어가 있을 때는 문법 출제표를 이용한다.

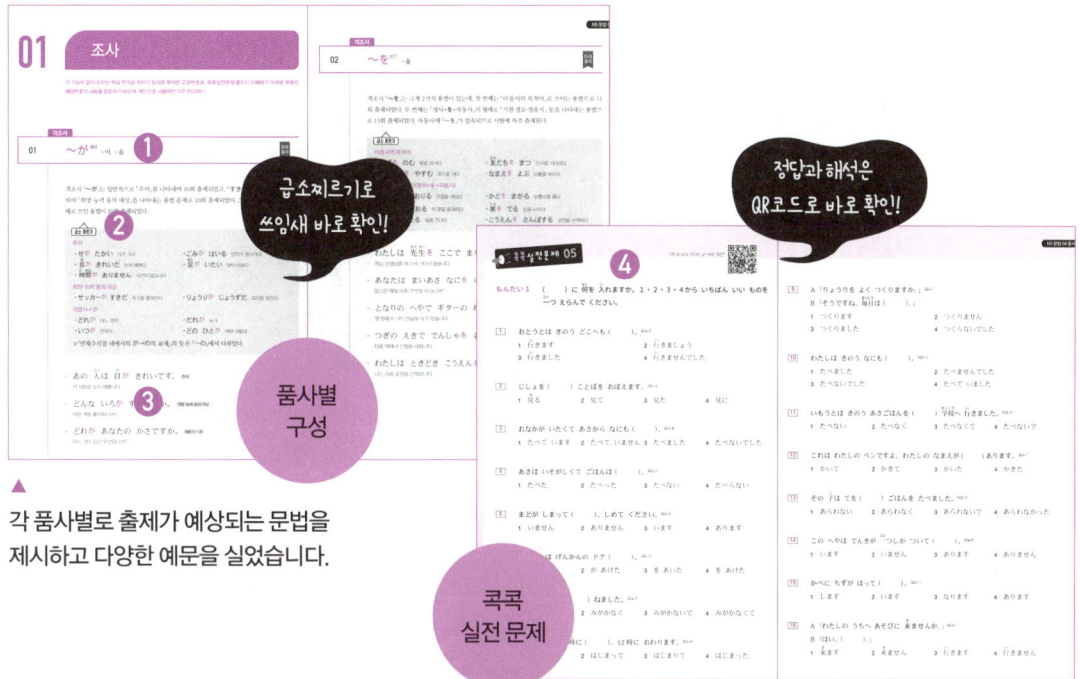

▲ 각 품사별로 출제가 예상되는 문법을 제시하고 다양한 예문을 실었습니다.

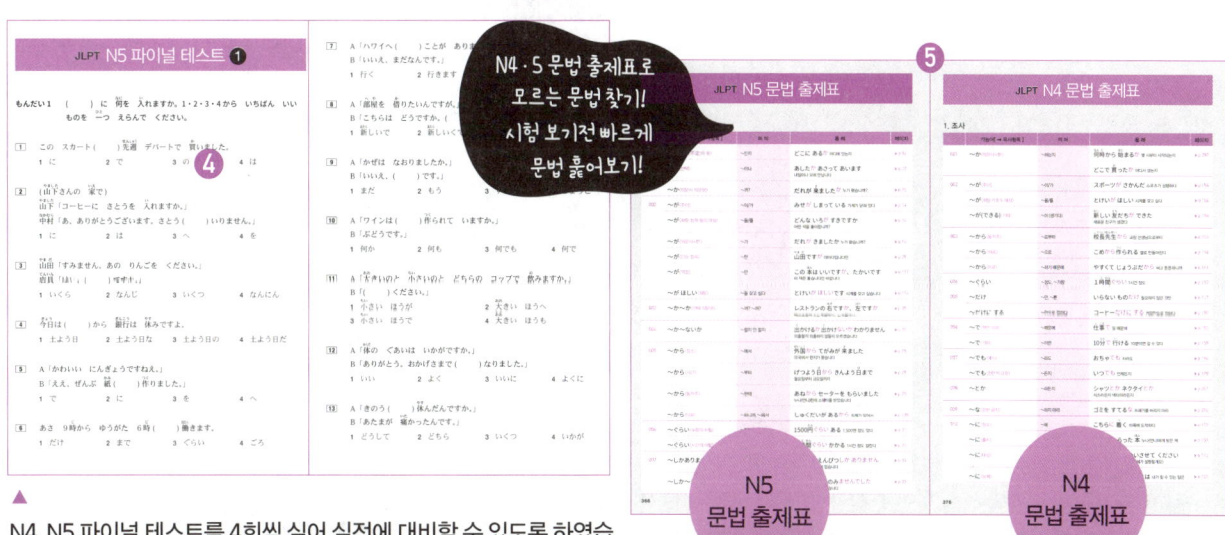

▲ N4, N5 파이널 테스트를 4회씩 실어 실전에 대비할 수 있도록 하였습니다. 정답과 해석은 QR코드로 바로 확인하실 수 있습니다.

Part 1
N5 문법

N5 문법 대책

01 조사

02 い형용사

03 な형용사

04 동사

05 명사

06 지시어

07 의문사

08 접미어·부사의 호응

09 숫자, 조수사 등

10 표현 의도

11 인사말·초급 회화

N5 문법
문제 유형 분석

JLPT(일본어 능력시험) N5 문법 문제는 「문장의 문법 1 (문법형식 판단)」, 「문장의 문법 2 (문맥배열)」, 「글의 문법 (문장흐름)」의 3가지 패턴으로 출제된다.

もんだい 1 문장의 문법1(문법형식)

( ) 안에 알맞은 표현을 넣어 문장을 완성하는 문제로, 기능어 보다는 조사, 품사의 기본적인 활용, 회화에 어울리는 표현 등을 묻는 문제가 주로 출제되고 있다. 문제 수는 16문제이며 변경될 경우도 있다.

8 駅まで タクシーで 1000円 (　　) です。 (2011.7)
 1 ぐらい　　　　2 など　　　　3 ごろ　　　　4 も

12 A 「東京でも 雪が ふりますか。」
   B 「ええ、ふりますよ。でも、きょねんは あまり (　　)。」 (2011.7)
 1 ふりませんでした　　　　2 ふりません
 3 ふりました　　　　　　　4 ふります

해석
8 역까지 택시로 1000엔 **정도**입니다.
12 A 도쿄에서도 눈이 내립니까?
   B 네, 내려요. 하지만, 작년에는 그다지 **내리지 않았습니다**.

もんだい 2 문장의 문법2(문맥배열)

문장을 바르게 그리고 뜻이 통하도록 배열하여 문장을 만드는 문제이다. 4개의 밑줄이 그어져 있고, 그 중 한 개의 밑줄에 ★ 표시가 되어 있다. 문장을 알맞게 배열하고 ★ 표시가 있는 부분에 해당하는 문장을 찾으면 된다. 문제 수는 5문제이며 변경될 경우도 있다.

18 A 「会社 ＿＿＿＿ ＿＿＿＿ ＿★＿＿ ＿＿＿＿ 行って いますか。」
   B 「わたしは あるいて 行って います。」 (2011.7)
 1 で　　　　2 は　　　　3 へ　　　　4 何

해석
18 (3241 - へ は 何★ で)
   A 회사**에는 무엇으로** 다니고 있습니까?
   B 저는 걸어서 다니고 있습니다.

もんだい3　글의 문법1(문장흐름)

공란에 들어갈 가장 좋은 것을 고르는 문제로 5문제가 출제되며 변경될 경우도 있다. 문장의 흐름에 맞는 글인지 어떤지를 판단할 수 있는가를 묻는 데에 출제 목적이 있다. 공란에는 문장의 흐름에 맞는 문법 요소나 어휘, 접속사, 부사 등이 많이 나온다.

(2011.7)

　　　日本で べんきょうして いる 学生が「すきな 店」の ぶんしょうを 書いて、クラスの みんなの 前で 読みました。

(1) ケンさんの ぶんしょう

　　わたしは すしが すきです。日本には たくさん すし屋が ありますね。わたしの 国には すし屋が ありませんから、今 とても うれしいです。日本に ［22］、いろいろな 店で 食べました。学校の 前の 店は、安くて おいしいです。すしが すきな 人は、いっしょに ［23］。

(2) ミンジさんの ぶんしょう

　　わたしは えきの ちかくの 本屋が すきです。えきの ちかくの 本屋 ［24］ 大きい お店です。外国の 本も 売って います。わたしの 国のも ［25］。そして、わたしが すきな りょうりの 本も 多いです。［26］、本は いつも えきの ちかくの 本屋で 買います。みなさんは すきな 本屋が ありますか。

22
1 行くから　　2 行ってから　　3 来るから　　**4 来てから**

23
1 行きましたか　　　　　　　**2 行きませんか**
3 行って いましたか　　　　4 行って いませんか

24
1 か　　2 と　　3 の　　**4 は**

25
1 います　　2 読みます　　**3 あります**　　4 します

26
1 だから　　2 では　　3 それから　　4 でも

01 조사

각 기능어 앞의 숫자는 학습 편의상 저자가 임의로 부여한 고유번호로, 콕콕실전문제 풀이시 이해하기 어려운 부분은 해당번호의 내용을 참조하기 바라며, 색인으로 사용하면 아주 편리하다.

격조사

01 〜が 002 ~이, ~을

격조사 「〜が」는 일반적으로 「주어」를 나타내며 10회 출제되었고, 「すきだ・じょうずだ」와 결합하여 「희망·능력 등의 대상」을 나타내는 용법 문제로 10회 출제되었다. 그리고 「의문사+が」의 형태로 쓰인 용법이 10회 출제되었다.

급소 피르기

주어
- せが たかい 키가 크다
- 目が きれいだ 눈이 예쁘다
- 時間が ありません 시간이 없습니다
- ごみが はいる 먼지가 들어가다
- 足が いたい 발이 아프다

희망·능력 등의 대상
- サッカーが すきだ 축구를 좋아한다
- りょうりが じょうずだ 요리를 잘한다

의문사+が
- どれが 어느 것이
- いつが 언제가
- だれが 누가
- どの ひとが 어떤 사람이

※「연체수식절 내에서의 が→の의 교체」의 뜻은 「〜の」에서 다루었다.

- あの 人は 目が きれいです。 **주어**
  저 사람은 눈이 예쁩니다.

- どんな いろが すきですか。 **희망·능력 등의 대상**
  어떤 색을 좋아합니까?

- どれが あなたの かさですか。 **의문사+が**
  어느 것이 당신 우산입니까?

격조사

02 〜を [021] ~을

격조사 「〜を」는 크게 2가지 용법이 있는데, 첫 번째는 「타동사의 목적어」로 쓰이는 용법으로 11회 출제되었다. 두 번째는 「명사+を+자동사」의 형태로 「기점·경로·경유지」 등을 나타내는 용법으로 13회 출제되었다. 자동사에 「〜を」가 접속되므로 시험에 자주 출제된다.

> **급소 찌르기**
>
> 타동사의 목적어
> - みずを のむ 물을 마시다
> - かいしゃを やすむ 회사를 쉬다
> - 友だちを まつ 친구를 기다리다
> - なまえを よぶ 이름을 부르다
>
> 기점·경로·경유지(명사+を+자동사)
> - でんしゃを おりる 전철을 내리다
> - かどを まがる 모퉁이를 돌다
> - この門を とおる 이 문을 통과하다
> - 家を でる 집을 나오다
> - みちを わたる 길을 건너다
> - こうえんを さんぽする 공원을 산책하다

- わたしは 先生を ここで まちます。 〔타동사의 목적어〕
  저는 선생님을 여기서 기다리겠습니다.

- あなたは まいあさ なにを のみますか。 〔타동사의 목적어〕
  당신은 매일 아침 무엇을 마십니까?

- となりの へやで ギターの れんしゅうを して います。 〔타동사의 목적어〕
  옆 방에서 기타 연습을 하고 있습니다.

- つぎの えきで でんしゃを おります。 〔기점·경로·경유지〕
  다음 역에서 전철을 내립니다.

- わたしは ときどき こうえんを さんぽします。 〔기점·경로·경유지〕
  나는 가끔 공원을 산책합니다.

격조사

03 〜に⁰¹² ~에, ~에게, ~을, ~하러

격조사 「〜に」는 N5 문법에서 6가지 용법으로 출제되고 있다. 구체적으로 살펴보면 '대상'이 4회, 「동사 연용형+に」의 '목적'이 10회, 「목적을 나타내는 명사+に」의 '목적'이 5회, '시간'이 3회, 「기간+に+횟수」가 9회, '장소·방향'이 11회, 기타 「〜にのる・〜にあう」가 4회 출제되었다.

급소 따르기

대상
- だれに 누구에게
- せんせいに 선생님께
- ともだちに 친구에게
- いもうとに 여동생에게

목적(동사 연용형+に)
- かいに いく 사러 가다
- かえしに いく 돌려주러 가다
- のみに くる 마시러 오다
- およぎに いく 수영하러 가다

목적(목적을 나타내는 명사+に)
- かいものに いく 쇼핑하러 가다
- さんぽに いく 산책하러 가다
- りょこうに いく 여행을 가다
- かいものに でかける 쇼핑을 하러 외출하다

시간
- なんじに 몇 시에
- 3じに おきる 3시에 일어난다

기간+に+횟수
- 1にちに 2かい 하루에 2회
- 1ねんに 3かい 1년에 3회
- 1かげつに 2かい 한 달에 2회
- しゅうに 1かい 주 1회

장소
- どこに 어디에
- そこに 그곳에
- きょうしつに 교실에
- こちらに 이곳에

기타
- バスに のる 버스를 타다
- 友だちに あう 친구를 만나다

- わたしは 父に ネクタイを あげます。　대상
  나는 아버지께 넥타이를 드립니다.

- ともだちに かりた DVDを みました。　대상
  친구에게 빌린 DVD를 보았습니다.

- わたしは きのう カメラを かいに 行きました。　목적(동사 연용형+に)
  나는 어제 카메라를 사러 갔습니다.

- としょかんへ 本を かりに 行きます。　목적(동사 연용형+に)
  도서관에 책을 빌리러 갑니다.

- わたしは あした かいものに 行きます。 목적(목적을 나타내는 명사+に)
  나는 내일 쇼핑하러 갑니다.

- あなたは けさ なんじに おきましたか。 시간
  당신은 오늘 아침 몇 시에 일어났습니까?

- 一日に 3かい くすりを のんで ください。 기간+に+횟수
  하루에 3번 약을 드세요.

- 一週間に 二回 母に でんわしました。 기간+に+횟수
  일주일에 두 번 엄마에게 전화했습니다.

- かさは そこに おいて ください。 장소
  우산은 거기에 놓아 주세요.

- つぎの かどを 右に まがって ください。」 방향
  다음 모퉁이를 오른쪽으로 돌아주세요.

- じてんしゃに のって 学校に 行きます。 〜に のる(〜을 타다)
  자전거를 타고 학교에 갑니다.

- きのう えきで 先生に あいました。 〜に あう(〜를 만나다)
  어제 역에서 선생님을 만났습니다.

격조사

04 〜へ 017 ~에, ~로

격조사 「〜へ」는 '동작이 향하는 방향이나 장소'를 나타내며 3회 출제되었다. 격조사 「〜に」와 해석이 비슷하므로 예문을 통해 익혀 두자.

급소 짜르기
- がいこくへ いく 외국에 가다
- どこへ かいものに いきますか 어디로 쇼핑하러 갑니까?

- わたしは あした がいこくへ 行きます。
  나는 내일 외국에 갑니다.

- わたしは らいしゅう にほんへ 行きます。
  나는 다음 주 일본에 갑니다.

격조사

05 ～で ~에서, ~으로, ~때문에, ~에

격조사「～で」는 N5 문법에서 4가지 용법으로 출제되고 있다. 구체적으로 살펴보면「장소」가 7회,「방법·도구·재료」가 12회,「이유」가 12회,「수량+で+수량」이 7회, 기타「これで·じぶんで·日本語で·中国語で·ひとりで·5、6分で」등이 출제되었다.

급소 따르기

장소
- こうえんで 공원에서
- ゆうびんきょくで 우체국에서

방법·도구·재료
- バスで 버스로
- えいがで 영화로
- まんねんひつで 만년필로
- ぎゅうにゅうと たまごで 우유와 계란으로

이유
- びょうきで 병으로 인하여
- あめで 비 때문에

수량＋で＋수량
- ぜんぶで 8にん 모두 해서 8명
- 6こで 300えん 6개에 300엔
- 3つで 100えん 3개에 100엔
- 5本で 600えん 5자루에 600엔

기타
- これで 이것으로, 이만
- 日本語で 일본어로
- じぶんで 자기가, 스스로
- 中国語で 중국어로
- ひとりで 혼자서
- 5、6分で 5,6분이면

- わたしは きのう こうえんで しゃしんを とりました。 **장소**
  나는 어제 공원에서 사진을 찍었습니다.

- これは わたしが 米で 作った パンです。 **방법·도구·재료**
  이것은 내가 쌀로 만든 빵입니다.

- 雨で 川の 水が きたなく なりました。 **이유**
  비 때문에 강물이 더러워졌습니다.

- わたしの かぞくは、ぜんぶで 5人です。 **수량＋で＋수량**
  제 가족은 전부 해서 5명입니다.

- じゃあ、これで じゅぎょうを おわりましょう。 **기타**
  그럼 이것으로 수업을 마치겠습니다.

격조사

06 〜と ~와 [같이] / 〜と(って)言う ~라고 (말)하다

격조사「〜と」는 N5 문법에서 3가지 용법으로 출제되고 있는데,「명사의 대등 접속」이 2회,「동작의 공동, 〜といっしょに」가 12회,「상대를 필요로 하는 동작의 상대」가 3회 출제되었다. 또한「〜と言う」의 형태로 인용을 나타내기도 한다. 이때의「〜と」는 회화체에서는「〜って」라는 꼴로 사용된다.

급소 찌르기

명사의 대등 접속
- なまえと でんわばんごう 이름과 전화번호
- げつようびと もくようび 월요일과 목요일

동작의 공동, 〜といっしょに
- おとうとと テニスを する 남동생과 테니스를 치다
- おじいさんと さんぽを する 할아버지와 산책을 하다
- ともだちと いっしょに 친구와 함께

상대를 필요로 하는 동작의 상대
- やまださんと たべる 야마다 씨와 먹다
- だれと あそびましたか 누구와 놀았습니까?
- よく いもうとと あそぶ 자주 여동생과 놀다

인용
- 「また 電話します」と 言って いました '또 전화할게요' 라고 (말)했어요
- A「山田さんは きょうも アルバイトでしょうか」 야마다 씨는 오늘도 아르바이트인가요?
  B「きょうは ないって 言ってましたよ」 오늘은 없다고 (말)했어요

- ここに なまえと でんわばんごうを かいて ください。 [명사의 대등 접속]
  여기에 이름과 전화번호를 적어 주세요.

- テニスと サッカーが じょうずです。 [명사의 대등 접속]
  테니스와 축구를 잘 합니다.

- わたしは きのう おとうとと テニスを しました。 [동작의 공동, 〜といっしょに]
  나는 어제 남동생과 테니스를 쳤습니다.

- 子どもの とき、あなたは だれと あそびましたか。 [상대를 필요로 하는 동작의 상대]
  어렸을 때, 당신은 누구와 놀았습니까?

- わたしは ヤンさんに 「おはよう」と いいました。 [인용]
  나는 양 씨에게 '안녕하세요'라고 말했습니다.

격조사

07 ～から 005 ~에서, ~부터, ~한테

격조사 「**～から**」는 N5 문법에서 3가지 용법으로 출제되고 있다. 구체적으로 살펴보면 「장소」가 7회, 「시간」이 7회, 「동작주」가 2회 출제되었다.

급소 따르기

장소
- どこから 어디에서
- がいこくから 외국에서
- ちゅうごくから 중국에서
- がっこうから 학교에서
- えきから 역에서

시간
- かようびから 화요일부터
- なんにちから 며칠부터
- げつようびから 월요일부터
- らいしゅうから 다음 주부터
- 9じから 9시부터
- いちがつから 1월부터

동작주
- あねから 언니한테(서)
- かぞくから 가족한테(서)

- 外国から てがみが 来ました。 장소
  외국에서 편지가 왔습니다.

- 月よう日から きのうまで テストが ありました。 시간
  월요일부터 어제까지 시험이 있었습니다.

- 夏休みは あしたから 一週間です。 시간
  여름휴가는 내일부터 1주일 동안입니다.

- わたしは あねから セーターを もらいました。 동작주
  나는 누나한테 스웨터를 받았습니다.

08 〜まで ~까지

격조사

격조사 「〜まで」는 N5 문법에서 「장소」와 「시간」 2가지 용법으로 출제되고 있다.

> **급소 찌르기**
>
> 장소
> - えき**まで** 역까지
> - だいがく**まで** 대학교까지
>
> 시간
> - 7じ**まで** 7시까지
> - 9じはん**まで** 9시반까지

- わたしの うちから えき**まで** 10ぷん かかります。
  우리 집에서 역까지 10분 걸립니다.

- しょくどうは 7時から 8時**まで**です。 시간
  식당은 7시부터 8시까지입니다.

09 〜や ~이랑, ~이나

격조사

격조사 「〜や」는 「나열」을 나타내며, 단독으로 쓰이기도 하고 「〜や〜など(~나 ~등)」의 표현도 자주 쓰인다.

> **급소 찌르기**
>
> - りんご**や** みかん 사과랑 귤
> - シャツ**や** ネクタイ**など** 셔츠나 넥타이 등

- テーブルの 上に りんご**や** みかんが あります。
  테이블 위에 사과랑 귤이 있습니다.

- やおやで やさい**や** りんご**など**を 買いました。
  채소가게에서 채소랑 사과 등을 샀습니다.

- うちの 近くには スーパー**や** 本屋**など**が あります。
  우리집 근처에는 슈퍼마켓이나 서점 등이 있습니다.

격조사

10　～の ⁰¹⁵　~(의) 것, ~(의), ~이/가

격조사 「～の」는 N5 문법에서 「명사의 대용(~의 것)」, 「명사 + の + 명사(소유·소속·상태)」, 「연체수식절 내에서의 が → の의 교체(~이/가)」」등으로 출제되고 있다.

급소 짜르기

명사의 대용
- にもつは　わたしのです　짐은 내 것입니다
- あかいのを　かう　빨간 것을 사다
- 言っているのは　말하고 있는 것은
- だれのですか　누구 것입니까?
- しろいのは　どうですか　하얀 것은 어떻습니까?
- ほかのに　する　다른 것으로 하다

명사 + の + 명사
- にほんごの　べんきょう　일본어 공부
- えきの　ちかくに　역 근처에
- 東京の　会社　도쿄에 있는 회사
- クラスの　先生　학급의 선생님
- へやの　そうじ　방 청소
- えきの　むこうに　역 건너편에
- ぎんこうの　山下さん　은행에 다니는 야마시타 씨
- 19さいの　とき　19살일 때

연체수식절 내에서의 が → の의 교체
- 山田さんの　来る　日は　야마다 씨가 오는 날은

- わたしの　かばんは　あの　くろいのです。　〔명사의 대용〕
  내 가방은 저기 검은 것입니다.

- この　ぼうしは　山田さんのですか。　〔명사의 대용〕
  이 모자는 야마다 씨 것입니까?

- いちばん　ゆうめいなのは　日本料理の　「ふじや」です。　〔명사의 대용〕
  가장 유명한 것은 일본요리의 '후지야'입니다.

- わたしは　まいにち　日本語の　べんきょうを　します。　〔명사 + の + 명사〕
  나는 매일 일본어 공부를 합니다.

- 日本の　ラーメンは　おいしいです。　〔명사 + の + 명사〕
  일본 라멘은 맛있습니다.

- 朝ごはんの　あとで　へやの　そうじを　して　います。　〔명사 + の + 명사〕
  아침을 먹은 후에 방 청소를 하고 있습니다.

- ともだちの(が)　作った　りょうりを　食べました。　〔연체수식절 내에서의 が → の의 교체〕
  친구가 만든 음식을 먹었습니다.

콕콕실전문제 01

もんだい1　（　　）に 何を 入れますか。1・2・3・4から いちばん いい ものを 一つ えらんで ください。

1　日本の ともだち（　　）プレゼントが 来ました。
　1　から　　　2　ごろ　　　3　しか　　　4　とも

2　じてんしゃ（　　）のって かいしゃに 行きました。
　1　で　　　　2　に　　　　3　を　　　　4　が

3　けさ ここに だれ（　　）来ましたか。
　1　に　　　　2　を　　　　3　が　　　　4　は

4　ぼうしに なまえ（　　）でんわばんごうを かいて ください。
　1　で　　　　2　と　　　　3　を　　　　4　も

5　どんな いろ（　　）すきですか。
　1　に　　　　2　で　　　　3　は　　　　4　が

6　わたしは まいにち へや（　　）そうじを します。
　1　の　　　　2　と　　　　3　や　　　　4　を

7　わたしは いつも うちから 学校（　　）じてんしゃで 行きます。
　1　ごろ　　　2　しか　　　3　まで　　　4　で

8　この たまごは 12こ（　　）250円です。
　1　を　　　　2　で　　　　3　と　　　　4　に

9 わたしは きのう かぜ（　　）かいしゃを やすみました。
1 に　　　　2 と　　　　3 で　　　　4 も

10 あした としょかんへ 本を（　　）に 行きます。
1 かえさ　　2 かえす　　3 かえし　　4 かえして

11 せんしゅうは げつよう日（　　）きんよう日まで とても いそがしかったです。
1 ごろ　　　2 から　　　3 でも　　　4 しか

12 テーブルの 上に かびん（　　）ざっしが あります。
1 も　　　　2 を　　　　3 が　　　　4 や

13 わたしは いそがしいから、だれ（　　）あいません。
1 へも　　　2 にも　　　3 では　　　4 とは

14 A「どこ（　　）かいものに 行きますか。」
　 B「デパートです。」
1 へ　　　　2 で　　　　3 が　　　　4 を

15 あの かど（　　）まがって まっすぐ 行きます。
1 に　　　　2 を　　　　3 が　　　　4 へ

16 A「かさは どれが いいですか。」
　 B「そうですね。あの あかい（　　）は どうですか。」
1 な　　　　2 で　　　　3 の　　　　4 に

もんだい 2　___★___ に 入る ものは どれですか。1・2・3・4から いちばん いい ものを 一つ えらんで ください。

17　わたしの ___ ___ _★_ ___ を たべました。

　　1　の　　　　2　りょうり　　　3　ともだち　　　4　つくった

18　びょういん ___ ___ _★_ ___ 。

　　1　行きました　2　ひとり　　　3　で　　　　　　4　へ

19　日よう日に そうじ ___ _★_ ___ ___ 。

　　1　を　　　　2　せんたく　　　3　や　　　　　　4　します

20　___ _★_ ___ ___ 子どもが います。

　　1　うしろ　　2　くるま　　　　3　の　　　　　　4　に

21　あ、あそこで とり ___ ___ _★_ ___ 。

　　1　が　　　　2　います　　　　3　よ　　　　　　4　ないて

もんだい3　　22 から 26 に 何を 入れますか。ぶんしょうの いみを かんがえて、
　　　　　　1・2・3・4から いちばん いい ものを 一つ えらんで ください。

つぎの ぶんしょうは 「わたしの 休み」 について 書いた さくぶんです。

　　わたしは かいしゃに つとめて います。かいしゃの 休みは、日よう日だけ
ですから、 22 は、する ことが たくさん あります。そうじや せんたくや
かいものです。そうじと せんたくは、すぐに おわります。 23 、かいものは、
時間が かかります。たいてい あさ 11時ごろから 2時ごろまで かかります。
かう ものが たくさん ある 24 です。はじめに、ちかくの みせに 行って、
やさいや くだものなど、おもい ものを かいます。それから いちど 25 、
つぎに かるい ものを かいに 「ドンキホーテ」と いう みせに 行きます。
「ドンキホーテ」は、 26 けれども やすいのです。

22
　　1　よる　　　　2　かいしゃ　　　3　きのう　　　4　日よう日

23
　　1　しかし　　　2　それでは　　　3　ちょうど　　　4　じゃあ

24
　　1　まで　　　　2　から　　　　　3　でも　　　　　4　ながら

25

1 いえに　かえるから　　　　2 かいしゃに　かえるから
3 いえに　かえって　　　　　4 かいしゃに　かえって

26

1 ちかい　　　2 とおい　　　3 ちかく　　　4 とおく

🖉 문제해결 키워드

□ **〜に** N5 012　~에 〈장소〉, ~하러 〈목적〉

かいしゃに　つとめて　います
회사에 근무하고 있습니다 (01行)

ちかくの　みせに　行って　가까운 가게에 가서 (05行)

いちど　いえに　かえって　한번 집으로 돌아가서 (06行)

かるい　ものを　かいに　行きます
가벼운 것을 사러 갑니다 (07行)

□ **〜から** N5 005　~하니까, ~해서 〈이유〉, ~부터 〈시간〉

かいしゃの　休みは、日よう日だけですから
회사가 쉬는 날은 일요일뿐이기 때문에 (01行)

あさ　11時ごろから　2時ごろまで
아침 11시경부터 2시경까지 (04行)

たくさん　あるからです　많이 있기 때문입니다 (05行)

□ **〜や** N5 020　~이랑, ~이나 〈나열〉

そうじや　せんたくや　かいものです
청소랑 빨래랑 쇼핑입니다 (02行)

やさいや　くだものなど　채소나 과일 등 (06行)

□ **〜と いう** N5 010　~라는

「ドンキホーテ」と　いう　みせ
'돈키호테'라는 가게 (07行)

부조사

11 〜は⁰¹⁶⁵ ~은

부조사 「**〜は**」는 「서술상의 주제」가 4회, 「목적어에 붙는 **は**」가 3회, 「대비」가 5회 출제되었다.

서술상의 주제
- ゆうびんきょく**は** どこですか 우체국은 어디입니까?
- 母**は** だいどころに いる 어머니는 부엌에 있다

목적어에 붙는 は
- かばん**は** きのう かった 가방은 어제 샀다
- きのう、テレビ**は** みなかった 어제 텔레비전은 보지 않았다

대비
- 母**は** せが 高いですが、父**は** ひくいです
  어머니는 키가 크지만, 아버지는 작습니다
- あに**は** カメラを もって いる。おとうと**は** もって いない
  형은 카메라를 갖고 있다. (반면) 남동생은 갖고 있지 않다

- びょういん**は** どこですか。 〔서술상의 주제〕
  병원은 어디입니까?

- くだもの**は** どこに ありますか。 〔서술상의 주제〕
  과일은 어디에 있습니까?

- 山下 「田中さん**は** きのう どこかに 出かけましたか。」 〔서술상의 주제〕
  다나카 씨는 어제 어딘가에 외출했습니까?
  田中 「いいえ、いえに いました。」 아니요, 집에 있었습니다.

- やさい**は** いつも Aスーパーで 買います。 〔목적어에 붙는 は〕
  채소는 항상 A슈퍼마켓에서 삽니다.

- わたしは おさけ**は** のみません。 〔목적어에 붙는 は〕
  나는 술은 마시지 않습니다.

- あに**は** 車を もって います。でも、おとうと**は** もって いません。
  형은 자동차를 갖고 있습니다. 하지만, 남동생은 갖고 있지 않습니다. 〔대비〕

- きっさてんで**は** コーヒーを のみますが、家で**は** のみません。 〔대비〕
  찻집에서는 커피를 마십니다만, 집에서는 마시지 않습니다.

부조사

12 〜も ~도

부조사 「〜も」는 N5 문법에서 3가지 용법으로 출제되고 있다. 구체적으로 살펴보면 「병렬」이 6회, 「〜も〜も+긍정·부정」이 7회, 「의문사+も+부정」이 5회 출제되었다.

급소 따르기

병렬
- おすしを たべた。それから、てんぷらも たべた 초밥을 먹었다. 그리고 나서 튀김도 먹었다
- きのう さかなを たべた。おとといも たべた 어제 생선을 먹었다. 그저께도 먹었다
- ほんが 2さつ ある。ノートも 2さつ ある 책이 2권 있다. 노트도 2권 있다
- どちらも すきだ 모두 좋아한다
- どちらも あまり のまない 어느 쪽도 별로 마시지 않는다

〜も 〜も+긍정·부정
- しんぶんも ざっしも ある 신문도 잡지도 있다
- にくも さかなも たべない 고기도 생선도 먹지 않는다

의문사+も+부정
- だれも いません 아무도 없습니다
- なにも ありません 아무것도 없습니다
- どれも すきではない 어느 것도 좋아하지 않는다

- そうじを しました。せんたくも おわりました。 병렬
  청소를 했습니다. 빨래도 끝났습니다.

- 山下「今日、パーティーが ありますから、田中さんも 来て ください。」 병렬
  오늘 파티가 있으니까, 다나카 씨도 오세요.
  田中「ありがとうございます。」 고맙습니다.

- わたしの 父は 中国語も 英語も 話せます。 〜も 〜も+긍정
  저희 아버지는 중국어도 영어도 말할 수 있습니다.

- ここには しんぶんも ざっしも あります。 〜も 〜も+긍정
  여기에는 신문도 잡지도 있습니다.

- わたしは 山田さんも 林さんも すきでは ありません。 〜も 〜も+부정
  저는 야마다 씨도 하야시 씨도 좋아하지 않습니다.

- きょうしつには いま だれも いません。 의문사+も+부정
  교실에는 지금 아무도 없습니다.

격조사

13 は / も / の ~는 / 도 / 의

「격조사+は/も」의 표현은「격조사 に+は」가 2회,「격조사 へ+は」가 2회,「격조사 で+は」가 1회,「격조사 と+も」가 1회 출제되었다. 그리고「격조사 と+の」가 1회 출제되었다.

급소 따르기

- たなかさんには おととい あった 다나카 씨는 그제 만났다 〈격조사 に+は〉
- ぎんこうへは いかない 은행에는 가지 않는다 〈격조사 へ+は〉
- でも、うちでは しなかった 하지만 집에서는 하지 않았다 〈격조사 で+は〉
- だれとも あそばなかった 아무하고도 놀지 않았다 〈격조사 と+も〉
- ごりょうしんにも 부모님에게도 〈격조사 に+も〉
- 友だちとの やくそく 친구와의 약속 〈격조사 と+の〉

- 山田さんには おととい あいました。 〈격조사 に+は〉
  야마다 씨는 그제 만났습니다.

- この バスは 大学へは 行きません。 〈격조사 へ+は〉
  이 버스는 대학에는 가지 않습니다.

- 会社へは なにで 行って いますか。 〈격조사 へ+は〉
  회사에는 무엇으로 다니고 있습니까?

- きのうは だれとも あそびませんでした。 〈격조사 と+も〉
  어제는 아무하고도 놀지 않았습니다.

- 家でも としょかんでも よく べんきょうします。 〈격조사 で+も〉
  집에서도 도서관에서도 자주 공부를 합니다.

- 日本からも 学生が 来ました。 〈격조사 から+も〉
  일본에서도 학생이 왔습니다.

- ごりょうしんにも どうぞ よろしく おつたえください。 〈격조사 に+も〉
  부모님에게도 아무쪼록 안부 전해 주세요.

- 友だちとの やくそくを わすれては いけません。 〈격조사 と+の〉
  친구와의 약속을 잊어서는 안 됩니다.

부조사

14 〜など⁰¹¹ ~등, ~따위

부조사 「〜など」는 우리말의 「~등, ~따위」라는 뜻으로 예시적 병렬을 나타낸다. 특히 「〜や〜など」의 형태로 많이 등장한다.

급소 따르기
- ゆうびんきょくや ぎんこうなどが 우체국이나 은행 등이
- ラジオや テレビなどが 라디오나 텔레비전 등이

- ちかくに ゆうびんきょくや 銀行(ぎんこう)などが あるから、べんりです。
  근처에 우체국이나 은행 등이 있어서 편리합니다.

부조사

15 〜ぐらい⁰⁰⁶ ~정도, ~가량

부조사 「〜ぐらい」는 우리말의 「~정도, ~가량」이란 뜻으로 2가지 용법이 출제되고 있다. 「수량의 어림」이 6회, 「시간의 어림」이 8회 출제되었다.

급소 따르기

수량의 어림
- 30にんぐらい 30명 정도
- 1000えんぐらい 1000엔 정도
- 10まいぐらい 10장 정도

시간의 어림
- 1じかんぐらい 1시간 가량
- 30ぷんぐらい 30분 정도
- 6じかんぐらい 6시간 가량
- 50ぷんぐらい 50분 정도

- 駅(えき)まで タクシーで 1000円(えん)ぐらいです。 〔수량의 어림〕
  역까지 택시로 천 엔 정도입니다.

- わたしは きのう 2時間(じかん)ぐらい べんきょうしました。 〔시간의 어림〕
  나는 어제 2시간 가량 공부했습니다.

부조사

16 〜か[001] ~인지, ~이나
〜か 〜ないか[004] ~할지 안 할지

부조사 「〜か」는 N5 문법에서 3가지 용법으로 출제되고 있다. 구체적으로 살펴보면 「〜か」의 형태로 「부정(不定)의 뜻」이 6회, 「둘 중 하나를 선택」이 5회 출제되었고, 「〜か 〜ないか」의 형태로 4회 출제되었다.

급소 찌르기

부정(不定)의 뜻
- どんな ものが ある**か** 어떤 것이 있는지
- どこに ある**か** 어디에 있는지
- いつ**か** わかりません 언제인지 모릅니다
- なんじに はじまる**か** 몇 시에 시작되는지

둘 중 하나를 선택
- あした**か** あさって 내일이나 모레
- しろいの**か** あおいの 하얀 것이나 파란 것
- 月よう日**か** 火よう日 월요일이나 화요일
- でんわ**か** メールで 전화나 메일로

〜か 〜ないか
- でかける**か** でかけ**ないか** 외출할지 안 할지
- あめが ふる**か** ふら**ないか** 비가 올지 안 올지
- くる**か** こ**ないか** わかりません 올지 안 올지 모르겠습니다

- その かさは だれの**か** わかりません。　**부정(不定)의 뜻**
  그 우산은 누구 것인지 모르겠습니다.

- どこ**か**で にほんごを ならいましたか。　**부정(不定)의 뜻**
  어딘가에서 일본어를 배웠습니까?

- あの デパートには どんな ものが ある**か** おしえて ください。
  저 백화점에는 어떤 것이 있는지 가르쳐 주세요.　**부정(不定)의 뜻**

- きょう**か** あした 来て ください。　**둘 중 하나를 선택**
  오늘이나 내일 와 주세요.

- その ともだちが あした ここに 来る**か** 来**ないか** わかりません。
  그 친구가 내일 여기에 올지 안 올지 모르겠습니다.　**〜か 〜ないか**

- その 日の 天気を 見て、ぼうしを かぶる**か** かぶら**ないか** 決めて います。
  그 날의 날씨를 보고, 모자를 쓸지 말지 정하고 있습니다.　**〜か 〜ないか**

17 ～だけ ~만, ~뿐

부조사

부조사「～だけ」는 우리말의「~만, ~뿐」이란 뜻으로 한정·최저 한도를 나타낸다.

> **급소 찌르기**
> - はんぶんだけ たべる 절반만 먹다
> - ふるく なった ものだけ 낡아진 것뿐
> - にちようびだけです 일요일만입니다
> - おとこは かぞくの なかで わたしだけです 남자는 가족 중에서 저뿐입니다
> - おとこの せんせいだけでは ない 남자 선생님만이 아니다
> - おがわさんだけ 오가와 씨만
> - 1さつだけ 한 권만

- わたしは くだものだけ たべました。
  나는 과일만 먹었습니다.
- 妹は おしゃべりだ。静かなのは、食事の とき だけだ。
  여동생은 수다쟁이이다. 조용한 것은 식사 때뿐이다.

18 ～しか ~밖에

부조사

부조사「～しか」는 우리말의「~밖에」란 뜻이다.「오직 그것뿐」임을 강조할 때 사용하며, 항상 뒤에 부정의 말이 온다.「～しかない(~밖에 없다)」또는「～しか ～ない(~밖에 ~않다)」의 형태로 사용된다.

> **급소 찌르기**
>
> **～しかない**
> - ひとつしか ない 한 개밖에 없다
> - ふたつしか ありません 두 개밖에 없습니다
> - ざっししか ありません 잡지밖에 없습니다
>
> **～しか ～ない**
> - 1かいしか ふらなかった 한 번밖에 내리지 않았다
> - ひとりしか きませんでした 한 명밖에 오지 않았습니다
> - 3じかんしか ねませんでした 3시간밖에 자지 않았습니다
> - コーヒーしか のみませんでした 커피밖에 마시지 않았습니다

- こどもは 5人(にん) いますが、ケーキは みっつしか ありません。
  아이는 다섯 명 있습니다만, 케이크는 3개밖에 없습니다.

- ゆうべは 2じかんしか ねませんでした。
  어젯밤은 두 시간밖에 자지 않았습니다.

- この パーティーは チケットを 買(か)った 人(ひと)しか 入(はい)れません。
  이 파티는 티켓을 산 사람밖에 들어갈 수 없습니다.

접속조사

19 ～て 024-6 ~하고, ~하며

접속조사「～て」는 N5 문법에서 3가지 용법으로 출제되고 있다. 「단순 접속」이 3회, 「방법」이 2회 출제되었다. 「원인·이유」의 예문은 〈10. 표현 의도 22〉에서 다루었다. 이 표현은 「동사의 て형」과 겹친다.

> **급소 찌르기**
>
> **단순 접속**
> ・1じに はじまって、2じに おわります 1시에 시작되어 2시에 끝납니다
> ・6時に かえって、ごはんを つくりました 6시에 돌아가서 밥을 지었습니다
>
> **방법**
> ・じしょを みて かんじを おぼえます 사전을 보고 한자를 외웁니다
> ・ぼうしを かぶって 行きましょう 모자를 쓰고 갑시다

- テストは 9時(じ)に はじまって、10時(じ)に おわります。 〖단순 접속〗
  시험은 9시에 시작되어 10시에 끝납니다.

- 友(とも)だちの けっこんしきに 着(き)て いく 服(ふく)を 買(か)いました。 〖단순 접속〗
  친구 결혼식에 입고 갈 옷을 샀습니다.

- この 本(ほん)を つかって べんきょうします。 〖방법〗
  이 책을 사용해 공부합니다.

20 〜が ~만

접속조사

접속조사 「〜が」는 N5 문법에서 2가지 용법으로 출제되고 있다. 하나는 「단순 접속」으로 2회 출제되었고, 나머지 「역접」은 〈10. 표현 의도 12〉에서 다루었다.

> **급소 찌르기**
> - もしもし、やまもとですが、여보세요, 야마모토입니다만,
> - もしもし、すみませんが、여보세요, 죄송합니다만,

- もしもし、たなかですが、山田さんは いますか。
  여보세요, 다나카입니다만, 야마다 씨는 계십니까?

- もしもし、すみませんが、山下さんを おねがいします。
  여보세요, 죄송합니다만, 야마시타 씨를 부탁드립니다.

21 〜か ~까? / 〜か 〜か ~까, ~까?

종조사

종조사 「〜か」는 N5 문법에서 「yes 또는 no 의문문」 「의문사 의문문」 「선택 의문문」의 용법이 있는데, 그 중에서 「선택 의문문」이 2회 출제되었다.

> **급소 찌르기**
> - レストランの みぎですか、ひだりですか 레스토랑의 오른쪽입니까? 왼쪽입니까?
> - 男ですか、女ですか 남자입니까? 여자입니까?

- それは あなたの かさですか。 **yes 또는 no 의문문**
  그것은 당신 우산입니까?

- だれが 来ましたか。 **의문사 의문문**
  누가 왔습니까?

- ぎんこうは、レストランの 右ですか、左ですか。 **선택 의문문**
  은행은 레스토랑 오른쪽입니까? 왼쪽입니까?

종조사		
22	**〜ね**[014] ~군요	3회 출제

종조사 「**〜ね**」는 N5 문법에서 「가벼운 감동, 상대에게 동의를 구함, 다짐」의 용법과 「관용적인 용법」이 있다. 그 중에서 「관용적인 용법」이 3회 출제되었다.

> **급소 찌르기**
> ・きょうは とても あついですね 오늘은 무척 덥군요　　・そうですね 글쎄요

- きょうは いい てんきですね。　가벼운 감동, 상대에게 동의를 구함, 다짐
  오늘은 날씨가 좋군요.

- そうですね、ちょっと むずかしいですが おもしろいです。　관용적
  글쎄요, 좀 어렵습니다만 재미있습니다.

종조사		
23	**〜よ**[055] ~어요	미출제

종조사 「**〜よ**」는 단정적인 주장, 상대가 모르는 사실을 가르쳐 주는 기분으로 말할 때 주로 사용된다. 지금까지 출제된 적은 없다.

- その 本は おもしろいですよ。 그 책은 재미있어요.

종조사		
24	**〜わ**[056] ~게요	미출제

종조사 「**〜わ**」는 여성어로 부드럽게 말할 때 사용된다. 아직 출제된 적은 없다.

- わたしも いっしょに 行くわ。 나도 같이 갈게요.

콕콕 실전문제 02

정답과 해석 QR코드로 바로 확인!

もんだい1 （　）に 何を 入れますか。1・2・3・4から いちばん いい ものを 一つ えらんで ください。

① A「なにいろの かさを かいますか。」
　B「くろいの（　）あかいのを かいます。」 001
　1　の　　　　2　が　　　　3　を　　　　4　か

② しょくどうには いま だれ（　）いません。 019
　1　や　　　　2　も　　　　3　の　　　　4　は

③ この しごとは 3じかん（　）かかるでしょう。 006
　1　ごろ　　　2　ながら　　3　しか　　　4　ぐらい

④ あさっては 午前（　）午後も ひまです。 019
　1　と　　　　2　で　　　　3　も　　　　4　は

⑤ きのうは だれ（　）あそびませんでした。 013
　1　とも　　　2　に　　　　3　と　　　　4　を

⑥ A「きっては なんまい いりますか。」
　B「1まい（　）かって ください。」 008
　1　で　　　　2　だけ　　　3　まで　　　4　しか

⑦ A「外国の 人は おおぜい 来ましたか。」
　B「いいえ、二人しか（　）。」 007
　1　来ました　2　来たでしょう　3　来ませんでした　4　来ないでした

8 もしもし、山田です（　　）、森本さんは いますか。 002
　1　て　　　　　2　で　　　　　3　が　　　　　4　と

9 この ワイシャツ（　　）、きのう かいました。 016
　1　の　　　　　2　に　　　　　3　は　　　　　4　が

10 くつを（　　）そとに 出ます。 024-6
　1　はく　　　　2　はいて　　　3　はかない　　4　はきます

11 わたしも いっしょに 行く（　　）。 056
　1　な　　　　　2　は　　　　　3　い　　　　　4　わ

12 学生は 4人 いますが、ケーキは みっつ（　　）ありません。 007
　1　しか　　　　2　だけ　　　　3　では　　　　4　など

13 いえの ちかくに こうえんや デパート（　　）が あります。 011
　1　と　　　　　2　たち　　　　3　も　　　　　4　など

14 毎日 1時間（　　）にほんごの べんきょうを します。 006
　1　ごろ　　　　2　などに　　　3　ぐらい　　　4　しか

15 山田さんの たんじょう日は いつ（　　）わかりません。 001
　1　か　　　　　2　に　　　　　3　が　　　　　4　を

16 A「あしたの 土よう日、出かけますか。」
　 B「そうです（　　）、出かけるか 出かけないか わかりません。」 014・004
　1　よ　　　　　2　か　　　　　3　ね　　　　　4　わ

もんだい2 ＿＿＿★＿＿＿に 入る ものは どれですか。1・2・3・4から いちばん いい ものを 一つ えらんで ください。

17 ちかくに ゆうびんきょくや ぎんこう ＿＿＿ ＿★＿ ＿＿＿ ＿＿＿、べんり です。011

    1 ある　　　　2 から　　　　3 が　　　　4 など

18 この りょうりは ぎゅうにく ＿＿＿ ＿＿＿ ＿★＿ ＿＿＿。001

    1 つかいます　　2 を　　　　3 か　　　　4 ぶたにく

19 お金が なかったから、＿＿＿ ＿★＿ ＿＿＿ ＿＿＿。019

    1 なに　　　　2 買いません　　3 も　　　　4 でした

20 花の しゃしん ＿＿＿ ＿＿＿ ＿★＿ ＿＿＿。006

    1 10まい　　　2 を　　　　3 とりました　　4 ぐらい

21 きょうは、ごご ほんやへ 行きますが、＿＿＿ ＿＿＿ ＿★＿ ＿＿＿。013

    1 行きません　　2 へ　　　　3 は　　　　4 がっこう

もんだい3 　22 から 26 に 何を 入れますか。ぶんしょうの いみを かんがえて、1・2・3・4から いちばん いい ものを 一つ えらんで ください。

(1)

　わたしは いま 大学の りょうに 住んで います。りょうは 大学の なかに あります。りょう 22 ときどき くにの りょうりを つくって、友だちと いっしょに たべます。
　りょうの ちかくには スーパーも ぎんこう 23 ありますから、とても べんりです。 24 えきまで バスで 20ぷん かかりますから、ちょっと ふべんです。

(2)

　すずきさん 25 いえの ちかくの はなやで はたらいて います。いつもは 木よう日の ほかは まいにち 26 が、せんしゅうは とても いそがしかったので いちにちも やすむ ことが できませんでした。

22
　1　よる　　　2　には　　　3　では　　　4　とは

23
　1　は　　　　2　を　　　　3　が　　　　4　も

24

1 では　　　　2 でも　　　　3 だから　　　　4 それから

25

1 は　　　　2 が　　　　3 や　　　　4 と

26

1 はたらきたく　ありません　　　2 はたらいて　いません
3 はたらきたいです　　　　　　　4 はたらいて　います

문제해결 키워드

- ~では^{N5 013} ~에서는
  りょうでは 기숙사에서는(02行)
- ~て^{N5 024-6} ~하고, ~해서
  くにの りょうりを つくって 고국의 음식을 만들어서(02行)
- ~も^{N5 019} ~도 〈~も~も+긍정〉
  スーパーも ぎんこうも あります 슈퍼마켓도 은행도 있습니다(04行)
- ~が^{N5 002} ~만〈역접〉
  まいにち はたらいて いますが 매일 일하고 있습니다만(08行)
- ~に^{N5 012} ~에〈장소〉
  りょうに 住んで います 기숙사에 살고 있습니다(01行)

- 大学の なかに あります 대학교 안에 있습니다(01行)
- ~で^{N5 009} ~로〈방법〉, ~에서〈장소〉
  えきまで バスで 20ぷん かかります 역까지 버스로 20분 걸립니다(05行)
  はなやで はたらいて います 꽃집에서 일하고 있습니다(07行)
- ~ので^{N4 012} ~이므로, ~이어서
  とても いそがしかったので 아주 바빴기 때문에(08行)
- ~ことが できる^{N4 032} ~할 수가 있다
  いちにちも やすむ ことが できませんでした
  하루도 쉴 수가 없었습니다(09行)

02 い형용사

01 ～いです 〜습니다 `현재형 정중체 긍정`
～くないです 〜하지 않습니다 `현재형 정중체 부정`
＝～くありません

「い형용사의 현재형 정중체 긍정」은 어미「〜い」에「です」를 붙이면 된다. 지금까지 출제된 적은 없다. 「い형용사의 현재형 정중체 부정」은 2가지 표현이 있는데, 어미「〜い」에「〜くないです」를 붙이는 것은 6회, 어미「〜い」에「〜くありません」을 붙이는 것은 4회 출제되었다.

급소 찌르기

- やす**いです** 쌉니다
- あたたか**く ないです** 따뜻하지 않습니다
- ひろ**く ないです** 넓지 않습니다
- あたらし**く ありません** 새 것이 아닙니다
- しろ**いです** 하얗습니다
- むずかし**く ないです** 어렵지 않습니다
- から**く ないです** 맵지 않습니다
- いそがし**く ありません** 바쁘지 않습니다

- この ほんは おもしろ**いです**。 `긍정`
  이 책은 재미있습니다.

- この ほんは おもしろ**く ないです**。 `부정`
  　　　(＝おもしろ**く ありません**。)
  이 책은 재미있지 않습니다.

02
〜かったです[022-2] ~였습니다 과거형 정중체 긍정

〜くなかったです[022-2] ~하지 않았습니다 과거형 정중체 부정

＝〜くありませんでした[022-2]

「い형용사의 과거형 정중체 긍정」은 어미 「〜い」를 「〜かった」로 바꾸고 「です」를 붙이면 된다. 「い형용사 과거형 정중체 부정」은 2가지 표현이 있는데, 어미 「〜い」를 「〜く」로 바꾸고 「なかったです」를 붙이는 것과 어미 「〜い」를 「〜く」로 바꾸고 「ありませんでした」를 붙이는 것이다. 긍정인 「〜かったです」가 4회, 부정 「〜くなかったです」가 5회 출제되었고, 같은 표현인 「〜くありませんでした」가 1회 출제되었다.

급소 찌르기
- あたたか**かったです** 따뜻했습니다
- おも**かったです** 무거웠습니다
- あつ**く なかったです** 덥지 않았습니다
- ひろ**く ありませんでした** 넓지 않았습니다
- さむ**かったです** 추웠습니다
- さむ**く なかったです** 춥지 않았습니다
- むずかし**く なかったです** 어렵지 않았습니다
- から**く ありませんでした** 맵지 않았습니다

- きのうは さむ**かったです**。 긍정
  어제는 추웠습니다.

- A 「いかがですか。」 어떠십니까? 긍정
  B 「おいし**かったです**。」 맛있었습니다.

- きのうは さむ**く なかったです**。 부정
  （＝さむ**く ありませんでした**。）
  어제는 춥지 않았습니다.

- 天気(てんき)が よ**く なかったです**。 부정
  날씨가 좋지 않았습니다.

03 〜い 〜하다 [현재형 보통체 긍정]
〜くない 〜하지 않다 [현재형 보통체 부정]

「い형용사의 현재형 보통체」는 긍정형, 부정형 모두 지금까지 출제된 적이 없다. い형용사를 부정할 때는 어미 「〜い」를 「〜く」로 바꾸고 **ない**를 붙인다. 단 「いい」는 「いくない」가 아니라 「**よくない**」가 된다.

- おいし**い** 맛있다
- おいし**く** **ない** 맛있지 않다

- この ほんは おもしろ**い**。 이 책은 재미있다. 긍정
- この ほんは おもしろ**く** **ない**。 이 책은 재미없다. 부정

04 〜かった 〜했다 [과거형 보통체 긍정]
〜くなかった 〜하지 않았다 [과거형 보통체 부정]

「い형용사의 과거형 보통체 긍정」은 어미 「〜い」를 「〜かった」로 바꾸면 된다. 그 중 「たかい」 「あたたかい」 등의 과거형은 「たかかった」 「あたたかかった」로 발음하기 까다로우니 주의해야 한다. 「い형용사의 과거형 보통체 부정」은 어미 「〜い」를 「〜く」로 바꾸고 「**なかった**」를 붙인다. 3회 출제되었다.

- おいし**かった** 맛있었다
- おいし**く** **なかった** 맛있지 않았다

- きのうは さむ**かった**。 어제는 추웠다. 긍정
- きのうは さむ**く** **なかった**。 어제는 춥지 않았다. 부정

05 〜くて 〜하고, 〜해서 い形容詞의 て형

い형용사에 접속조사 「て」를 연결시키는 「い형용사의 て형」은 어미 「〜い」를 「〜く」로 바꾸고 「て」를 붙인다. 「〜くて」는 「단순 연결」과 「원인·이유」를 나타내는 2가지 용법이 있으며, い형용사의 부정형에 붙어 출제되기도 한다. 예를 들면 「高い(비싸다)→高くて(비싸고)」가 「高くない(비싸지 않다)→高くなくて(비싸지 않고, 비싸지 않아서)」로 활용된다.

급소 찌르기

단순 연결
- ちいさくて かるい 작고 가볍다
- あまくて おいしい 달고 맛있다
- やすくて おいしい 싸고 맛있다
- ほそくて ながい 가늘고 길다

원인·이유
- あまり 高くなくて 별로 비싸지 않아서
- お金が なくて 돈이 없어서

- この へやは あかるくて、しずかです。 〔단순 연결〕
  이 방은 밝고 조용합니다.

- 家が なくて、こまって います。 〔원인·이유〕
  집이 없어서 곤란을 겪고 있습니다.

06 〜く+동사 〜하게 〜하다 い형용사의 연용형

い형용사가 동사를 수식할 때의 형태인 「い형용사의 연용형」은 어미 「〜い」를 「〜く」로 바꾸면 된다. 「よく できました」는 「참 잘했어요」라는 뜻으로 쓰인다.

급소 찌르기
- はやく ねる 일찍 자다
- はやく あるく 빨리 걷다

- わたしは まいあさ はやく おきます。
  나는 매일 아침 일찍 일어납니다.

07 〜い+명사 / 〜かった+명사 ~한 / ~했던

い형용사가 명사를 수식할 때는 「い형용사+명사」의 형태로, い형용사는 사전형 또는 과거형 보통체가 온다.

- すずしい かぜ 시원한 바람
- おもしろかった えいが 재미있었던 영화

- これは おいしい おかしです。
  이것은 맛있는 과자입니다.
- 一番 よかった ときは いつですか。
  가장 좋았던 때는 언제입니까?

08 〜い+の ~한 것

「い형용사+の」는 4회 출제되었으며, 여기서 「の」는 「명사의 대용」으로 쓰이고 있다.

- くろいのです 검은 것입니다
- あかいのを 買います 빨간 것을 삽니다

- ちいさいのは いくらですか。
  작은 것은 얼마입니까?
- いちばん たかいのは どれですか。
  가장 비싼 것은 어느 것입니까?

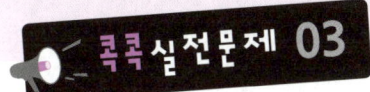 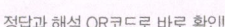 

もんだい1 （　　）に 何を 入れますか。1・2・3・4から いちばん いい ものを 一つ えらんで ください。

1　おとといは（　　）。022-2
　1　あついでしょう　　　　　　2　あつくでした
　3　あつく なかったです　　　4　あつく なかったでした

2　この アパートは エレベーターが（　　）ふべんです。022-5
　1　ない　　　2　なくて　　　3　なかった　　　4　ないで

3　字は（　　）かきましょう。022-6
　1　大きい　　2　大きいに　　3　大きく　　4　大きくに

4　あの みせの ケーキは（　　）やすいですね。022-5
　1　おいしいと　2　おいしいで　3　おいしさ　4　おいしくて

5　この へやは（　　）ありませんが、ひろいです。022-1
　1　あたらしい　2　あたらしく　3　あたらしいでは　4　あたらしくて

6　この ほんは（　　）おもしろいです。022-5
　1　やさしい　2　やさしで　3　やさしいくて　4　やさしくて

7　きょうは（　　）てんきですね。022-7
　1　いく　　2　いい　　3　いいの　　4　よくて

8　その おおきい（　　）は いくらですか。022-8
　1　な　　2　は　　3　の　　4　も

9 こどもたちは こうえんで (　　) あそんで います。022-6
　1　たのしい　　　2　たのしくて　　　3　たのしく　　　4　たのしいに

10 この テストは (　　)。022-1
　1　やさしい ないです　　　　　　2　やさしいでは ないです
　3　やさしく なくです　　　　　　4　やさしく ないです

11 ことしの はるは (　　) ありません。022-1
　1　あたたかい　　2　あたたかく　　3　あたたかいく　　4　あたたかいでは

12 きのうの えいがは (　　)。022-2
　1　おもしろくでした　　　　　　2　おもしろいでしょう
　3　おもしろく なかったです　　　4　おもしろく なかったでした

13 この おかしは (　　) おいしいです。022-5
　1　あまくて　　2　あまいで　　3　あまい　　4　あまいくて

14 ゆうべは ともだちが きたから、(　　) ねました。022-6
　1　おそい　　2　おそくに　　3　おそに　　4　おそく

15 ここは (　　) ところです。022-7
　1　あぶないな　　2　あぶない　　3　あぶないの　　4　あぶなくて

16 きょうの ごごは (　　) ないです。022-1
　1　いそがしく　　2　いそがしいく　　3　いそがしい　　4　いそがしいでは

もんだい2 ___★___ に 入る ものは どれですか。1・2・3・4から いちばん いい ものを 一つ えらんで ください。

17 ゆうべは 2時まで 本を よんで いたから、_____ _____ _★_ _____。 022-6
    1 は　　　　2 おそく　　　　3 けさ　　　　4 起きました

18 この えいが _____ _____ _★_ _____。 022-4
    1 なかった　　　2 は　　　　3 よ　　　　4 おもしろく

19 あの みせ _____ _★_ _____ _____、店員も しんせつです。 022-5
    1 なくて　　　　2 あまり　　　　3 は　　　　4 たかく

20 _____ _★_ _____ _____ ください。 022-6
    1 はやく　　　　2 すこし　　　　3 あるいて　　　　4 もう

21 あの ビルは エレベーター _____ _★_ _____ _____。 022-5
    1 が　　　　2 なくて　　　　3 です　　　　4 ふべん

もんだい3　22 から 26 に 何を 入れますか。ぶんしょうの いみを かんがえて、1・2・3・4から いちばん いい ものを 一つ えらんで ください。

つぎの ぶんしょうは 「キムさんの アルバイト」に ついて 書いた さくぶんです。

　　キムさん 22 新聞を くばる アルバイトを しながら 学校に かよって いる 大学生です。新聞を くばる まえに、じむしょで 新聞の あいだに スーパーや デパートの 広告の ちらしを 入れて、きれいに 新聞を おる しごとは 23 。この ような じゅんびの ために、毎朝 2時に 起きなければ なりません。

　　新聞を くばる じゅんびが おわると、キムさんは 新宿に ある 300の かていに 新聞を 24 。きょねんは じてんしゃに のって 新聞を くばって いましたが、今は 25 らくな オートバイに のって まちを まわって います。300の かていの 中には、大きな マンションも あります。この マンションには、くばる かていが 80も あって、いちどに たくさん くばる ことが できるので、少し 26 。

22
1　や　　　　2　は　　　　3　が　　　　4　で

23
1　たいへんです　　　　2　かんたんです
3　ひつようです　　　　4　あんぜんです

24

　　1　くばりたいです　　　　　　2　くばりましょうか
　　3　くばって　ください　　　　4　くばります

25

　　1　せまくて　　　2　ひどくて　　　3　はやくて　　　4　ちかくて

26

　　1　らくです　　　2　へんです　　　3　いやです　　　4　すきです

문제해결 키워드

- **～くて** N5 022-5　~하고, ~해서
  はやくて らくな オートバイ
  빠르고 편한 오토바이(08行)

- **～ながら** N5 043　~하면서
  アルバイトを しながら 아르바이트를 하면서(01行)

- **～て います** N5 024-8　~하고 있습니다
  学校に かよって いる 학교에 다니고 있다(01行)

- **～まえに** N5 046　~하기 전에
  新聞を くばる まえに 신문을 돌리기 전에(02行)

- **～や** N5 020　~이랑, ~이나〈나열〉
  スーパーや デパートの 広告の ちらし
  슈퍼마켓이나 백화점의 광고 전단지(03行)

- **～ために** N4 047　~하기 위해서〈동작의 목적〉
  この ような じゅんびの ために
  이러한 준비를 위해서(04行)

- **～なければ ならない** N4 074　~하지 않으면 안 된다
  毎朝 2時に 起きなければ なりません
  매일 아침 2시에 일어나지 않으면 안 됩니다(04行)

- **～と** N4 070　~면〈가정〉
  新聞を くばる じゅんびが おわると
  신문을 돌릴 준비가 끝나면(06行)

- **～に** N5 012　~를〈~にのる〉
  じてんしゃに のって 자전거를 타고(07行)
  オートバイに のって 오토바이를 타고(08行)

03 な形容사

01 〜です ~합니다 [현재형 정중체 긍정]
〜では(じゃ) ありません ~하지 않습니다 [현재형 정중체 부정]

「な형용사의 현재형 정중체 긍정」은 な형용사의 어간에 「〜です」를 붙이면 된다. 「な형용사의 현재형 정중체 부정」은 어간에 「〜では ありません」을 붙이면 되는데, 축약형인 「〜じゃ ありません」의 형태로도 출제되므로 주의하자.

급소 찌르기

- きれいです 깨끗합니다
- ゆうめいです 유명합니다
- きれいでは ありません 깨끗하지 않습니다
- ゆうめいでは ありません 유명하지 않습니다
- しずかでは ありません 조용하지 않습니다
- きらいでは ありません 싫지 않습니다
- じょうぶじゃ ありません 튼튼하지 않습니다
- じょうずじゃ ありません 능숙하지 않습니다

- ここは とても しずかです。 [긍정]
  여기는 매우 조용합니다.

- ここは あまり しずかでは ありません。 [부정]
  여기는 별로 조용하지 않습니다.

- この お寺は あまり ゆうめいじゃ ありません。 [부정]
  이 절은 그다지 유명하지 않습니다.

02 ～でした ~했습니다 [과거형 정중체 긍정]
～では(じゃ) ありませんでした
~하지 않았습니다 [과거형 정중체 부정]

「な형용사의 과거형 정중체 긍정」은 어미 「～だ」를 「～でした」로 바꾸면 된다. 「な형용사의 과거형 정중체 부정」은 어미 「～だ」를 「～で(は) ありませんでした」로 바꾸면 된다. **～で(は)**는 ～じゃ로 축약하여 쓸 수 있다.

급소 찌르기

- たいへんでした 힘들었습니다
- げんきでした 건강했습니다, 잘 지냈습니다
- たいへんでは ありませんでした 힘들지 않았습니다
- げんきでは ありませんでした 잘 지내지 않았습니다
- すきじゃ ありませんでした 좋아하지 않았습니다
- じょうずじゃ ありませんでした 능숙하지 않았습니다

- その こうえんは とても きれいでした。 [긍정]
  그 공원은 매우 깨끗했습니다.

- ここは あまり きれいでは ありませんでした。 [부정]
  이곳은 별로 깨끗하지 않았습니다.

- 小(ちい)さい とき 犬(いぬ)が すきでは ありませんでした。 [부정]
  어렸을 때 개를 좋아하지 않았습니다.

- わたしは あまり じょうずじゃ ありませんでした。 [부정]
  나는 별로 능숙하지 않았습니다.

03 ～だ ~하다 [현재형 보통체 긍정]
～では(じゃ) ない ~하지 않다 [현재형 보통체 부정]

「な형용사의 현재형 보통체 긍정」은 어간에 어미 「～だ」를 붙이고, 부정할 때는 어미 「～だ」를 「～で(は)」로 바꾸고 뒤에 「ない」를 붙인다. 축약형인 「～じゃない」의 형태로도 사용된다.

급소 찌르기
- この 人は しんせつだ 이 사람은 친절하다
- あまり きれいでは ない 그리 예쁘지 않다

- この へやは しずかだ。 [긍정]
  이 방은 조용하다.

- あの 人の うたは じょうずでは ない。 [부정]
  저 사람의 노래는 능숙하지 않다.

04 ～だった ~했다 [과거형 보통체 긍정]
～では(じゃ) なかった ~하지 않았다 [과거형 보통체 부정]

「な형용사의 과거형 보통체 긍정」은 어미 「～だ」를 「～だった」로 바꾸면 된다. 「な형용사의 과거형 보통체 부정」은 어미 「～だ」를 「～で(は)なかった」로 바꾸면 된다. 축약형인 「～じゃなかった」 의 형태로도 사용된다.

급소 찌르기
- きれいだった 예뻤다
- しんせんでは なかった 신선하지 않았다

- その こうえんは とても きれいだった。 [긍정]
  그 공원은 매우 깨끗했다.

- わたしは あまり じょうずでは なかった。 [부정]
  나는 별로 능숙하지 않았다.

05 〜で 〜하고, 〜해서 な形容詞의 で형

문장 안에서 앞뒤의 문장이나 단어와 단어를 연결하는 기능을 하는 「な형용사의 で형」은 어미 「〜だ」를 「〜で」로 바꾸면 된다. 「な형용사의 중지형」이라고도 말한다.

급소 찌르기
- にぎやかで べんりな ところ 번화하고 편리한 곳
- じょうぶで とても いい 튼튼해서 아주 좋다
- しずかで ひろい 조용하고 넓다
- きれいで やすい 예쁘고 싸다

- この へやは しずかで ひろいです。
  이 방은 조용하고 넓습니다.

- この かばんは じょうぶで とても いいです。
  이 가방은 튼튼해서 아주 좋습니다.

- 色が きれいで 大きい かばんです。
  색이 예쁘고 큰 가방입니다.

06 〜に+동사 〜하게 〜하다 な形容詞의 연용형

な형용사가 동사를 수식할 때의 형태인 「な형용사의 연용형」은 어미 「〜だ」를 「〜に」로 바꾸면 된다. 주로 활용에서 출제되었지만, 「しずかに あるく」와 같이 조사를 넣는 문제로도 출제되고 있다.

급소 찌르기
- じょうずに かく 잘 쓰다
- きれいに そうじする 깨끗이 청소하다
- たいせつに つかう 소중하게 사용하다
- しずかに べんきょうを する 조용히 공부를 하다

- あの 子は うたを じょうずに うたいます。
  저 아이는 노래를 능숙하게 부릅니다.

- へやを きれいに そうじしました。
  방을 깨끗하게 청소했습니다.

07 〜な+명사 / 〜だった+명사 ~한 / ~했던

な형용사가 명사를 수식할 때는 현재형일 경우 「な형용사의 어간+**な**+명사」의 형태이고, 과거형일 경우에는 「な형용사의 어간+**だった**+명사」로 바꾸면 된다.

- ゆうめい**な** ひと 유명한 사람
- しんせん**だった** さかな 신선했던 생선

- この きれい**な** かさは 山田さんのです。
  이 예쁜 우산은 야마다 씨 것입니다.
- わたしは もう少し 日本語が かんたん**な** 本が いいです。
  나는 좀더 일본어가 간단한 책이 좋습니다.
- しずか**だった** 学校も にぎやかに なりました。
  조용했던 학교도 시끌벅적해졌습니다.

08 〜な+の ~한 것

「な형용사+の」는 '~한 것'이라는 뜻으로, 여기서 「の」는 「명사의 대용」으로 쓰이고 있다.

- しんせん**なの**を ください 신선한 것을 주세요

- きれい**なの**を かいました。
  예쁜 것을 샀습니다.
- いちばん じょうぶ**なの**を ください。
  가장 튼튼한 것을 주세요.

콕콕 실전문제 04

정답과 해석 QR코드로 바로 확인!!

もんだい1 （　）に 何を 入れますか。1・2・3・4から いちばん いい ものを 一つ えらんで ください。

1 この へやは（　）ひろいです。
 1 きれいの　　　2 きれいな　　　3 きれいで　　　4 きれいに

2 わたしは ピアノが（　）ありません。
 1 じょうずだ　　2 じょうずに　　3 じょうずでは　　4 じょうずな

3 山田さんは きのう（　）。
 1 げんきに なくでした　　　　　2 げんきでは ありませんでした
 3 げんきでは なくでした　　　　4 げんきに ありませんでした

4 こどもたちが（　）はなして います。
 1 にぎやかに　　2 にぎやかく　　3 にぎやかで　　4 にぎやかな

5 きょうしつでは しずか（　）あるいて ください。
 1 な　　　　　　2 で　　　　　　3 だ　　　　　　4 に

6 この さかなは あまり しんせん（　）。
 1 く なかったです　　　　　　　2 では ないでした
 3 は なかったです　　　　　　　4 では ありませんでした

7 この アパートは あまり（　）ね。
 1 しずかです　　　　　　　　　　2 しずかでは なくです
 3 しずかでした　　　　　　　　　4 しずかでは ありません

[8] この まちは (　) べんりな ところです。 023-5
1 にぎやか　　2 にぎやかの　　3 にぎやかで　　4 にぎやかだ

[9] こどもたちは (　) テレビを みて います。 023-6
1 しずかに　　2 しずかな　　3 しずかの　　4 しずかで

[10] この アパートは (　) たかいです。 023-5
1 ゆうめい　　2 ゆうめいで　　3 ゆうめくて　　4 ゆうめいと

[11] せんたくは (　) ありません。 023-1
1 すきでは　　2 すきな　　3 すきには　　4 すきだ

[12] 山田さんは ギターを (　) ひきます。 023-6
1 じょうず　　2 じょうずに　　3 じょうずな　　4 じょうずで

[13] この こうえんは (　) きれいです。 023-5
1 しずかの　　2 しずかに　　3 しずかと　　4 しずかで

[14] いもうとは あまり (　) ありませんでした。 023-2
1 じょうぶじゃ　　2 じょうぶな　　3 じょうぶには　　4 じょうぶだ

[15] あの ひとは あまり ゆうめい (　)。 023-1
1 のです　　2 く あります　　3 じゃ ありません　　4 く ありません

[16] きのうの パーティーは (　) たいへん たのしかったです。 023-5
1 にぎやかだ　　2 にぎやかで　　3 にぎやかの　　4 にぎやかに

もんだい 2 ＿＿★＿＿に 入(はい)る ものは どれですか。1・2・3・4から いちばん いい ものを 一(ひと)つ えらんで ください。

17　こうえんの 花(はな) ＿＿＿ ＿＿＿ ＿★＿ ＿＿＿ 。 023-4
　　1　きれい　　　2　だった　　　3　は　　　　　4　とても

18　わたしの へやは ＿＿＿ ＿＿＿ ＿★＿ ＿＿＿ 。 023-1
　　1　じゃ　　　　2　きれい　　　3　ない　　　　4　です

19　わたしの アパート ＿＿＿ ＿＿＿ ＿★＿ ＿＿＿ です。 023-5
　　1　いい　　　　2　は　　　　　3　しずか　　　4　で

20　かんじの テスト ＿＿＿ ＿★＿ ＿＿＿ ＿＿＿ みんな 言(い)って いました。 023-4
　　1　だった　　　2　と　　　　　3　たいへん　　4　は

21　ホテルの なまえは ＿＿＿ ＿＿＿ ＿★＿ ＿＿＿ 。 023-2
　　1　ゆうめい　　2　じゃ　　　　3　でした　　　4　ありません

もんだい3 22 から 26 に 何を 入れますか。ぶんしょうの いみを かんがえて、1・2・3・4から いちばん いい ものを 一つ えらんで ください。

(1)

　わたしは ときどき 22 きっさてんに 行きます。ふるくて あまり きれいな みせでは ありませんが、みせの 人と ゆっくり いろいろな 話が 23 。コーヒーしか ありませんが、とても すきな みせです。

(2)

　けさは あまり てんきが 24 あめが すこし ふりましたが、ひるには はれました。ごごは きんじょの スーパーへ かいもの 25 行きました。スーパーでは ぎゅうにゅうを かいました。あしたは 日よう日だから 友だちの スミスさんと いっしょに えいがを 26 行きます。えいがは 3時から はじまります。

22
1　ああ　　　　2　あの　　　　3　あれ　　　　4　あそこ

23
1　できるからです　　　　2　できてからです
3　するからです　　　　　4　してからです

24

1 よく　しないで　　　　　2 よく　しなくて
3 よく　ないて　　　　　　4 よく　なくて

25

1 を　　　　2 へ　　　　3 に　　　　4 と

26

1 見ながら　　2 見に　　3 見たくて　　4 見るから

문제해결 키워드

- **な형용사+명사** N5 023-7　~한(명사)
  きれいな　みせ 예쁜 가게(02行)
  いろいろな　話 여러 이야기(02行)
  すきな　みせ 좋아하는 가게(03行)

- **~くて** N5 022-5　~하고
  ふるくて　あまり　きれいな　みせでは　ありません
  낡고 그다지 깨끗한 가게는 아닙니다(01行)

- **~から** N5 005　~하니까〈이유〉, ~부터〈시간〉
  いろいろな　話が　できるからです
  여러 이야기를 할 수 있기 때문입니다(02行)
  えいがは　3時から　はじまります
  영화는 3시부터 시작됩니다(07行)

- **~しかない** N5 007　~밖에 없다
  コーヒーしか　ありませんが
  커피밖에 없습니다만(03行)

- **あまり~ない** N5 026　별로 ~지 않다
  あまり　てんきが　よく　なくて
  별로 날씨가 좋지 않아서(04行)

- **~に** N5 012　~하러〈목적〉
  スーパーへ　かいものに　行きました
  슈퍼마켓에 장을 보러 갔습니다(05行)
  えいがを　見に　行きます 영화를 보러 갑니다(07行)

04 동사

01 〜ます〜합니다 `현재형 정중체 긍정`
〜ません ~하지 않습니다 `현재형 정중체 부정`

「동사의 현재형 정중체 긍정」은 5단동사는 「어미 う단→い단+**ます**」이고, 1단동사는 「어미 る 탈락 +**ます**」이다. 변격동사인 「くる」는 「**きます**」, 「する」는 「**します**」가 된다. 「동사의 현재형 정중체 부정」은 「ます」 대신에 「**ません**」을 붙인다.

> **급소 찌르기**
> - いき**ます** 갑니다
> - ぜんぜん み**ません** 전혀 보지 않습니다
> - どこでも でかけ**ません** 아무데도 나가지 않습니다
> - たべ**ます** 먹습니다
> - まだ はじまり**ません** 아직 시작되지 않았습니다

- ともだちの いえへ あそびに 行き**ます**。 `긍정`
  친구 집에 놀러 갑니다.

- ジョギングは まいにち し**ます**。 `긍정`
  조깅은 매일 합니다.

- あの 人は テレビを 見**ません**。 `부정`
  저 사람은 텔레비전을 보지 않습니다.

- たかい ものは 買い**ません**。 `부정`
  비싼 물건은 사지 않습니다.

02 〜ました 024-2 ~했습니다 〔과거형 정중체 긍정〕
〜ませんでした 024-2 ~하지 않았습니다 〔과거형 정중체 부정〕

「동사의 과거형 정중체 긍정」은 5단동사는 「어미 う단→い단+**ました**」이고, 1단동사는 「어미 る 탈락 +**ました**」가 된다. 변격동사인 「くる」는 「**きました**」, 「する」는 「**しました**」가 된다. 「동사의 과거형 정중체 부정」은 「ました」 대신에 「**ませんでした**」를 붙이면 된다.

- かい**ました** 샀습니다
- し**ませんでした** 하지 않았습니다
- き**ました** 왔습니다
- あまり ふり**ませんでした** 그다지 내리지 않았습니다

- わたしは おかしを かい**ました**。 〔긍정〕
  나는 과자를 샀습니다.
- わたしは きのう どこへも 行き**ませんでした**。 〔부정〕
  나는 어제 아무데도 가지 않았습니다.
- まんがは 何も 読み**ませんでした**。 〔부정〕
  만화는 아무것도 읽지 않았습니다.

03 현재형 보통체 024-3

「동사의 현재형 보통체 긍정」은 동사의 사전형과 같다. 「동사의 현재형 보통체 부정」은 5단동사는 「어미 う단→あ단+**ない**」, 1단동사는 「어미 る 탈락+**ない**」가 된다. 변격동사인 「くる」는 「**こない**」, 「する」는 「**しない**」가 된다. 긍정과 부정, 수식의 용법이 있다.

- 本を **よむ** 책을 읽다
- としょかんに **いく** とき 도서관에 갈 때
- たくさん **たべない** 많이 먹지 않는다

- わたしは 毎日 しんぶんを 読む。 긍정
  나는 매일 신문을 읽는다.

- あさは いそがしくて しんぶんは 読まない。 부정
  아침에는 바빠서 신문은 읽지 않는다.

- ときどき おさけを 飲む ときが あります。 수식
  가끔 술을 마실 때가 있습니다.

04 과거형 보통체 024-4

「동사의 과거형 보통체 긍정·부정」은 아래와 같이 바뀌며, 긍정과 부정, 수식의 용법이 있다.

> **급소 찌르기**
>
> 「동사의 과거형 보통체 긍정」은 5단동사 어미가 　「う·つ·る」: 동사의 어간+った
> 　　　　　　　　　　　　　　　　　　　　　　　「く·ぐ」　 : 동사의 어간+いた·いだ
> 　　　　　　　　　　　　　　　　　　　　　　　「ぬ·ぶ·む」: 동사의 어간+んだ
> 　　　　　　　　　　　　　　　　　　　　　　　「す」　　　: 동사의 어간+した
> 　　　　　　　　　　　　　　1단동사 :「어미 る 탈락+た」
> 　　　　　　　　　　　　　　변격동사:「くる」→「きた」,「する」→「した」
> 「동사의 과거형 보통체 부정」은 5단동사 :「어미 う단 → あ단+なかった」
> 　　　　　　　　　　　　　　1단동사 :「어미 る 탈락+なかった」
> 　　　　　　　　　　　　　　변격동사:「くる」→「こなかった」
> 　　　　　　　　　　　　　　　　　　　「する」→「しなかった」

- わたしは 花を かった。 긍정
  나는 꽃을 샀다.

- けさ わたしは ごはんを 食べなかった。 부정
  오늘 아침 나는 밥을 먹지 않았다.

- パーティーで とった しゃしんを もらいました。 수식
  파티에서 찍은 사진을 받았습니다.

05　자·타동사 ⁰²⁴⁻⁵　

자·타동사는 「はじまる・はじめる」「たつ・たてる」「しまる・しめる」「ならぶ・ならべる」와 같이 페어로 암기해 두면 편리하다. 그리고 타동사는 목적을 나타내는 조사 「～を」와 연결된다.

> **급소 따르기**
>
> | 자동사 | 타동사 | 자동사 | 타동사 |
> |---|---|---|---|
> | はじまる 시작되다 | はじめる 시작하다 | しまる 닫히다 | しめる 닫다 |
> | たつ 서다 | たてる 세우다 | あく 열리다 | あける 열다 |
>
> ・げんかんの ドアを あける 현관문을 열다　・テニスを 始_{はじ}めた 테니스를 시작했다

- まどが あいて います。　**あく→자동사**
  창문이 열려 있습니다.

- わたしは げんかんの ドアを あけた。　**あける→타동사**
  나는 현관문을 열었다.

06　동사의 て형 ⁰²⁴⁻⁶　

「동사의 て형」은 「동사 과거형 보통체 긍정」과 만드는 형식이 같다. 다만, 「た」 대신에 「て」로 바꾸면 된다. 용법은 「단순 접속」 「방법」 「원인·이유」가 있는데, 「단순 접속」이 3회, 「방법」이 2회 출제되었다. 「원인·이유」의 예문은 〈10. 표현 의도 22〉에서 다루었다.

> **급소 따르기**
>
> ・1じに はじまって、2じに おわる 1시에 시작돼서 2시에 끝난다
> ・ぼうしを かぶって いく 모자를 쓰고 간다

- あさ おきて、しんぶんを よみます。　**단순 접속**
  아침에 일어나서 신문을 읽습니다.

- じしょを 見_みて かんじを おぼえます。　**방법**
  사전을 보고 한자를 외웁니다.

07 타동사+て ある ⁰²⁴⁻⁷ ~해져 있다

「타동사+**て ある**」의 형태로 인위적 행위의 결과를 나타낸다. 이때 앞에 조사는 「**を**」가 아니라 「**が**」가 된다는 점에 주의하자.

급소 찌르기

- かいて あります 쓰여져 있습니다
- おいて あります 놓여져 있습니다
- はって あります 붙여져 있습니다
- かざって あります 장식되어 있습니다

- へやに 花_{はな}が かざって あります。
  방에 꽃이 장식되어 있습니다.

- アルバイト募集_{ぼしゅう}の ポスターが はって あります。
  아르바이트 모집 포스터가 붙여져 있습니다.

08 자동사+て いる ⁰²⁴⁻⁸ ~해져 있다 [상태]
　　타동사+て いる ⁰²⁴⁻⁸ ~하고 있다 [진행]

「자동사+**ている**」는 상태를 나타내며, 앞에 조사「**が**」가 온다. 그리고「타동사+**ている**」는 주로 진행을 나타내며, 앞에 조사「**を**」가 온다.

급소 찌르기

자동사+ている
- はいって います 들어 있습니다
- でんきが ついて います 불이 켜져 있습니다

타동사+ている
- たべて いません 먹고 있지 않습니다
- 本_{ほん}を よんで います 책을 읽고 있습니다

- れいぞうこに スイカが 入_{はい}って います。　자동사+ている → 상태
  냉장고에 수박이 들어 있습니다.

- 小さな 魚が たくさん およいで います。 자동사+ている → 상태
  작은 물고기가 많이 헤엄치고 있습니다.

- わたしは いま しんぶんを よんで います。 타동사+ている → 진행
  나는 지금 신문을 읽고 있습니다.

09 〜ないで 024-9 〜하지 않고

「〜ないで」는 「동사의 ない형」에 「ないで」가 접속한 형태로, 「동사의 て형」과 정반대되는 뜻을 갖고 있는 표현이다.

- ごはんを たべないで 밥을 먹지 않고
- てを あらわないで 손을 씻지 않고
- はを みがかないで 이를 닦지 않고
- おふろに はいらないで 목욕을 하지 않고

- わたしは けさ ごはんを たべないで 来ました。
  나는 오늘 아침 밥을 먹지 않고 왔습니다.

- コーヒーには さとうを 入れないで 飲みます。
  커피에는 설탕을 넣지 않고 마십니다.

- きのうは はを みがかないで ねました。
  어제는 이를 닦지 않고 잤습니다.

콕콕실전문제 05

もんだい1　（　）に 何を 入れますか。1・2・3・4から いちばん いい ものを 一つ えらんで ください。

1　おとうとは きのう どこへも（　　）。 024-2
 1　行きます　　　　　　　　2　行きましょう
 3　行きました　　　　　　　4　行きませんでした

2　じしょを（　　）ことばを おぼえます。 024-6
 1　見る　　　2　見て　　　3　見た　　　4　見に

3　おなかが いたくて あさから なにも（　　）。 024-8
 1　たべて います　2　たべて いません　3　たべました　4　たべないでした

4　あさは いそがしくて ごはんは（　　）。 024-3
 1　たべた　　2　たべった　　3　たべない　　4　たべらない

5　まどが しまって（　　）。しめて ください。 024-8
 1　いません　　2　ありません　　3　います　　4　あります

6　おとうとは げんかんの ドア（　　）。 024-5
 1　が あいた　　2　が あけた　　3　を あいた　　4　を あけた

7　ゆうべは はを（　　）ねました。 024-9
 1　みがかない　　2　みがかなく　　3　みがかないで　　4　みがかなくて

8　じゅぎょうは 8時に（　　）、12時に おわります。 024-6
 1　はじまる　　2　はじまって　　3　はじまりて　　4　はじまった

68

9 A「りょうりを よく つくりますか。」 024-1
　 B「そうですね、毎日は（　　　）。」
　 1　つくります　　　　　　　　2　つくりません
　 3　つくりました　　　　　　　4　つくらないでした

10 わたしは きのう なにも（　　　）。 024-2
　 1　たべました　　　　　　　　2　たべませんでした
　 3　たべないでした　　　　　　4　たべて いました

11 いもうとは きのう あさごはんを（　　　）学校へ 行きました。 024-9
　 1　たべない　　2　たべなく　　3　たべなくて　　4　たべないで

12 これは わたしの ペンですよ。わたしの なまえが（　　　）あります。 024-7
　 1　かいて　　　2　かきて　　　3　かいた　　　　4　かきた

13 その 子は てを（　　　）ごはんを たべました。 024-9
　 1　あらわない　2　あらわなく　3　あらわないで　4　あらわなかった

14 この へやは でんきが 一つしか ついて（　　　）。 024-8
　 1　います　　　2　いません　　3　あります　　　4　ありません

15 かべに ちずが はって（　　　）。 024-7
　 1　します　　　2　います　　　3　なります　　　4　あります

16 A「わたしの うちへ あそびに 来ませんか。」 024-1
　 B「はい、（　　　）。」
　 1　来ます　　　2　来ません　　3　行きます　　　4　行きません

17 いもうとは つかれると すぐ タクシーで（　　　）。024-1
　　1　かえりません　　　　　　　2　かえりたがります
　　3　かえりたいです　　　　　　4　かえって ください

18 あつい なつが（　　　）、すずしい あきが きました。024-6
　　1　すぎないで　　2　すぎなくて　　3　すぎて　　4　すぎながら

19 きょうしつに いすと つくえを（　　　）ください。024-5
　　1　はじまって　　2　はじめて　　3　ならんで　　4　ならべて

20 ひこうきの きっぷは よやくして（　　　）から あんしんです。024-7
　　1　ある　　2　おく　　3　なる　　4　いく

もんだい2 ＿＿★＿＿に 入る ものは どれですか。1・2・3・4から いちばん いい ものを 一つ えらんで ください。

[21] これは わたしの かさですよ。わたしの ＿＿＿ ＿＿＿ ★ ＿＿＿。 024-6
1 が 　　2 かいて 　　3 なまえ 　　4 あります

[22] ボールペン ＿＿＿ ＿＿＿ ★ ＿＿＿。 024-9
1 書かないで 　　2 で 　　3 書きます 　　4 えんぴつで

[23] あの たてものは エレベーター ＿＿＿ ＿＿＿ ★ ＿＿＿。 024-6
1 です 　　2 べんり 　　3 あって 　　4 が

[24] まだ ＿＿＿ ★ ＿＿＿ ＿＿＿。早く 行きましょう。 024-8
1 います 　　2 は 　　3 あいて 　　4 ゆうびんきょく

[25] きのう きょうしつの ＿＿＿ ＿＿＿ ★ ＿＿＿。 024-5
1 か 　　2 電気 　　3 けしました 　　4 を

もんだい3 26 から 30 に 何を 入れますか。ぶんしょうの いみを かんがえて、1・2・3・4から いちばん いい ものを 一つ えらんで ください。

(1)

来月の 2日から 8日まで、うみの ちかくに りょこう 26 行きます。うみを 見ながら 本を よんだり、おいしい ものを たべたりしたいですね。27 、かえる 日に すこし かいものを します。

(2)

わたしの 祖父は ビールが すきです。よるは ビールを かならず いっぽん 28 しょくじを します。わかい ときから まいにち つづけて いる しゅうかんです。ワインや ウイスキーは 29 のみません。祖父は、ビールは からだに とても いいと 言います。母は 祖父に 「あまり 30 」と 言います。

26
    1 に   2 と   3 で   4 が

27
    1 でも   2 だから   3 それから   4 では

28

1 のんだから   2 のんでから   3 のむから   4 のんだり

29

1 もっと   2 とても   3 そして   4 あまり

30

1 のむからです   2 のんで ください
3 のんだからです   4 のまないで ください

문제해결 키워드

- **~ます/~ません** N5 024-1 ~합니다/~하지 않습니다
  りょこうに 行きます 여행을 갑니다(01行)
  かいものを します 쇼핑을 합니다(03行)
  あまり のみません 그다지 마시지 않습니다(06行)

- **타동사+て いる** N5 024-8 ~하고 있다〈진행〉
  まいにち つづけて いる しゅうかん
  매일 계속하고 있는 습관(05行)

- **~ながら** N5 043 ~하면서
  うみを 見ながら 바다를 보면서(02行)

- **~たり~たり(する)** N5 034
  ~하기도 하고 ~하기도 (하다)
  本を よんだり、 おいしい ものを たべたり したい
  책을 읽기도 하고 맛있는 것을 먹거나 하고 싶다(02行)

- **~が** N5 002 ~을〈희망·능력 등의 대상〉
  ビールが すきです 맥주를 좋아합니다(04行)

- **~てから** N5 035 ~하고 나서
  いっぽん のんでから 한 병 마시고 나서(05行)

- **あまり~ない** N5 026 별로 ~지 않다
  ウイスキーは あまり のみません
  위스키는 그다지 마시지 않습니다(06行)

- **~と 言う** N5 010 ~라고 하다
  とても いいと 言います 아주 좋다고 말합니다(07行)

- **~ないで ください** N5 042 ~지 마세요
  あまり のまないで ください
  너무 마시지 마세요(08行)

05 名詞

01 〜です ~입니다 현재형 정중체 긍정
〜では(じゃ) ありません ~이 아닙니다 현재형 정중체 부정

「명사의 현재형 정중체 긍정」은 명사 뒤에 「〜です」를 붙이고, 「명사의 현재형 정중체 부정」은 명사 뒤에 「〜では(じゃ) ありません」을 붙인다.

- わたしは かいしゃいんです。　나는 회사원입니다.　긍정
- わたしは 学生では ありません。　나는 학생이 아닙니다.　부정

02 〜でした ~이었습니다 과거형 정중체 긍정
〜では(じゃ) ありませんでした ~이 아니었습니다 과거형 정중체 부정

「명사의 과거형 정중체 긍정」은 명사 뒤에 「〜でした」를 붙이고, 「명사의 과거형 정중체 부정」은 명사 뒤에 「〜では(じゃ) ありませんでした」를 붙인다.

- きのうは どようびでした。　어제는 토요일이었습니다.　긍정
- きのうは 休みでは ありませんでした。　어제는 휴일이 아니었습니다.　부정

03 ～だ ～이다 [현재형 보통체 긍정]
～では(じゃ) ない ~이 아니다 [현재형 보통체 부정]

「명사의 현재형 보통체 긍정」은 명사 뒤에 「～だ」를 붙이고, 「명사의 현재형 보통체 부정」은 명사 뒤에 「～では(じゃ) ない」를 붙인다.

> 급소 찌르기
> ・この 人は 先生だ 이 사람은 선생님이다   ・えいごの 本では ない 영어책이 아니다

- わたしは 学生だ。 나는 학생이다. [긍정]
- わたしは 日本人では ない。 나는 일본인이 아니다. [부정]

04 ～だった ~이었다 [과거형 보통체 긍정]
～では(じゃ) なかった ~이 아니었다 [과거형 보통체 부정]

「명사의 과거형 보통체 긍정」은 명사 뒤에 「～だった」를 붙이고, 「명사의 과거형 보통체 부정」은 명사 뒤에 「～では(じゃ) なかった」를 붙인다.

> 급소 찌르기
> ・おもしろい えいがだった 재미있는 영화였다
> ・たんじょうびでは なかった 생일이 아니었다

- きのうは かようびだった。 어제는 화요일이었다. [긍정]
- きのうは 休みでは なかった。 어제는 휴일이 아니었다. [부정]

05 〜で 025-5 ~이고, ~로 명사술어문

「명사술어문+で」는 「~이고, ~로」라는 뜻으로 4회 출제되었다.

- じしょで 사전이고
- 35さいで 35세로
- ともだちので 친구 것으로
- かんこくじんで 한국인이고

- これは 英語(えいご)の じしょで、あれは 日本語(にほんご)の じしょです。
  이것은 영어 사전이고, 저것은 일본어 사전입니다.

- かれは りゅうがくせいで 元気(げんき)な 人(ひと)です。
  그는 유학생으로 활발한 사람입니다.

06 연체수식절+명사 051 ~한(명사), ~할(명사)

「동사 과거형+명사」는 「~한(명사)」라는 뜻으로 「きのう(어제)・きょねん(작년)・けさ(오늘 아침)」과 같은 과거를 나타내는 단어와 같이 쓰인다. 「동사 현재형+명사」는 「~할(명사)」라는 뜻으로 「あした(내일)・らいしゅう(다음 주)」 등의 미래를 나타내는 단어와 같이 쓰인다.

동사 과거형 + 명사
- きのう みた えいが 어제 본 영화
- きのう かいた え 어제 그린 그림
- きょねん きょうとで とった しゃしん 작년에 교토에서 찍은 사진

동사 현재형 + 명사
- あした やまださんが あう ひと 내일 야마다 씨가 만날 사람
- らいしゅう ははに だす てがみ 다음 주에 어머니에게 부칠 편지

- これは あした 父(ちち)に だす てがみです。
  이것은 내일 아버지에게 부칠 편지입니다.

- おととい かった 赤(あか)い くつは とても じょうぶです。
  그저께 산 빨간 구두는 아주 튼튼합니다.

06 지시어

01 ここ / そこ / あそこ / どこ
여기 / 거기 / 저기 / 어디

장소를 나타내는 지시어 「ここ / そこ / あそこ / どこ」는 우리말의 「여기 / 거기 / 저기 / 어디」에 해당한다. 그리고 「どこの+명사」의 형태는 우리말의 「어느~」에 해당하는데, 「どの」와 해석만으로는 구별이 안 되므로 주의해야 한다. 「どこの+명사」가 4회 출제되었고, 「どこ+で」가 1회 출제되었다.

급소 찌르기
- **どこの** くにの とけい 어느 나라 시계
- **どこの** くにの ひと 어느 나라 사람
- **どこの** くにの くるま 어느 나라 자동차
- **どこで** えいがを みますか 어디서 영화를 봅니까?

- **ここに** ノートが あります。
  여기에 노트가 있습니다.

- **そこに** 子どもが います。
  거기에 어린이가 있습니다.

- **あそこは** ゆうびんきょくです。
  저기는 우체국입니다.

- ぎんこうは **どこ**ですか。
  은행은 어디입니까?

- これは **どこの** くにの とけいですか。
  이것은 어느 나라 시계입니까?

02　こちら / そちら / あちら / どちら ⁰⁵³⁻⁸
이쪽 / 그쪽 / 저쪽 / 어느 쪽

방향을 나타내는 지시어 「**こちら / そちら / あちら / どちら**」는 우리말의 「이쪽 / 그쪽 / 저쪽 / 어느 쪽」에 해당한다. 그리고 회화에서는 「**こっち / そっち / あっち / どっち**」를 사용하기도 한다. 「こちら」가 1회, 「そちら」가 1회 출제되었고, 「どちら」는 「방향」뿐만 아니라 우리말의 「어디」라는 뜻으로도 쓰이며 3회 출제되었다.

급소 따르기

- へやは　**こちら**です　방은 이쪽입니다
- ここから　**そちら**まで　여기에서 그쪽까지
- おくには　**どちら**ですか　고향은 어디십니까?
- でぐちは　**どちら**ですか　출구는 어느 쪽입니까?

- みなみは　**こちら**です。
  남쪽은 이쪽입니다.

- ひがしは　**そちら**です。
  동쪽은 그쪽입니다.

- いりぐちは　**あちら**です。
  입구는 저쪽입니다.

- すみません。出口(でぐち)は　**どちら**ですか。
  실례합니다. 출구는 어느 쪽입니까?

03　この / その / あの / どの ⁰⁵³⁻⁹ 이 / 그 / 저 / 어느

연체사 「**この / その / あの / どの**」는 우리말의 「이 / 그 / 저 / 어느」에 해당한다. 「あの」가 2회, 「どの」가 5회 출제되었다.

> **꼭 짚고 가기**
> - あの バスです 저 버스입니다
> - どの かさ 어느 우산
> - どの ひと 어느 사람
> - どの コート 어느 코트

- この かばんは くろいです。 이 가방은 검습니다.
- その 本は 先生のです。 그 책은 선생님 것입니다.
- あの 人は 学生です。 저 사람은 학생입니다.
- どの かさが 山田さんのですか。 어느 우산이 야마다 씨 것입니까?

04 これ / それ / あれ / どれ 053-10
이것 / 그것 / 저것 / 어느 것

[5회 출제]

지시대명사 「これ / それ / あれ / どれ」는 우리말의 「이것 / 그것 / 저 것 / 어느 것」에 해당한다.

> **꼭 짚고 가기**
> - わたしの かばんは これです 내 가방은 이것입니다
> - たなかさんの ノートは どれですか 다나카 씨의 노트는 어느 것입니까?

- これは ノートです。 이것은 노트입니다.
- それは 本です。 그것은 책입니다.
- あれは みかんです。 저것은 귤입니다.
- どれが あなたの かばんですか。 어느 것이 당신 가방입니까?

콕콕 실전문제 06

もんだい1 （　　）に 何を 入れますか。1・2・3・4から いちばん いい ものを 一つ えらんで ください。

1　これは（　　）の くにの カメラですか。
　　1　どの　　　2　どんな　　　3　どこ　　　4　どれ

2　大きい じしょは わたしの（　　）、小さい じしょは いもうとのです。
　　1　に　　　2　を　　　3　と　　　4　で

3　これは あした こうえんで（　　）おべんとうです。
　　1　たべ　　　2　たべて　　　3　たべます　　　4　たべる

4　わたしは 英語の せんせいでは（　　）。
　　1　いません　　　2　ありません　　　3　しません　　　4　なりません

5　（　　）が あなたの かさですか。
　　1　どんな　　　2　どれ　　　3　どこ　　　4　どの

6　田中さんは きのう（　　）めがねを かけて います。
　　1　かい　　　2　かう　　　3　かった　　　4　かうの

7　A「田中さんは（　　）ひとですか。」
　　B「あの ひとです。」
　　1　どこ　　　2　どれ　　　3　どの　　　4　どちら

8　すみません、ゆうびんきょくの いりぐちは（　　）ですか。
　　1　どの　　　2　どちら　　　3　なに　　　4　なんの

もんだい2 ___★___ に 入る ものは どれですか。1・2・3・4から いちばん いい ものを 一つ えらんで ください。

9 いもうと _____ __★__ _____ _____ 。 ⁰²⁵⁻⁵

　　1 です　　　　2 は　　　　　3 17 さいで　　4 学生

10 A「山田さんの ノート _____ _____ __★__ _____ 。」 ⁰⁵²⁻⁹
　　B「その 小さいのです。」

　　1 どれ　　　　2 です　　　　3 は　　　　　4 か

11 _____ _____ __★__ _____ 人が いますね。 ⁰⁵²⁻⁶

　　1 あそこ　　　2 に　　　　　3 の　　　　　4 女

12 _____ _____ __★__ _____ の きょうしつです。 ⁰⁵²⁻⁸

　　1 へや　　　　2 が　　　　　3 日本語　　　4 あの

13 今から あなたの うちへ 行きますが、_____ __★__ _____ _____ かかりますか。 ⁰⁵²⁻⁷

　　1 そちら　　　2 どれ　　　　3 ぐらい　　　4 まで

もんだい3 14 から 18 に 何を 入れますか。ぶんしょうの いみを かんがえて、1・2・3・4から いちばん いい ものを 一つ えらんで ください。

(1)

わたしには あにと あねが 14 。あには 中学校で すうがくを おしえて います。あねは けっこんして いて、こども 15 いますが、いまは 大学で えいごの べんきょうを して います。

(2)

わたしは おととい 日本へ 来ました。2年前 16 日本へ 来ました。その ときは 1しゅうかん 17 いませんでした。こんかいは 国へ かえるまで 1かげつも あるので、いろいろな ところへ 18 と おもいます。

14
1 います　　2 いいます　　3 します　　4 いたします

15
1 で　　2 に　　3 も　　4 を

16

1 から　　　2 まで　　　3 とも　　　4 にも

17

1 だけ　　　2 しか　　　3 ぐらい　　　4 ほど

18

1 行った　　　2 行くから　　　3 行きたい　　　4 行って いた

문제해결 키워드

- 지시어 ^{N5 053-9}
  その ときは　그 때는(05行)

- ~と ^{N5 010} ~와
  あにと あねが います　형과 누나가 있습니다(01行)

- ~で ^{N5 009} ~에서 〈장소〉
  中学校で　중학교에서(01行)
  大学で　대학교에서(02行)

- ~しか~ない ^{N5 007} ~밖에 ~않다
  1しゅうかんしか いませんでした
  일주일밖에 있지 않습니다(05行)

- ~まで ^{N5 018} ~까지 〈시간〉
  国へ かえるまで　고국에 돌아가기까지(05行)

- ~も ^{N4 016} ~이나 〈예측 이상〉
  1かげつも あるので　한 달이나 있기 때문에(06行)

- ~たい ^{N5 033} ~하고 싶다
  いろいろな ところへ 行きたい
  여러 곳에 가고 싶다(06行)

- ~と おもう ^{N4 019} ~라고 생각하다
  行きたいと おもいます　가고 싶다고 생각합니다(06行)

07 의문사

01 いくつ 053-1 몇 개, 몇 살

「いくつ」는 개수를 나타내는 「몇 개」와 나이를 묻는 「몇 살」이란 2가지 뜻을 갖고 있다.

- みかんは いくつ ありますか。 귤은 몇 개 있습니까?
- A 「あの 子は ことし いくつですか。」 저 아이는 올해 몇 살입니까?
  B 「9さいに なりました。」 9살이 되었습니다.

02 いくら 053-2 얼마

「いくら」는 상품의 가격을 묻는 질문으로 2회 출제되었다.

급소 따르기
- いくらですか 얼마입니까?
- この はこの トマトは いくらですか 이 상자의 토마토는 얼마입니까?

- この トマトは 一つ いくらですか。 이 토마토는 한 개 얼마입니까?
- あの 赤い ふくは いくらですか。 저 빨간 옷은 얼마입니까?

03 いつ ⁰⁵³⁻³ 언제

「**いつ**」는 우리말의 「언제」라는 뜻으로 2회 출제되었다.

- **いつ** この しゃしんを とりましたか。 언제 이 사진을 찍었습니까?
- **いつ**が いいですか。 언제가 좋습니까?

04 だれ / どなた ⁰⁵³⁻⁴ 누구 / 어느 분

「**だれ**」는 「누구」, 「**どなた**」는 「어느 분」이라는 뜻이다.

- **だれ**が 来ましたか。 누가 왔습니까?
- あそこに 立って いる 方は **どなた**ですか。
  저곳에 서 있는 분은 누구십니까?

05 だれか ⁰⁵³⁻⁴ 누군가

「의문사+**か**」의 형태로 부정(不定)의 뜻을 나타낸다.

> **급소 찌르기**
> - **だれか** きましたか 누군가 왔습니까?
> - **だれか** まどを しめて ください 누가 (좀) 창문을 닫아 주세요

- **だれか**、山田さんの 電話ばんごうを おしえて ください。
  누군가 야마다 씨 전화번호를 가르쳐 주세요.

06 だれにも ⁰⁵³⁻⁴ 아무에게도, 아무도

「だれ+にも+부정(否定)」의 형태로 「아무에게도, 아무도 (~않다)」라는 뜻을 나타내며, 뒤에 「あげる·あう」 등의 동사가 온다. 「だれも」와 해석만으로는 구별이 안 되므로 주의해야 한다.

- だれにも あげません 아무에게도 주지 않습니다
- だれにも あいませんでした 아무도 만나지 않았습니다

- この おかしは だれにも あげません。
  이 과자는 아무에게도 주지 않습니다.

- きのうは うちに いて、だれにも あいませんでした。
  어제는 집에 있으면서, 아무도 만나지 않았습니다.

07 だれも ⁰⁵³⁻⁴ 아무도

「だれ+も+부정(否定)」의 형태로, 「아무도」라는 뜻이다.

- だれも きませんでした 아무도 오지 않았습니다
- だれも いません 아무도 없습니다

- きょうは ともだちは だれも 来ませんでした。
  오늘은 친구는 아무도 오지 않았습니다.

- きょうしつには だれも いません。
  교실에는 아무도 없습니다.

08　どう / いかが　어떻게

「どうですか・どうでしたか / いかがですか・いかがでしたか」의 형태로 많이 쓰인다.

> **꼭쏙 따르기**
> - にほんごは どうですか　일본어는 어떻습니까?
> - 先週の テストは どうでしたか　지난주 본 시험은 어땠습니까?
> - あたらしい しごとは いかがですか　새로운 일은 어떠십니까?
> - きのうの えいがは いかがでしたか　어제 본 영화는 어떠셨습니까?

- 日本の ごはんは どうですか。　일본 밥은 어떻습니까?

- A「会話の しけん、どうでしたか。」　회화 시험 어땠습니까?
  B「あまり 上手に 話せませんでした。」　그리 능숙하게 말하지 못했습니다.

- りょこうに 行くのは いかがですか。　여행을 가는 것은 어떠십니까?

09　どうして / なぜ　어째서, 왜

「なぜ」는 지금까지 출제된 적이 없고, 「どうして」는 4회 출제되었다.

> **꼭쏙 따르기**
> - どうして はやく かえりましたか　어째서 일찍 돌아갔습니까?
> - どうして ごはんを たべませんか　어째서 밥을 먹지 않습니까?
> - どうして しごとを やすみましたか　왜 일을 쉬었습니까?

- どうして くすりを のみましたか。　어째서 약을 먹었습니까?

- あなたは なぜ がっこうを 休みましたか。　당신은 왜 학교를 쉬었습니까?

10　どこかへ・どこかに ⁰⁵³⁻⁷ 어딘가에

「의문사+**かへ**・**かに**」의 꼴로 부정(不定)의 뜻을 나타낸다.

> **급소 찌르기**
> - **どこかへ** いきますか 어딘가에 갑니까?
> - ゆうべ **どこかへ** いきました 어젯밤에 어딘가에 갔습니다

- きょうの　ごごは　**どこかへ**　行きますか。
  오늘 오후에는 어딘가에 갑니까?

- 山田さんは　ゆうべ　**どこかへ**　行きました。
  야마다 씨는 어젯밤 어딘가에 갔습니다.

- A「きのう　**どこかに**　行きましたか。」 어제 어딘가에 갔었습니까?

  B「はい、いえの　ちかくの　こうえんに　行きました。」
  　네, 집 근처의 공원에 갔습니다.

11　どこにも ⁰⁵³⁻⁷ 어디에도, 아무데도

우리말의 「어디에도, 아무데도」라는 뜻이며, 「의문사+**にも**+부정(否定)」의 꼴로 뒤에 「ある・いる」 등의 동사가 온다. 그리고 「どこへも」와 해석만으로는 구별이 안 되므로 주의해야 한다.

> **급소 찌르기**
> - **どこにも**　ありません 어디에도 없습니다
> - **どこにも**　いませんでした 어디에도 없었습니다

- その　本は　**どこにも**　ありませんでした。
  그 책은 어디에도 없었습니다.

- わたしが　ほしい　カレンダーは　**どこにも**　ありませんでした。
  내가 갖고 싶은 달력은 아무데도 없었습니다.

12 どこへも ⁰⁵³⁻⁷ 아무데도

우리말의 「아무데도」라는 뜻이며, 「의문사+**へも**+부정(否定)」의 형태로 뒤에 「いく・でかける」 등의 동사가 온다. 「どこにも」와 해석만으로는 구별이 안 되므로 주의해야 한다.

> **급소 찌르기**
> - どこへも いきません 아무데도 가지 않습니다
> - どこへも でかけません 아무데도 외출하지 않습니다

- きのうは どこへも 行(い)きませんでした。
  어제는 아무데도 가지 않았습니다.

13 どのぐらい / どれぐらい ⁰⁵³⁻⁹ 어느 정도, 얼마나

「どのぐらい」는 시간과 수량 양쪽에 쓸 수 있으며, 「**どれぐらい**」라고 써도 무방하다. 「どのぐらい」는 「どのくらい」로 쓰기도 한다.

> **급소 찌르기**
> - どれぐらい ねますか 얼마나 잡니까?
> - どのくらい べんきょうしましたか 얼마나 공부했습니까?
> - どのぐらい うんどうしましたか 얼마나 운동했습니까?
> - えきまで どのくらいですか 역까지 어느 정도입니까?
> - かいしゃまで どのぐらい かかりますか 회사까지 얼마나 걸립니까?

- きのう どのぐらい うんどうしましたか。
  어제 얼마나 운동했습니까?
- A「日本(にほん)に 来(き)て どれぐらいですか。」 일본에 와서 어느 정도입니까?
  B「2週間(しゅうかん)です。」 2주일입니다.

14 どんな ⁰⁵³⁻¹¹ 어떤

「どんな」는 우리말의 「어떤」이란 뜻을 나타내며 5회 출제되었다.

> **급소 찌르기**
> - どんな かばん 어떤 가방
> - どんな ときに 어떤 때에
> - どんな 声(こえ)で 어떤 소리로
> - どんな えいが 어떤 영화
> - どんな ところへ 어떤 곳에

- どんな えいがが すきですか。 어떤 영화를 좋아합니까?
- あの 鳥(とり)は どんな 声(こえ)で なくのかなあ。 저 새는 어떤 소리로 울까?

15 なに / なん(何) ⁰⁵³⁻¹² 무엇

「だ・で・と・の」등이 뒤에 올 때 「なに」는 보통 「なん」이 되지만 예외의 경우도 있다. 교통수단을 나타낼때 「何で(무엇으로)」는 「なにで」로 읽는다. 「なんの」는 「무슨」이라는 뜻으로 사물의 종류를 물을 때 사용된다.

> **급소 찌르기**
> - なにを たべましたか 무엇을 먹었습니까?
> - なんようび 무슨 요일
> - なんですか 무엇입니까?
> - なんの ざっしですか 무슨 잡지입니까?

- 会社(かいしゃ)へは 何(なに)で 行(い)って いますか。 회사에는 무엇으로 다니고 있습니까?
- A「それは なんですか。」 그것은 무엇입니까?
  B「これは 日本(にほん)の きってです。」 이것은 일본의 우표입니다.
- 好(す)きな 食(た)べ物(もの)は なんですか。 좋아하는 음식은 무엇입니까?

16 なにか(何か) 053-12 뭔가

「의문사+か」의 형태로 부정(不定)의 뜻을 나타내며 4회 출제되었다.

- なにか たべませんか 뭔가 먹지 않겠습니까?
- けさは なにか たべましたか 오늘 아침에는 뭔가 먹었습니까?

- A 「なにか のみませんか。」 뭔가 마시지 않겠습니까?
  B 「ええ、のみましょう。」 네, 마십시다.

- なにか しつもんは ありますか。
  뭔가 질문은 있습니까?

- たまごりょうりの じょうずな 作りかたを 何かで 読みました。
  계란 요리를 잘 만드는 방법을 뭔가에서 읽었습니다.

17 なにも(何も) 053-12 아무것도

우리말의 「아무것도」라는 뜻이며 「의문사+も+부정(否定)」의 형태로 3회 출제되었다.

- なにも ないから 아무것도 없으니까
- なにも ありません 아무것도 없습니다
- なにも たべませんでした 아무것도 먹지 않았습니다

- びょうきで きょう いちにち、なにも たべませんでした。
  아파서 오늘 하루 아무것도 먹지 않았습니다.

- いまは なにも ひつようでは ありません。
  지금은 아무것도 필요하지 않습니다.

08 접미어, 부사의 호응

01 〜がた・〜たち 027 ~들

접미어 「〜がた・〜たち」는 복수를 만드는 표현으로, 「〜がた」가 1회 출제되었다. 그리고 「友だち 친구(들)」는 통째로 외워두자.

- ここが あなたがたの へやです。 여기가 당신들의 방입니다.
- あの 人たちは みんな 学生です。 저 사람들은 모두 학생입니다.

02 〜ごろ 030 ~쯤, ~경, ~무렵

접미어 「〜ごろ」는 때를 나타내는 말에 붙어 「~쯤, ~경, ~무렵」의 뜻을 나타내며, 해석만으로 보면 「〜ぐらい」와 비슷하므로 주의해야 한다.

- なんじごろ 몇 시쯤
- このごろ 요즘
- 8じごろ 8시쯤
- 子どものごろ 어렸을 때

- あした 9時ごろ 来て ください。 내일 9시쯤 와 주세요.
- けさは 6時ごろ いえを 出ました。 오늘 아침에는 6시쯤 집을 나섰습니다.
- わたしは まいにち 7じごろ 起きます。 나는 매일 7시쯤 일어납니다.

03 〜じゅう/〜ちゅう(中) ⁰³¹ ~내내/~중

「〜じゅう(中)」는 명사에 붙어 「~내내, ~동안」 등의 뜻을 나타내며, 2회 출제되었다. 「〜ちゅう(中) ~중」과는 다른 표현이므로 구별해서 익혀 두자.

급소 찌르기
- いちねん**じゅう** 일년 내내
- いちにち**じゅう** 하루 종일
- じゅぎょう**ちゅう** 수업 중
- やすみ**ちゅう** 쉬는 중

- 一日**じゅう**　しごとを　して、つかれました。　하루 종일 일을 해서 피곤합니다.
- 金さんは　いま　べんきょう**ちゅう**です。　김 씨는 지금 공부 중입니다.
- しりょうを　今週**中**に　つくって　みて　ください。
  자료를 이번주 중에 만들어 보세요.

04 あまり 〜ない ⁰²⁶ 별로 (그다지) ~지 않다

부사의 호응은 N5 문법에서는 「あまり〜ない」밖에 출제되지 않는다.

급소 찌르기
- きのうは　**あまり**　さむく　**ありませんでした**　어제는 별로 춥지 않았습니다
- おんがくは　**あまり**　**ききません**　음악은 그다지 듣지 않습니다

- おんがくは　**あまり**　すきでは　**ありません**。
  음악은 그다지 좋아하지 않습니다.
- わたしは　おさけは　**あまり**　**のみません**。
  저는 술은 별로 마시지 않습니다.
- わたしの　うちは　えきから　**あまり**　ちかく　**ありません**。
  우리 집은 역에서 그다지 가깝지 않습니다.

콕콕 실전문제 07

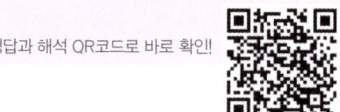

もんだい1 （　　）に 何を 入れますか。1・2・3・4から いちばん いい ものを 一つ えらんで ください。

1 1年に（　　）ぐらい ゆきが ふりますか。
　1 どう　　　2 どこ　　　3 どんな　　　4 どの

2 だれ（　　）、田中さんの じゅうしょを おしえて ください。
　1 か　　　2 が　　　3 に　　　4 は

3 はこを さがしましたが、どこ（　　）ありません。
　1 へも　　　2 でも　　　3 にも　　　4 までも

4 「さようなら」は（　　）ときに いいますか。
　1 いつ　　　2 どれ　　　3 どんな　　　4 どう

5 へやには 人は（　　）いません。
　1 どこも　　　2 いつも　　　3 なにも　　　4 だれも

6 A「きょうの ごごは どこ（　　）行きますか。」
　B「はい、デパートへ 行きます。」
　1 かへ　　　2 でも　　　3 へも　　　4 にも

7 あの 人の こどもは（　　）ですか。
　1 なん　　　2 いくつ　　　3 どの　　　4 いくら

8 A「きょうの テストは（　　）でしたか。」
　B「やさしかったです。」
　1 だれ　　　2 なに　　　3 どれ　　　4 どう

9 A「(　　) しごとを やすみましたか。」053-6
B「びょうきだったからです。」
1 どのぐらい　　2 どうして　　3 どこの　　4 どなたが

10 A「それは (　　) の ざっしですか。」053-12
B「りょうりの ざっしです。」
1 いつ　　2 だれ　　3 どこ　　4 なん

11 この チョコレートは (　　) あげません。053-4
1 だれか　　2 なにか　　3 だれにも　　4 なににも

12 こんどの どよう日は どこ (　　) 出かけません。053-7
1 へも　　2 まで　　3 もへ　　4 でも

13 はこの なかには なに (　　) ありません。053-12
1 に　　2 と　　3 を　　4 も

14 A「この はこの りんごは いくらですか。」053-2
B「(　　)。」
1 一つ 200円です　　2 はこは 6こです
3 はこは 200円です　　4 ぜんぶで 6こです

15 (　　) ネクタイが ほしいですか。053-11
1 どんな　　2 どう　　3 どこ　　4 どちら

16 あなたの うちから えきまで (　　) かかりますか。053-9
1 どうして　　2 どのぐらい　　3 どう　　4 いくつぐらい

17　11時（　　）しごとが おわりました。
1　ごろ　　　　2　では　　　　3　まで　　　　4　ぐらい

18　1日（　　）べんきょうを して、あたまが いたいです。
1　ごろ　　　　2　じゅう　　　3　から　　　　4　まで

19　わたしの うちは えきから（　　）とおく ありません。
1　すぐに　　　2　よく　　　　3　あまり　　　4　たくさん

20　ここが 先生（　　）の へやですね。
1　ごろ　　　　2　がた　　　　3　ほど　　　　4　など

21　みなみの くには 1年（　　）あついです。
1　から　　　　2　ちゅう　　　3　ごろ　　　　4　じゅう

22　あなた（　　）は きょう なにを しますか。
1　ほど　　　　2　など　　　　3　たち　　　　4　ごろ

23　うみの 水は あまり（　　）。
1　きれいでは なかった　　　　2　きれく なかった
3　きれかった　　　　　　　　　4　きれいだった

24　けさ、何時（　　）えきに つきましたか。
1　ごろ　　　　2　でも　　　　3　まで　　　　4　ぐらい

もんだい2 ＿＿ ★ ＿＿に 入る ものは どれですか。1・2・3・4から いちばん いい ものを 一つ えらんで ください。

25 A「駅から びょういんまでは ＿＿＿ ＿★＿ ＿＿＿ ＿＿＿。」053-9
   B「バスで 30分 かかります。」
   1 か　　　　2 どの　　　　3 です　　　　4 ぐらい

26 A「せんしゅうの にちようびに どこかへ 行きましたか。」053-7
   B「いいえ、＿＿＿ ＿＿＿ ＿★＿ ＿＿＿。」
   1 行きません　2 どこ　　　　3 でした　　　4 へも

27 A「いもうとさん ＿＿＿ ＿＿＿ ＿★＿ ＿＿＿。」053-1
   B「19さいです。」
   1 いくつ　　　2 です　　　　3 か　　　　　4 は

28 あの 山には 一年 ＿＿＿ ＿＿＿ ＿★＿ ＿＿＿。031
   1 が　　　　　2 あります　　3 じゅう　　　4 ゆき

29 A「どうして くすりを のみましたか。」053-6
   B「＿＿＿ ＿＿＿ ＿★＿ ＿＿＿ です。」
   1 あたま　　　2 から　　　　3 いたかった　4 が

もんだい3 30 から 34 に 何を 入れますか。ぶんしょうの いみを かんがえて、1・2・3・4から いちばん いい ものを 一つ えらんで ください。

(1)

　かいしゃで たばこ 30 すう 人を しらべました。まいにち たくさん すう 人は 19パーセント、すこし すう 人は 25パーセント、ときどき すう 人は 6パーセントでした。 31 すわない 人は 50パーセントでした。

(2)

　せんしゅう、あたらしい アパートに 入りました。わたしの へやは 2かい です。となりには、いま 32 すんで いません。1かい 33 、おばあさんと おとこの 大学生が すんで います。3がいにも だれか いますが、まだ どんな 人か 34 。

30
1 と　　　2 を　　　3 が　　　4 の

31
1 はじめて　2 ちょうど　3 だんだん　4 ぜんぜん

32

1　だれも　　　　2　だれか　　　　3　なにも　　　　4　なにか

33

1　だけ　　　　　2　から　　　　　3　には　　　　　4　まで

34

1　しりません　　　　　　　　　　2　しるでしょう
3　しりました　　　　　　　　　　4　しります

📝 문제해결 키워드

☐ **의문사** N5 053-4
　だれも　すんで　いません 아무도 살지 않습니다(05行)
　だれか　いますが 누군가 있습니다만(06行)
　どんな　人 어떤 사람(07行)
☐ **い형용사＋명사** N5 022-?　~한 (명사)
　あたらしい　アパート 새로운 아파트(05行)
☐ **~に** N5 012　~에 〈장소〉
　アパートに　入りました
　아파트에 들어갔습니다(04行)

　となりには 옆집에는(05行)
　1かいには 1층에는(05行)
　3がいにも 3층에도(06行)
☐ **まだ** N5 049 아직 〈まだ＋부정〉
　まだ　どんな　人か　しりません
　아직 어떤 사람인지 모릅니다(06行)
☐ **~か** N5 001　~인지 〈不定의 뜻〉
　どんな　人か 어떤 사람인지(07行)

09 숫자, 조수사 등

01 숫자 ⁰⁵⁷

「**ひとつ, ふたつ, みっつ**……」는「하나, 둘, 셋……」이라는 숫자를 셀 때에 사용되지만, 어린이의 나이를 말할 때도 사용된다. 그리고 일본어에서도 숫자를 셀 때는 우리말과 같이 2가지 방법이 있다. 우리말의「일, 이, 삼……」에 해당하는 것은「**いち, に, さん**……」이고,「하나, 둘, 셋……」은 「**ひとつ, ふたつ, みっつ**……」이다.

A 「あの 人の 子どもは いくつですか。」
　저 사람의 아이는 몇 살입니까?

B 「**ふたつ**です。」
　두 살입니다.

숫자	
いち 일	はち 팔
に 이	きゅう・く 구
さん 삼	じゅう 십
し・よん・よ 사	ひゃく 백
ご 오	せん 천
ろく 육	まん 만
しち・なな 칠	

숫자	
ひとつ 하나	むっつ 여섯
ふたつ 둘	ななつ 일곱
みっつ 셋	やっつ 여덟
よっつ 넷	ここのつ 아홉
いつつ 다섯	とお 열

참고　いくつ : 몇 개, 몇 살
　　　いくら : 얼마

02 조수사

조수사는 N5에서 12개만 알고 있으면 된다. 「～まい(枚)」가 3회, 「～はい(杯)」가 1회, 「～ほん(本)」이 1회, 「～さつ(冊)」, 「～にん(人)」이 1회 출제되었다. 참고로 N4에서 배울 조수사는 「～けん(軒) ~채, ~동」 1개밖에 없다.

> **급소 찌르기**
> - きっぷを 2まい かいました 표를 2장 샀습니다
> - かみを 3まい とって ください 종이를 3장 집어 주세요
> - コーヒーを いっぱい おねがいします 커피를 한 잔 부탁합니다.
> - えんぴつが いっぽん あります 연필이 한 자루 있습니다.

- きのう デパートで シャツを 3まい かいました。
  어제 백화점에서 셔츠를 3장 샀습니다.

- かさを いっぽん ください。
  우산을 한 개 주세요.

- つくえの うえに 本(ほん)が 5さつ あります。
  책상 위에 책이 다섯 권 있습니다.

- A 「りゅうがくせいは なんにん きますか。」 유학생은 몇 명 옵니까?
  B 「ふたりです。」 두 명입니다.

조수사의 종류	~にん(人) ~명	~まい(枚) ~장	~ど(度) ~도	~さつ(冊) ~권
	사람을 셀 때	얇고 평평한 물건을 셀 때	온도·각도 등을 나타낼 때	책이나 공책 등을 셀 때
1	ひとり	いちまい	いちど	いっさつ
2	ふたり	にまい	にど	にさつ
3	さんにん	さんまい	さんど	さんさつ
4	よにん	よんまい	よんど	よんさつ
5	ごにん	ごまい	ごど	ごさつ
6	ろくにん	ろくまい	ろくど	ろくさつ
7	しちにん ななにん	ななまい	しちど ななど	ななさつ
8	はちにん	はちまい	はちど	はっさつ
9	くにん きゅうにん	きゅうまい	きゅうど	きゅうさつ
10	じゅうにん	じゅうまい	じゅうど	じっさつ じゅっさつ
몇~	なんにん	なんまい	なんど	なんさつ

조수사의 종류	~さい(歳) ~살	~こ(個) ~개	~かい(階) ~층	~かい(回) ~회
	나이를 셀 때	물건을 셀 때	건물 등의 층수를 셀 때	횟수를 셀 때
1	いっさい	いっこ	いっかい	いっかい
2	にさい	にこ	にかい	にかい
3	さんさい	さんこ	さんがい	さんかい
4	よんさい	よんこ	よんかい	よんかい
5	ごさい	ごこ	ごかい	ごかい
6	ろくさい	ろっこ	ろっかい	ろっかい
7	ななさい	ななこ	ななかい	ななかい
8	はっさい	はちこ はっこ	はちかい はっかい	はっかい
9	きゅうさい	きゅうこ	きゅうかい	きゅうかい
10	じゅっさい	じゅっこ	じゅっかい	じっかい じゅっかい
몇~	なんさい	なんこ	なんがい	なんかい

조수사의 종류	~はい(杯) ~잔 술이나 물 등의 잔수를 셀 때	~ひき(匹) ~마리 고양이, 개 등 작은 동물을 셀 때	~ほん(本) ~자루 연필, 우산 등 가늘고 긴 물건을 셀 때	~だい(台) ~대 차나 기계를 셀 때	~けん(軒) ~채, ~동 집을 셀 때
1	いっぱい	いっぴき	いっぽん	いちだい	いっけん
2	にはい	にひき	にほん	にだい	にけん
3	さんばい	さんびき	さんぼん	さんだい	さんげん
4	よんはい	よんひき	よんほん	よんだい	よんけん
5	ごはい	ごひき	ごほん	ごだい	ごけん
6	ろっぱい	ろっぴき	ろっぽん	ろくだい	ろっけん
7	ななはい	ななひき	ななほん	しちだい ななだい	しちけん ななけん
8	はっぱい	はっぴき	はちほん はっぽん	はちだい	はっけん
9	きゅうはい	きゅうひき	きゅうほん	きゅうだい	きゅうけん
10	じっぱい じゅっぱい	じっぴき じゅっぴき	じっぽん じゅっぽん	じゅうだい	じっけん じゅっけん
몇~	なんばい	なんびき	なんぼん	なんだい	なんげん

※「~けん(軒)」은 N4에서 출제되는 조수사이다.

03 월·일·요일 표현 059

- きょうは 九月 二日 木よう日です。
  오늘은 9월 2일 목요일입니다.

～月(～がつ)

一月(いちがつ) 1월
二月(にがつ) 2월
三月(さんがつ) 3월
四月(しがつ) 4월
五月(ごがつ) 5월
六月(ろくがつ) 6월
七月(しちがつ) 7월
八月(はちがつ) 8월
九月(くがつ) 9월
十月(じゅうがつ) 10월
十一月(じゅういちがつ) 11월
十二月(じゅうにがつ) 12월

～よう日(～ようび)

月よう日(げつようび) 월요일
火よう日(かようび) 화요일
水よう日(すいようび) 수요일
木よう日(もくようび) 목요일
金よう日(きんようび) 금요일
土よう日(どようび) 토요일
日よう日(にちようび) 일요일

참고 なんようび : 무슨 요일
なんがつ : 몇 월
なんにち : 며칠

月よう日	火よう日	水よう日	木よう日	金よう日	土よう日	日よう日
		1日 ついたち	2日 ふつか	3日 みっか	4日 よっか	5日 いつか
6日 むいか	7日 なのか	8日 ようか	9日 ここのか	10日 とおか	11日 じゅういちにち	12日 じゅうににち
13日 じゅうさんにち	14日 じゅうよっか	15日 じゅうごにち	16日 じゅうろくにち	17日 じゅうしちにち	18日 じゅうはちにち	19日 じゅうくにち
20日 はつか	21日 にじゅういちにち	22日 にじゅうににち	23日 にじゅうさんにち	24日 にじゅうよっか	25日 にじゅうごにち	26日 にじゅうろくにち
27日 にじゅうしちにち	28日 にじゅうはちにち	29日 にじゅうくにち	30日 さんじゅうにち	31日 さんじゅういちにち		

04 시·분 표현 060

N5 문법에서「시·분 표현」은 출제되지 않았지만, 한자읽기·쓰기에서 자주 출제된다.

급소 찌르기

- 七月(しちがつ) 7월
- 七時(しちじ) 7시
- 一分(いっぷん) 1분
- 九月(くがつ) 9월
- 九時(くじ) 9시
- 九時半(くじはん) 9시 반

~時(~じ)

一時(いちじ) 1시
二時(にじ) 2시
三時(さんじ) 3시
四時(よじ) 4시
五時(ごじ) 5시
六時(ろくじ) 6시
七時(しちじ) 7시
八時(はちじ) 8시
九時(くじ) 9시
十時(じゅうじ) 10시
十一時(じゅういちじ) 11시
十二時(じゅうにじ) 12시

~分(~ふん / ぷん)

一分(いっぷん) 1분
二分(にふん) 2분
三分(さんぷん) 3분
四分(よんぷん) 4분
五分(ごふん) 5분
六分(ろっぷん) 6분
七分(ななふん) 7분
八分(はっぷん・はちふん) 8분
九分(きゅうふん) 9분
十分(じゅっぷん・じっぷん) 10분

참고 なんじ : 몇 시
　　 なんぷん : 몇 분

기타

~はん ~반　　~ごろ ~쯤, ~경
~まえ ~전　　~ぐらい ~정도

- いま 九時(くじ) 二十分(にじゅっぷん)です。
  지금 9시 20분입니다.

- 六時(ろくじ)はんごろ かえります。
  6시 반경에 돌아갑니다.

콕콕실전문제 08

もんだい1　（　）に 何を 入れますか。1・2・3・4から いちばん いい ものを 一つ えらんで ください。

1　シャツを（　）かいました。
　　1　2つ　　　2　2まい　　　3　2つを　　　4　3まいを

2　ごはんは いちにちに（　）たべます。
　　1　3にん　　2　3さつ　　　3　3かい　　　4　3こ

3　ひとつの ケーキを（　）で わけました。
　　1　3にん　　2　3ばい　　　3　3びき　　　4　3まい

4　A「せんせいの 子どもは いくつですか。」
　　B「（　）。」
　　1　ふたりです　　　　　　　2　ふたつです
　　3　ふたつ います　　　　　4　ふたり います

5　いもうとの きょうしつは（　）に あります。
　　1　さんげん　　2　さんがい　　3　さんこ　　　4　さんかい

6　コーヒーを（　）いかがですか。
　　1　いっぽん　　2　いっぽんが　3　いっぱい　　4　いっぱいが

7　25ふん（　）まちましたが、バスは 来ませんでした。
　　1　ごろ　　　　2　ぐらい　　　3　など　　　　4　しか

⑧ えんぴつが（　　）おいて あります。⁰⁵⁸
　1　いっぽん　　2　いちほん　　3　いっぼん　　4　いちぼん

⑨ えいがは なんじ（　　）おわりますか。⁰³⁰·⁰⁶⁰
　1　まで　　2　ぐらい　　3　など　　4　ごろ

⑩ A「かいしゃから うちまでは どのぐらいですか。」⁰⁶⁰·⁰⁵³⁻⁹
　B「（　　）。」
　1　ひとりで 行きます　　　　2　ええ、どのぐらいです
　3　3時半の バスです　　　　4　バスで 40分 かかります

⑪ つくえの 上に（　　）あります。⁰⁵⁸
　1　本が 2さつ　　2　本が 2さつが　　3　2さつが 本　　4　2さつが 本が

⑫ としょかんで 本を（　　）かりました。⁰⁵⁸
　1　3ぼん　　2　3さつ　　3　3だい　　4　3まい

⑬ A「つぎの えいがは（　　）ですか。」⁰⁶⁰
　B「9時です。」
　1　いくつ　　2　どのぐらい　　3　何時から　　4　何時間

⑭ A「あなたの たんじょうびは なんにちですか。」⁰⁵⁹
　B「9がつ（　　）です。」
　1　じゅうにち　　2　じゅうついたち　　3　じゅうふつか　　4　じゅうさんにち

もんだい2 ＿＿★＿＿に 入る ものは どれですか。1・2・3・4から いちばん いい ものを 一つ えらんで ください。

15 きょうは よる 11 ＿＿＿ ＿＿＿ ★ ＿＿＿。 060・030
　　1 じ　　　　2 ごろ　　　　3 ます　　　　4 かえり

16 あの 大きい ＿＿＿ ★ ＿＿＿ ＿＿＿。 058
　　1 を　　　　2 りんご　　　3 さんこ　　　4 ください

17 A「山田さんの むすめさん ＿＿＿ ＿＿＿ ★ ＿＿＿。」 053-1・057
　　B「みっつです。」
　　1 か　　　　2 です　　　　3 は　　　　　4 いくつ

18 つくえの 上に ＿＿＿ ＿＿＿ ★ ＿＿＿。 058
　　1 さんぼん　2 が　　　　　3 えんぴつ　　4 あります

19 きのう デパートで ＿＿＿ ＿＿＿ ★ ＿＿＿。 058
　　1 かいました　2 シャツ　　3 3まい　　　4 を

もんだい3 　20 から 24 に 何を 入れますか。ぶんしょうの いみを かんがえて、
　　　　　　1・2・3・4から いちばん いい ものを 一つ えらんで ください。

(1)

　わたしは レストランで はたらいて います。ときどき おそい 時間まで しごとを します。いつもは ひるの 一時から よる 九時までなんですが、きのうは ゆうがた 六時から よる 十一時まで 20 。ちょっと たいへんですが、この しごと 21 すきです。

(2)

　わたしの うちの ちかくに ある やおやさんは 小さい 店ですが、 22 しんせつです。いろいろな やさいを うって います。やおや 23 名前は「なんでも ある」と いう いみです。トマトは ひとつ 50 えんですが、よんこで 150 えんです。キャベツは ひとつ 100 えんです。きょうは 24 かいました。

20
　　1　しごとです　　　　　　　　2　しごとでした
　　3　やすみでしょう　　　　　　4　やすみました

21
1 で　　　2 を　　　3 に　　　4 が

22
1 とおくて　　2 とおいで　　3 やすくて　　4 やすいで

23
1 と いう　　2 と する　　3 が いう　　4 が する

24
1 トマトを　よっつ　　　　2 よっつを　トマト
3 トマトを　よっつを　　　4 よっつを　トマトを

문제해결 키워드

□ **시·분 표현** N5 060
一時(いちじ) 1시(02行) / 九時(くじ) 9시(02行) / 六時(ろくじ) 6시(03行)
十一時(じゅういちじ) 11시(03行)

□ **숫자** N5 057
トマトは ひとつ 50えんですが
토마토는 한 개에 50엔입니다만(07行)
よっつ かいました 4개 샀습니다(08行)

□ **조수사** N5 058
よんこで 150えんです 4개에 150엔입니다(08行)

□ **~まで** N5 018 ~까지〈시간〉
おそい 時間(じかん)まで 늦은 시간까지(01行)

□ **~から** N5 005 ~부터〈시간〉
ひるの 一時(いちじ)から よる 九時(くじ)まで
낮 1시부터 밤 9시까지(02行)

□ **~が** N5 002 ~을〈희망·능력 등의 대상〉
この しごとが すきです 이 일을 좋아합니다(04行)

□ **~くて** N5 022-5 ~하고
やすくて しんせつです 싸고 친절합니다(06行)

□ **~と いう** N5 010 ~라는
やおや という 名前(なまえ) 야오야 라는 이름(06行)
「なんでも ある」と いう いみ
'뭐든지 있다'라는 의미(07行)

10 표현의도

01 ～を ください ⁰⁵² ~을 주세요

「～を ください」는 우리말의 「~을 주세요」라는 뜻으로 상대방에게 사물을 요구할 때 사용하는 의뢰 표현이다.

급소 찌르기
- りんごを 3つ ください 사과를 3개 주세요
- すみません、おみずを ください 여기요, 물을 주세요

- えんぴつを 2つ ください。 연필을 두 자루 주세요.

02 ～て ください ⁰³⁶ ~해 주세요

「～て ください」는 우리말의 「~해 주세요」라는 뜻으로 상대방에게 어떤 행위를 요구할 때 사용하는 의뢰 표현이다.

급소 찌르기
- ゆっくり たべて ください 천천히 드세요
- ギターを ひいて ください 기타를 쳐 주세요
- まって ください 기다려 주세요
- ふたつに きって ください 두 개로 잘라 주세요

- りんごを 半分に きって ください。
  사과를 반으로 잘라 주세요.

03 〜ないで ください ⁰⁴² ~하지 마세요

「〜ないで ください」는 「~하지 마세요」라는 뜻으로, 상대방에게 어떤 행위를 하지 말 것을 요구할 때 사용한다. 「〜ないでね(~하지 말아 줘)」의 형태로도 출제된다. 또한 **あそぶ**(놀다) → **あそばせる**(놀게 하다) → 「**あそばせないで ください**(놀게 하지 마세요)」와 같이 사역의 부정형에 접속하는 형태도 출제되었다.

> **급소 찌르기**
> - つかわないで ください 사용하지 마세요　・なくさないで ください 잃어버리지 마세요
> - この 川で およがないで ください 이 강에서 수영하지 마세요
> - おおきい こえで うたわないでね 큰 소리로 노래 부르지 말아 줘.
> - びっくりさせないで ください 깜짝 놀라게 하지 마세요

- ここでは たばこを すわないで ください。
  여기서는 담배를 피우지 마세요.

- わたしの 旅行中、花に 水を やるのを 忘れないでね。
  내가 여행하는 중에 꽃에 물 주는 것을 잊지 말아 줘.

- あぶないですから、子どもを 一人で あそばせないで ください。
  위험하니까 아이를 혼자서 놀게 하지 마세요.

04 〜て くださいませんか ⁰³⁷ ~해 주시지 않겠습니까?

「(〜を) 〜て くださいませんか」는 우리말의 「(~을) ~해 주시지 않겠습니까?」라는 뜻으로 상대방에게 정중하게 의뢰할 때 사용한다.

> **급소 찌르기**
> - じしょを かして くださいませんか 사전을 빌려 주시지 않겠습니까?
> - しおを とって くださいませんか 소금을 집어 주시지 않겠습니까?

- すみませんが、ちょっと しずかに して くださいませんか。
  죄송합니다만, 좀 조용히 해 주시지 않겠습니까?

05 〜ましょう / 〜ましょうか ⁰⁴⁷ ~합시다 / ~할까요?

「~ましょう」는 「~합시다」라는 뜻이고, 「~ましょうか」는 「~할까요?」라는 뜻으로, 둘다 「동사의 연용형(ます형)」에 접속하여 상대방과 함께 뭔가를 하도록 권하는 표현이다.

급소 찌르기
- ええ、しましょう 네, 합시다
- はい、いっしょに 見ましょう 네, 같이 봅시다
- すこし やすみましょうか 조금 쉴까요?
- いっしょに 行きましょうか 같이 갈까요?

- あさ 9時に くうこうで 会いましょう。 아침 9시에 공항에서 만납시다.
- わたしが 少し 持ちましょうか。 제가 좀 들까요?
- A「ちずを かきましょうか。」 지도를 그릴까요?
  B「ありがとう、おねがいします。」 고마워요, 부탁해요.

06 〜ませんか ⁰⁴⁷ ~하지 않겠습니까?

「~ませんか」는 우리말의 「~하지 않겠습니까?」라는 뜻으로 「동사의 연용형(ます형)」에 접속하여 상대방에게 뭔가를 하도록 권하는 표현이다.

급소 찌르기
- すこし まちませんか 좀 기다리지 않겠습니까?
- あそびに きませんか 놀러 오지 않겠습니까?

- A「コーヒーでも 飲みに 行きませんか。」 커피라도 마시러 가지 않겠습니까?
  B「いいですね。行きましょう。」 좋지요. 가요.
- すしが 好きな 人は いっしょに 行きませんか。
  초밥을 좋아하는 사람은 같이 가지 않겠습니까?

07 〜が ほしい [002] ~을 갖고 싶다

「〜が ほしい」는 우리말의 「~을 갖고 싶다」라는 뜻으로 사물에 대한 희망을 나타낸다.

급소 찌르기
- スマートフォンが ほしい 스마트폰을 갖고 싶다
- カメラを 入(い)れる かばんが ほしい 카메라를 넣을 가방을 갖고 싶다
- あたらしい ようふくが ほしい 새 양복을 갖고 싶다
- にほんごの じしょが ほしい 일본어 사전을 갖고 싶다

- わたしは いま 日本語(にほんご)の じしょが ほしいです。
  나는 지금 일본어 사전을 갖고 싶습니다.

- わたしは 新(あたら)しい じてんしゃが ほしいです。
  나는 새 자전거를 갖고 싶습니다.

08 〜たい [033] ~하고 싶다

「〜たい」는 우리말의 「~하고 싶다」라는 뜻으로 「동사 연용형(ます형)」에 접속하여 자신이 하는 것에 대한 희망을 나타낸다.

급소 찌르기
- およぎたい 수영하고 싶다
- いしゃに なりたい 의사가 되고 싶다
- はたらきたい 일하고 싶다
- ゆっくり やすみたい 푹 쉬고 싶다

- わたしは 先生(せんせい)に なりたいです。 나는 선생님이 되고 싶습니다.

- 母(はは)が 作(つく)った りょうりが 食(た)べたいです。
  어머니가 만든 요리가 먹고 싶습니다.

- わたしは 旅行に 行きたかったが、行けなかった。
  나는 여행을 가고 싶었지만, 갈 수 없었다.

- A 「予約を したいんですが。」 예약을 하고 싶은데요.
  B 「はい、ありがとうございます。いつの ご予約でしょうか。」
  네, 감사합니다. 언제 예약이십니까?

09 〜とき 041 ~[할] 때, ~[했을] 때

「〜とき」는「시간관계의 동시」를 나타내며, 동사의 여러 시제와 함께 쓰인다.

동사 현재형 + とき
- よる ねる とき 밤에 잘 때
- しんぶんを よむ とき 신문을 읽을 때

동사 부정형 + とき
- わからない ときは 모를 때는
- がっこうに 行かない ときは 학교에 안 갈 때는

동사 과거형 + とき
- びょうきに なった ときは 병이 났을 때는
- いもうとが うまれた とき 여동생이 태어났을 때

い형용사 현재형 + とき
- あつい とき 더울 때
- くるしい とき 괴로울 때

- ちちは しんぶんを よむ とき、いつも めがねを かけます。
  아버지는 신문을 볼 때 항상 안경을 씁니다. [동사 현재형+とき]

- わたしの 話が わからない ときは、いつでも 手を あげて しつもんしなさい。
  내 이야기를 모를 때는 언제든지 손을 들어 질문해라. [동사 부정형+とき]

- 先生の 家に 行った とき、みんなで うたを うたいました。
  선생님 집에 갔을 때, 모두 함께 노래를 불렀습니다. [동사 과거형+とき]

- あつい とき、つめたい コーヒーを 飲みます。
  더울 때 차가운 커피를 마십니다. [い형용사 현재형+とき]

10 〜ながら ~하면서

「〜ながら」는 우리말의 「~하면서」라는 뜻으로 「동사 연용형(ます형)」에 접속하여 「시간관계의 병행」을 나타낸다.

급소 찌르기

- よみながら 읽으면서
- たべながら 먹으면서
- はなしながら 이야기하면서
- うたいながら 노래를 부르면서
- ききながら 들으면서
- しながら 하면서

- テレビを 見ながら おちゃを のみます。
  TV를 보면서 차를 마십니다.

- おんがくを 聞きながら さんぽして います。
  음악을 들으면서 산책하고 있습니다.

11 〜てから ~하고 나서

「〜てから」는 우리말의 「~하고 나서」라는 뜻으로 「시간관계의 전후」를 나타낸다.

급소 찌르기

- じしょを みてから 사전을 보고 나서
- 手を あらってから 손을 씻고 나서
- でんわを かけてから 전화를 걸고 나서
- おふろに はいってから 목욕을 하고 나서
- そうじを してから 청소를 하고 나서
- しんぶんを よんでから 신문을 읽고 나서

- きのう えいがを みてから 何を しましたか。
  어제 영화를 보고 나서 무엇을 했습니까?

- シャワーを あびてから ビールを 飲みます。
  샤워를 하고 나서 맥주를 마십니다.

- 日本に 来てから いろいろな 店で 食べました。
  일본에 오고 나서, 여러 가게에서 먹었습니다.

12　～が ~만

접속조사「～が」는「역접」을 나타내며, 5회 출제되었다.

> **급소 피르기**
> - ともだちに でんわを しましたが、 친구에게 전화를 했습니다만,
> - びょうきですが、しごとを して います 아프지만, 일을 하고 있습니다
> - 古くて せまいが、住みやすいです 낡고 좁지만, 살기 좋습니다

- 雨が ふって いますが、かさは さしません。
  비가 내리고 있습니다만, 우산은 쓰지 않습니다.

- きのうの 夜は 雨でしたが、今は ふって いません。
  어젯밤에는 비가 내렸지만, 지금은 내리고 있지 않습니다.

- この アパートは 古くて せまいが、学校から 近くて 便利だ。
  이 아파트는 낡고 좁지만, 학교에서 가까워서 편리하다.

- ここまでは かんたんでしたが、さいごの もんだいが むずかしい です。
  여기까지는 간단했습니다만, 마지막 문제가 어렵습니다.

콕콕실전문제 09

정답과 해석 QR코드로 바로 확인!

もんだい 1 （　）に 何(なに)を 入(い)れますか。1・2・3・4から いちばん いい ものを 一(ひと)つ えらんで ください。

① あしたは ゆっくり（　）たいです。 033
　1 休(やす)ま　　　2 休(やす)み　　　3 休(やす)む　　　4 休(やす)め

② こんどの にちよう日(び)、いっしょに しょくじを（　）。 048
　1 しません　　2 しませんか　　3 しました　　4 して います

③ わたしは おととい うちへ（　）とき、がっこうで ともだちに かさを かりました。 041
　1 帰(かえ)り　　2 帰(かえ)って　　3 帰(かえ)った　　4 帰(かえ)る

④ わたしは いま カメラ（　）ほしいです。 002
　1 の　　　　2 に　　　　3 が　　　　4 で

⑤ あした いっしょに えいがを 見(み)に（　）。 047
　1 行きました　2 行きましょう　3 行かなくて　4 行くましょう

⑥ わたしは いつも おんがくを（　）ながら べんきょうします。 043
　1 きき　　　2 きく　　　3 きいた　　　4 きいて

⑦ すみません。あの さらを（　）ください。 036
　1 とりて　　2 とり　　　3 とて　　　4 とって

⑧ あぶないですから、ここで（　）ください。 042
　1 およがないで　2 およがなくて　3 およぐないで　4 およぐなくて

9 わたしの 本が ありません。あなたの 本を（　　　）。 037
1　かしましょう　　　　　　　2　かすでしょう
3　かして くださいませんか　　4　かしませんか

10 A「いっしょに テニスを しませんか。」 047
　　B「はい、（　　　）。」
1　そうです　　2　しません　　3　わたしです　　4　しましょう

11 山田さんが（　　　）とき、あなたも 来て ください。 041
1　来て　　2　来る　　3　来って　　4　来ない

12 山田さんは しんぶんを（　　　）ながら コーヒーを のんで います。 043
1　読み　　2　読んで　　3　読む　　4　読もう

13 A「いま すぐ せんせいの うちへ 行きますか。」 035
　　B「いいえ、電話を（　　　）から 行きます。」
1　かける　　2　かけて　　3　かけた　　4　かけに

14 わたしは あたらしい デジカメ（　　　）ほしいです。 002
1　も　　2　が　　3　を　　4　や

15 いまは だれにも（　　　）たく ありません。 033
1　あわ　　2　あう　　3　あえ　　4　あい

16 きたない 手で ごはんを（　　　）ください。 042
1　たべない　　2　たべないで　　3　たべなく　　4　たべなくて

17 とうきょうに ついたら かならず てがみ（　　）くださいね。052
　　1 に　　　　　2 か　　　　　3 を　　　　　4 が

18 ねる ときは でんきを（　　）ください。036
　　1 きえって　　2 きえて　　　3 けって　　　4 けして

19 この おちゃは（　　）くださいね。042
　　1 のみないで　2 のまないで　3 のみなくて　4 のまなくて

20 すみませんが、まどを（　　）くださいませんか。037
　　1 あけて　　　2 あけって　　3 あいて　　　4 あきて

21 きょうは ここで（　　）ましょう。047
　　1 やめる　　　2 やめ　　　　3 やめて　　　4 やめない

22 A「ひるごはんを ごいっしょ（　　）か。」047
　　B「ええ、ぜひ。」
　　1 しないで　　2 しなかった　3 しません　　4 しました

23 みんなで とうきょうへ 行った（　　）たのしかったね。041
　　1 ごろは　　　2 までは　　　3 からは　　　4 ときは

24 おとこのこが ふたり いるので つぎは おんなのこが（　　）。002
　　1 ほしい　　　2 いない　　　3 ある　　　　4 うまれた

もんだい2　___★___ に 入る ものは どれですか。1・2・3・4から いちばん いい ものを 一つ えらんで ください。

25　A「なにか おてつだい しましょうか。」036
　　B「じゃあ、すみませんが、_____ _____ __★__ _____ 。」
　　1 これ　　　2 を　　　3 ください　　　4 書いて

26　A「いま すぐ でかけましょうか。」035・047
　　B「いいえ、そうじ _____ _____ __★__ _____ 。」
　　1 して　　　2 から　　　3 を　　　4 でかけましょう

27　すみません、さとう _____ __★__ _____ _____ 。037・048
　　1 を　　　2 ませんか　　　3 とって　　　4 ください

28　わたしは もっと 大きい _____ __★__ _____ _____ 。002
　　1 が　　　2 けいたい　　　3 ほしい　　　4 です

29　まど _____ _____ __★__ _____ 。きょうは かぜが つよいですから。059
　　1 あけない　　　2 で　　　3 ください　　　4 を

もんだい3 30 から 34 に 何を 入れますか。ぶんしょうの いみを かんがえて、1・2・3・4から いちばん いい ものを 一つ えらんで ください。

つぎの ぶんしょうは マリアさんが 友だちの みちこさんに 書いた てがみです。

みちこさんへ

おげんきですか。わたしは 30 。

つぎの げつようびは みちこさんの たんじょうびですね。 31 。

わたしは せんしゅう 友だちと きょうとへ 行きました。おてらや ゆうめいな こうえんに 行きました。おてらの ちかくの みせで きれいな えはがきを かいました。 32 デパートへ 行きました。デパートで かばんと ハンカチを かいたかったですが、かばんしか かう ことが できませんでした。ハンカチは えきの なかの みせで かいました。みちこさんにも おなじ かばんを かいましたから、 33 。

それでは また てがみを 書きます。げんきでね。 34 。

マリア

30

1　げんきです　　　　　2　じょうぶです
3　たいへんです　　　　4　けっこうです

31

1　ありがとう　　2　おめでとう　　3　すみません　　4　こんにちは

32

1　だから　　　2　でも　　　3　では　　　4　それから

33

1　おくりませんか　　　2　おくって　います
3　おくります　　　　　4　おくって　ください

34

1　さようなら　　2　ほんとうに　　3　こちらこそ　　4　おかげさまで

문제해결 키워드

- **～たい** N5 033 ~하고 싶다
  かばんと ハンカチを かいたかったですが
  가방과 손수건을 사고 싶었지만(06行)

- **～や** N5 020 ~이랑, ~이나
  おてらや 절이나(04行)

- **な형용사+명사** N5 023-7 ~한 (명사)
  ゆうめいな こうえん 유명한 공원(05行)
  きれいな えはがきを かいました
  예쁜 그림 엽서를 샀습니다(05行)

- **～しか** N5 007 ~밖에 〈부정과 호응〉
  かばんしか 가방밖에(07行)

- **～ことが できる** N4 032 ~할 수가 있다
  かう ことが できませんでした
  살 수가 없었습니다(07行)

- **～から** N5 005 ~하니까, ~해서
  おなじ かばんを かいましたから
  같은 가방을 샀으니까(08行)

13　〜たあとで・〜のあとで ⁰³² ~한 뒤에, ~한 후에

「〜たあとで」는 「동사의 과거형(た형)」에 접속해서, 「〜のあとで」는 명사에 접속해서 「~한 뒤에, ~한 후에」라는 뜻을 나타낸다. 이 표현은 「시간관계의 전후」를 가리킨다.

급소 찌르기

- しゅくだいを した あとで 숙제를 한 뒤에
- かおを あらった あとで 세수를 한 뒤에
- かんじを おしえた あとで 한자를 가르친 후에
- サッカーを した あとで 축구를 한 뒤에
- じゅぎょうの あとで 수업이 끝난 후에
- ごはんの あとで 밥을 먹은 후에

- ごはんを 食べた あとで さんぽを します。
  밥을 먹은 후에 산책을 합니다.

- かさを わすれたから じゅぎょうの あとで とりに 行きます。
  우산을 두고 왔기 때문에 수업이 끝난 후에 가지러 갑니다.

14　〜まえに ⁰⁴⁶ ~하기 전에

「〜まえに」는 우리말의 「~하기 전에」라는 뜻으로 「동사의 사전형(る형), 명사+の」에 접속하여 「시간관계의 전후」를 나타낸다.

급소 찌르기

- ねる まえに 자기 전에
- たべる まえに 먹기 전에
- かいしゃへ いく まえに 회사에 가기 전에
- ほんを かりる まえに 책을 빌리기 전에
- ねる まえに はを みがく 자기 전에 이를 닦다
- ごはんの まえに 밥을 먹기 전에

- 子ども 「いただきます。」 잘 먹겠습니다.
  母 「あ、食べる まえに 手を あらいましょう。」
  아, 먹기 전에 손을 씻읍시다.

- しょくじの まえに この くすりを のんで ください。
  식사하기 전에 이 약을 드세요.

15 〜でしょう ~이겠지요, ~하겠습니다

「〜でしょう」는 우리말의「~이겠지요, ~하겠습니다」라는 뜻으로「동사·い형용사의 종지형, な형용사의 어간, 명사」에 접속하여「추량」을 나타낸다. 일기예보 등에 자주 등장한다.

급소 찌르기
- もうすぐ くるでしょう 이제 곧 오겠지요
- たぶん にぎやかでしょう 아마 시끌벅적하겠지요
- かぜが つよいでしょう 바람이 강하겠습니다
- たぶん がくせいでしょう 아마 학생이겠지요
- うちに いたでしょう 집에 있었겠지요
- ゆきが ふるでしょう 눈이 오겠습니다

- 山田さんは もうすぐ くるでしょう。
  야마다 씨는 이제 곧 오겠지요.

- あしたは 台風の ため かぜが つよいでしょう。
  내일은 태풍으로 인해 바람이 강하겠습니다.

16 〜たり 〜たり(する) ~하기도 하고 ~하기도 (하다)

「〜たり 〜たり(する)」는 우리말의「~하기도 하고 ~하기도 (하다)」라는 뜻으로,「동사의 과거형(た형)」에 접속하여 동작 등의 병립을 나타낸다.

급소 찌르기
- テレビを みたり ほんを よんだり する 텔레비전을 보거나 책을 읽거나 한다
- さんぽしたり ギターを れんしゅうしたり する 산책하거나 기타를 연습하거나 한다

- きのうは 雨が ふったり かぜが ふいたり しました。
  어제는 비가 내리기도 하고 바람이 불기도 했습니다.

- 道に まよって、行ったり 来たり しました。
  길을 헤매서 왔다 갔다 했습니다.

17　～く なる⁰²⁹・～に なる⁰⁴⁵　～해지다, ~하게 되다, ~이 되다

い형용사는 「～く なる」, な형용사·명사는 「～に なる」의 형태가 되어 상태가 변화되는 자동사적 역할을 한다. 「い형용사+く なる」가 10회, 「な형용사+に なる」가 5회, 「명사+に なる」가 5회 출제되었다.

급소 찌르기

い형용사+く なる
- くらく なる 어두워지다
- よく なる 좋아지다
- すずしく なる 시원해지다
- いたく なる 아파지다
- つよく なる 강해지다
- おもく なる 무거워지다
- きたなく なる 더러워지다
- いそがしく なる 바빠지다
- あかく なる 붉어지다
- さびしく なく なる 쓸쓸해지지 않게 되다

な형용사+に なる
- じょうぶに なる 튼튼해지다
- にぎやかに なる 시끌벅적해지다
- きれいに なる 깨끗해지다
- ゆうめいに なる 유명해지다

명사+に なる
- いしゃに なる 의사가 되다
- 12じに なる 12시가 되다
- はたちに なる 스무 살이 되다
- せんせいに なる 선생님이 되다

01　い형용사 + く なる　~해지다⁰²⁹

- 風が つよく なりましたから まどを しめました。
  바람이 강해졌기 때문에 창문을 닫았습니다.

02　な형용사 + に なる　~해지다⁰⁴⁵

- そうじを したから、部屋は きれいに なりました。
  청소를 했기 때문에 방은 깨끗해졌습니다.

03　명사 + に なる　~이 되다⁰⁴⁵

- 山田さんは ことし はたちに なります。
  야마다 씨는 올해 스무 살이 됩니다.

18 ～く する 028 ・～に する 044 ~하게 하다, ~로 만들다

い형용사는「～く する」, な형용사・명사는「～に する」의 형태가 되어 상태를 변화시키는 타동사적 역할을 한다.「い형용사+く する」가 5회,「な형용사+に する」가 2회,「명사+に する」가 1회 출제되었다.

급소 따르기

い형용사 + く する
- はやく する 빨리 하다
- おそく する 늦추다
- みじかく する 짧게 하다
- あかるく する 밝게 하다

な형용사 + に する
- しずかに する 조용하게 하다
- たいせつに する 소중히 하다
- きれいに する 깨끗하게 하다

명사 + に する
- バナナを はんぶんに する 바나나를 반으로 나누다

01 い형용사 + く する ~하게 하다 028

- ストーブを つけて 部屋を あたたかく しました。
  스토브를 켜서 방을 따뜻하게 했습니다.

02 な형용사 + に する ~하게 하다 044

- 山田さんは まいあさ こうえんを きれいに します。
  야마다 씨는 매일 아침 공원을 깨끗하게 합니다.

03 명사 + に する ~로 만들다 044

- いちごを ジャムに しました。
  딸기를 잼으로 만들었습니다.

19 もう + 긍정 [050] 벌써 (~했다) / もう + 부정 [050] 이제 (~않다)

「もう」는 사태·상태가 이미 변화되어 있는 것을 나타낸다. 「もう+긍정」은 「벌써, 이미 (~했다)」라는 뜻이고, 「もう+부정」은 「이제 (~않다)」라는 뜻이다.

> **급소 찌르기**
> - もう 食べました 벌써 먹었습니다
> - もう ありません 이제 없습니다
> - もう おわりました 이미 끝났습니다
> - もう ここには いません 이제 여기에는 없습니다

- 田中さんは もう 家に かえりました。 〔もう+긍정〕
  다나카 씨는 벌써 집에 돌아갔습니다.

- もう お金が ありません。 〔もう+부정〕
  이제 돈이 없습니다.

20 まだ + 긍정 / まだ + 부정 [049] 아직 ~

「まだ」는 사태·상태가 아직 변화되지 않은 것을 나타낸다. 「まだ+긍정」이 2회, 「まだ+です」가 4회, 「まだ+부정(まだ~て いない)」이 1회 출제되었다.

> **급소 찌르기**
> - コーヒーは まだ あります 커피는 아직 있습니다
> - まだ きいて いません 아직 듣지 않았습니다

- いいえ、まだ 時間が あります。 〔まだ+긍정〕
  아니요, 아직 시간이 있습니다.

- A 「この 本を よみましたか。」 이 책을 읽었습니까? 〔まだ+です〕
  B 「いいえ、まだです。」 아니요, 아직요.

- いいえ、まだ 書いて いません。 〔まだ+부정〕
  아니요, 아직 쓰지 않았습니다.

21 〜と いう+명사 ~라는 (명사)

「〜と いう+명사」는 우리말로 「~라는 (명사)」라는 뜻으로 명칭의 도입을 나타낸다.

> **급소 찌르기**
> - カトレアと いう みせ '카토레아'라는 가게
> - なんと いう なまえ 뭐라는 이름

- これは なんと いう スポーツですか。
  이것은 뭐라는(무슨) 운동입니까?

- ここは 「アジオ」と いう レストランです。
  여기는 '아지오'라는 레스토랑입니다.

22 〜て ~해서

접속조사 「〜て」는 우리말로 「~해서」라는 뜻으로 「원인·이유」를 나타낸다.

> **급소 찌르기**
> - さいふを なくして 지갑을 잃어버려서
> - じしょを わすれて 사전을 두고 와서
> - よる 12じまで しごとを して 밤 12시까지 일을 해서
> - たかい たてものが たって 높은 건물이 세워져서

- つよい 風が ふいて、電車が とまりました。
  강한 바람이 불어서 전철이 멈추었습니다

- この じしょを 使って べんきょうして います。
  이 사전을 사용해서 공부하고 있습니다.

23 ～から ~하니까, ~해서

접속조사 「～から」는 우리말로 「～하니까, ~해서」라는 뜻으로 「이유」를 나타낸다.

- ひまだから 시간이 있으니까
- おとといのだから 그저께 것이니까
- いちじかん あるから 1시간 있으니까
- あの ひとは じょうぶだから 저 사람은 튼튼하니까
- あかちゃんが ねて いますから 아기가 자고 있으니까
- かさを わすれたから 우산을 두고 왔으니까
- いそがしいですから 바쁘기 때문에
- あめが ふって いるから 비가 내리고 있으니까

- 山田さんは じょうぶだから かぜを ひきません。
  야마다 씨는 튼튼해서 감기에 걸리지 않습니다.

- しゅくだいが たくさん あったから ぜんぜん あそべませんでした。
  숙제가 많이 있었기 때문에 전혀 놀 수 없었습니다.

24 ～て くる ~하고 오다

「～て くる」는 우리말로 「~하고 오다」라는 뜻으로 동사 「くる(오다)」의 역할을 하는 것을 나타낸다. N4에서의 「～て くる(~하기 시작하다)」는 변화를 나타내는 표현으로 출제된다.

- 3じかんも あるいて くる 3시간이나 걸어서 오다
- じしょを もって くる 사전을 가져 오다

- きょうしつに じしょを もって きて ください。
  교실에 사전을 가져와 주세요.

- わたしは 会社から 家まで 1時間も あるいて きました。
  저는 회사에서 집까지 1시간이나 걸어서 왔습니다.

콕콕 실전문제 10

정답과 해석 QR코드로 바로 확인!!

もんだい1 （　）に 何を 入れますか。1・2・3・4から いちばん いい ものを 一つ えらんで ください。

1　すみませんが、これは なん（　）いう 花ですか。
　　1　に　　　　　2　が　　　　　3　と　　　　　4　の

2　わたしは きのう かぜを （　）、がっこうを やすみました。
　　1　ひきて　　　2　ひいた　　　3　ひいて　　　4　ひく

3　かおを （　）あとで、はを みがきます。
　　1　あらう　　　2　あらうの　　3　あらわない　4　あらった

4　テーブルの 上が （　）なりました。
　　1　きたないく　2　きたないに　3　きたなく　　4　きたないくに

5　デパートや ぎんこうが できて （　）なりました。
　　1　にぎやかく　2　にぎやかな　3　にぎやかで　4　にぎやかに

6　せんせいの うちへ （　）まえに でんわを かけました。
　　1　行く　　　　2　行き　　　　3　行って　　　4　行った

7　時間が ありません。（　）ください。
　　1　はやく して　　　　　　　　2　はやいに して
　　3　はやく なって　　　　　　　4　はやいに なって

8　テストが （　）から りょこうに 行きました。
　　1　おわり　　　2　おわる　　　3　おわりに　　4　おわった

9 おふろに（　　）前に、ごはんを 食べます。046
1　はいって　　　2　はいる　　　3　はいった　　　4　はいりたい

10 じゅぎょう中だから、（　　）して ください。045
1　しずかだ　　　2　しずかで　　　3　しずかな　　　4　しずかに

11 子どもたちは もう しょくどうに（　　）から、きょうしつには いません。005
1　行く　　　2　行った　　　3　行って　　　4　行かなかった

12 おとうとは まいあさ にわを（　　）します。044
1　きれいだ　　　2　きれいく　　　3　きれいに　　　4　きれいな

13 先生は かんじを（　　）あとで、テストを します。032
1　おしえる　　　2　おしえた　　　3　おしえるの　　　4　おしえます

14 きのう たくさん かいものを して、おかねは もう（　　）。050
1　ありません　　　　　　　2　あります
3　ありました　　　　　　　4　ありませんでした

15 ゆうべは ゆきが（　　）かぜが（　　）しました。034
1　ふりて / ふきて　　　　　2　ふって / ふいて
3　ふったり / ふいたり　　　4　ふりたり / ふきたり

16 A「パーティーは はじまりましたか。」049
　　B「（　　）。」
1　はい、もうです　　　　　2　いいえ、もうです
3　はい、まだです　　　　　4　いいえ、まだです

もんだい2 ＿＿★＿＿に 入る ものは どれですか。1・2・3・4から いちばん いい ものを 一つ えらんで ください。

17 休みの 日は えいがを 見たり ＿＿＿ ＿＿＿ ★＿＿ ＿＿＿。 034
　　1 を　　　　　2 したり　　　　3 買いもの　　　4 します

18 せんしゅう かぜを ひきましたが、＿＿＿ ＿＿＿ ★＿＿ ＿＿＿。 045・050
　　1 に　　　　　2 もう　　　　　3 なりました　　4 げんき

19 この ねこは ＿＿＿ ＿＿＿ ★＿＿ ＿＿＿ですか。 040
　　1 名前　　　　2 と　　　　　　3 何　　　　　　4 いう

20 かぞく ＿＿＿ ＿＿＿ ★＿＿ ＿＿＿、へやの そうじを します。 032
　　1 が　　　　　2 出かけた　　　3 あと　　　　　4 で

21 A「ごはんを 食べてから、おふろに 入りますか。」 046・035
　　B「いいえ、わたしは ごはん ＿＿＿ ★＿＿ ＿＿＿ ＿＿＿。」
　　1 に　　　　　2 入ります　　　3 まえ　　　　　4 の

もんだい3 　22　から　26　に　何を　入れますか。ぶんしょうの　いみを　かんがえて、1・2・3・4から　いちばん　いい　ものを　一つ　えらんで　ください。

やまださんと　キムさんは　あした　じこしょうかいを　します。二人は　じこしょうかいの　ぶんしょうを　書きました。

(1)

　　はじめまして。やまだです。ほっかいどう　22　来ました。すきな　ことは、はしったり　プールで　およいだり　する　ことです。うたを　うたったり　ギターを　ひいたり　する　こと　23　すきです。きらいな　ことは、りょうりを　する　ことです。
　　どうぞ　よろしく　おねがいします。

(2)

　　みなさん、こんにちは。キムです。わたしは　わせだ大学で　日本の　れきしを　べんきょうして　います。今は、大学の　近くに　友だちと　24　すんで　います。友だちが　いるから、あまり　25　。
　　わたしの　しゅみは　しゃしんを　とる　ことです。れきしの　時間に　べんきょうした　ところを　りょこうして　しゃしんを　たくさん　26　。
　　どうぞ　よろしく　おねがいします。

22

1　から　　　　　2　へは　　　　　3　まで　　　　　4　には

23

1　と　　　　　　2　に　　　　　　3　も　　　　　　4　を

24

1　みんなで　　　2　ぜんぶで　　　3　一人で　　　　4　二人で

25

1　さびしく　ありませんか　　　　2　さびしく　ありません
3　さびしく　ありませんでしたか　4　さびしく　ありませんでした

26

1　とりました　　　　　　　　　　2　とるからです
3　とりたいです　　　　　　　　　4　とって　いました

📝 문제해결 키워드

- **~たり~たり(する)** N5 034
  ~하기도 하고 ~하기도 (하다)
  はしったり プールで およいだり する こと
  뛰거나 수영장에서 수영하는 것(02行)
  うたを うたったり ギターを ひいたり する こと
  노래를 부르거나 기타를 치거나 하는 것(02行)

- **~から** N5 005　~에서 〈장소〉, ~하니까 〈이유〉
  ほっかいどうから 来ました
  홋카이도에서 왔습니다(01行)
  友だちが いるから 친구가 있으니까(08行)

- **な형용사+명사** N5 023-7　~한 (명사)
  すきな ことは 좋아하는 것은(01行)

  きらいな ことは 싫어하는 것은(03行)

- **인사말** N4 100
  よろしく おねがいします 잘 부탁합니다(05行)

- **~で** N5 009　~로 〈기타〉
  二人で すんで います 둘이서 살고 있습니다(07行)

- **あまり~ない** N5 026　별로 ~지 않다
  あまり さびしく ありません
  별로 쓸쓸하지 않습니다(08行)

- **~たい** N5 033　~하고 싶다
  しゃしんを たくさん とりたいです
  사진을 많이 찍고 싶습니다(10行)

11 인사말·초급 회화

01 인사말 054　　　　　　　　　　　　　　　　

번호	인사말	해석	출제/미출제
01	ありがとうございます	고맙습니다	미출제
02	いただきます	잘 먹겠습니다	1회 출제
03	いらっしゃいませ	어서 오십시오	미출제
04	おげんきで	건강하시기를	미출제
05	おねがいします	부탁합니다	N5 출제
06	おはようございます	안녕하세요(아침인사)	미출제
07	おやすみなさい	안녕히 주무십시오	미출제
08	けっこうです	괜찮습니다(사양)	N5 출제
09	ごちそうさまでした	잘 먹었습니다	미출제
10	こちらこそ	저야말로	1회 출제
11	ごめんください	실례합니다	미출제
12	ごめんなさい	죄송해요	미출제
13	こんにちは	안녕하세요(낮인사)	미출제
14	こんばんは	안녕하세요(저녁인사)	미출제
15	さようなら	안녕히 가십시오	1회 출제
16	しつれいしました	실례했습니다	미출제
17	しつれいします	실례하겠습니다	3회 출제
18	(どうも) すみません	(정말) 미안합니다	1회 출제
19	では、また	그럼 또 (봅시다)	1회 출제
20	どういたしまして	천만에요	1회 출제
21	どうぞ、よろしく	잘 부탁드립니다	미출제
22	はじめまして	처음 뵙겠습니다	미출제

02 しる ⁰⁵⁴ 알다

「しる」는 시험에 자주 출제되는데, 우리말로 「안다」는 「しっている」를, 「모른다·몰랐다」는 「しらない·しらなかった」를 쓴다.

 급소 찌르기

- その ニュースは もう しって います 그 뉴스는 이미 알고 있습니다
- わたしは しりませんでした 저는 몰랐습니다
- いいえ、しりません 아니요, 모릅니다

- A 「山田さんを しって いますか。」 야마다 씨를 알고 있습니까?
  B 「ええ、しって います。」 예, 알고 있습니다.

- わたしは ぜんぜん しりませんでした。 저는 전혀 몰랐습니다.

03 はい、いいですよ ⁰⁵⁴ 예, 좋아요

「はい、いいですよ」는 상대방에게 허가의 뜻을 나타낼 때 사용된다.

급소 찌르기

- A 「これを もって くださいませんか」 이것을 들어 주시지 않겠습니까?
  B 「はい、いいですよ」 예, 좋아요

- A 「ちょっと これを 見て くださいませんか。」 이것을 좀 봐 주시지 않겠습니까?
  B 「はい、いいですよ。」 예, 좋아요.

04 はい、そうです [054] 예, 그렇습니다

「はい、そうです」는 우리말의 「예, 그렇습니다」에 해당하며 2회 출제되었다.

- A「その ノートは あなたのですか」 그 노트는 당신 것입니까?
  B「はい、そうです」 예, 그렇습니다

- A「その かさは あなたのですか。」 그 우산은 당신 것입니까?
  B「はい、そうです。」 예, 그렇습니다.

05 ちがいます [054] 아닙니다, 틀립니다

「ちがいます」는 우리말의 「아닙니다, 틀립니다」라는 뜻으로 4회 출제되었다.

- A「あの ひとは やまださんですか」 저 사람은 야마다 씨입니까?
  B「いいえ、ちがいます」 아니요, 아닙니다

- A「ここは がっこうですか。」 여기는 학교입니까?
  B「ちがいます。」 아닙니다.

- A「これは きみのか。」 이것은 자네 것인가?
  B「いいえ、ちがいます。」 아니요, 아닙니다.

N5 문법 11 인사말·초급 회화

06 はい、わかりました ⁰⁵⁴ 예, 알겠습니다   7회 출제

「はい、わかりました」는 우리말의 「예, 알겠습니다」라는 뜻으로 7회 출제되었다.

- A 「なまえを かいて ください」 이름을 써 주세요
  B 「はい、わかりました」 예, 알겠습니다
- A 「えいごで かいて ください」 영어로 써 주세요
  B 「はい、わかりました」 예, 알겠습니다

- A 「あついから、まどを あけて ください。」 더우니까 창문을 열어 주세요.
  B 「はい、わかりました。」 예, 알겠습니다.

- A 「あしたは カメラを わすれないで ください。」 내일은 카메라를 잊지 마세요.
  B 「はい、わかりました。」 예, 알겠습니다.

07 はい、どうぞ ⁰⁵⁴ 예, 여기 있습니다   2회 출제

「はい、どうぞ」는 우리말의 「예, 여기 있습니다」라는 뜻으로 2회 출제되었다.

- A 「すみませんが、その しおを とって ください」 미안합니다만, 그 소금을 집어 주세요
  B 「はい、どうぞ」 예, 여기 있습니다

- A 「しょうゆを とって ください。」 간장을 집어 주세요.
  B 「はい、どうぞ。」 예, 여기 있습니다.

08 たいへんでしたね ⁰⁵⁴ 고생하셨군요

「たいへんでしたね」는 상투적인 표현으로 우리말의 「고생하셨군요」에 해당하며 2회 출제되었다.

- A 「かぜを ひいて、きのうから あたまが いたいです」
  감기에 걸려 어제부터 머리가 아픕니다
  B 「それは、たいへんでしたね」 그거 고생하셨군요.

- A 「きのうは、さいふを わすれて こまりました。」
  어제는 지갑을 두고 와서 난처했습니다.
  B 「そうですか。たいへんでしたね。」
  그렇습니까? 고생하셨군요.

09 ほんとうに ⁰⁵⁴ 정말 그래요

「ほんとうに」는 상투적인 표현으로 우리말의 「정말 그래요」에 해당하며 1회 출제되었다.

- A 「きょうは いい てんきですね。」 오늘은 날씨가 좋군요.
  B 「ほんとうに。」 정말 그래요.

もんだい1　（　）に 何を 入れますか。1・2・3・4から いちばん いい ものを 一つ えらんで ください。

1　その ニュースは もう（　　）。
1　知って います　　2　知ります　　3　知って いません　　4　知りません

2　A「おそく なって ごめんなさい。」
　　B「（　　）。」
1　おねがいします　　　　　　2　どうぞ よろしく
3　おかげさまで　　　　　　　4　どういたしまして

3　A「すみませんが、こちらへ 来て くださいませんか。」
　　B「（　　）。」
1　はい、ください　　　　　　2　はい、わかりました
3　いいえ、わかりません　　　4　いいえ、ください

4　A「これは 山田さんのですか。」
　　B「いいえ、（　　）。」
1　そうです　　2　ありません　　3　わかりません　　4　ちがいます

5　A「ちょっと これを かして くださいませんか。」
　　B「（　　）。」
1　はい、いいですよ　　　　　　2　いいえ、くださいません
3　はい、ください　　　　　　　4　いいえ、かしませんでした

6　A「しおを とって ください。」
　　B「（　　）。」
1　おねがいします　　　　　　2　いいえ、どういたしまして
3　どうも ありがとう　　　　　4　はい、どうぞ

7 A「しゅくだいは もう 出しましたか。」054
　　B「いいえ、きのう しゅくだいが ありましたか。わたしは（　　　）。」
　　1　おぼえません　　　　　　　　2　しって いませんでした
　　3　おぼえませんでした　　　　　4　しりませんでした

8 A「おとこの トイレは 4かいですね。」054
　　B「（　　　）。5かいですよ。」
　　1　わかりません　　　　　　　　2　いいえ、ちがいます
　　3　はい、そうです　　　　　　　4　とても いいです

9 A「ぎんこうの 人と けっこんしたい。」054
　　B「（　　　）。」
　　1　おげんきですか　　　　　　　2　しつれいしました
　　3　わかりました　　　　　　　　4　ほんとうに

10 A「あなたは 中国の かたですか。」054
　　B「はい、（　　　）。」
　　1　そうです　　　　　　　　　　2　どういたしまして
　　3　そうします　　　　　　　　　4　しりません

11 A「きのうは、かばんを わすれて こまりました。」054
　　B「そうですか。（　　　）。」
　　1　こちらこそ　　　　　　　　　2　たいへんでしたね
　　3　だいじょうぶです　　　　　　4　どういたしまして

12 A「にほんごで 書いて ください。」054
　　B「はい、（　　　）。」
　　1　おねがいします　　　　　　　2　そうです
　　3　わかりました　　　　　　　　4　書いて ください

もんだい2 ＿＿★＿＿に 入(はい)る ものは どれですか。1・2・3・4から いちばん いい ものを 一(ひと)つ えらんで ください。

13　A「きょうは これで しつれいします。ありがとうございました。」054
　　B「そうですか。じゃあ、＿＿＿ ＿＿＿ ＿★＿ ＿＿＿。」
　　1 また　　　　2 ね　　　　3 来(き)て　　　　4 ください

14　A「すみませんが、ちょっと ＿＿＿ ＿＿＿ ＿★＿ ＿＿＿。」054・037
　　B「あ、どうも すみません。」
　　1 ください　　2 ませんか　　3 して　　　　4 しずかに

15　A「かいぎの へや ＿＿＿ ＿＿＿ ＿★＿ ＿＿＿。」054
　　B「いいえ、ちがいます。5かいですよ。」
　　1 ね　　　　　2 は　　　　3 4かい　　　　4 です

16　A「すみませんが、＿＿＿ ＿＿＿ ＿★＿ ＿＿＿ませんか。」054・037
　　B「はい、わかりました。」
　　1 へ　　　　　2 ください　　3 こちら　　　　4 来(き)て

17　A「＿＿＿ ＿★＿ ＿＿＿ ＿＿＿。」054
　　B「どういたしまして。」
　　1 なって　　　2 おそく　　　3 ごめん　　　　4 なさい

もんだい3 18 から 22 に 何を 入れますか。ぶんしょうの いみを かんがえて、1・2・3・4から いちばん いい ものを 一つ えらんで ください。

(1)

A「あしたの よる、うちに 来ませんか。」
B「ありがとうございます。 18 、あしたは 午後 友だちが 来て しごとが できませんから、よるも しごとを するんです。」

(2)

　おげんきですか。とうきょうは すこし あたたかく なりました。もう 19 です。 20 から、かいしゃへ 行く ときは コートが いりません。今 かいしゃの しごとは いそがしいですが、いえへ 21 すきな おんがくを 聞いて います。そして 本も よく 読んで います。やまださんは おいそがしいですか。てがみを ください。
　では、 22 。

18
　1 だから　　2 それから　　3 では　　4 でも

19
　1 はる　　2 なつ　　3 あき　　4 ふゆ

20
1 まだ あさは あつい
2 もう あさは さむい
3 まだ あさは さむい
4 もう あさは すずしい

21
1 でかけてから
2 かえってから
3 でかけるから
4 かえるから

22
1 どうぞ
2 いただきます
3 さようなら
4 こんばんは

문제해결 키워드

- **인사말** N5 054
  ありがとうございます 고맙습니다(02行)
  おげんきですか 잘 지내십니까?(04行)
  さようなら 안녕히 가세요(09行)

- **〜ませんか** N5 048 〜지 않겠습니까?
  うちに 来ませんか 우리집에 오지 않겠습니까?(01行)

- **〜から** N5 005 〜하니까, 〜해서
  しごとが できませんから 일을 할 수 없어서(02行)

- **〜く なる** N5 029 〜해지다
  すこし あたたかく なりました
  조금 따뜻해졌습니다(04行)

- **もう** N5 050 벌써 〈もう+긍정〉
  もう はるです 벌써 봄입니다(04行)

- **まだ** N5 049 아직 〈まだ+긍정〉
  まだ あさは さむいから 아직 아침에는 추워서(05行)

- **〜てから** N5 035 〜하고 나서
  いえへ かえってから 집에 돌아가고 나서(06行)

- **〜て います** N5 024-8 〜하고 있습니다
  おんがくを 聞いて います
  음악을 듣고 있습니다(06行)
  本も よく 読んで います
  책도 자주 읽고 있습니다(07行)

- **〜を ください** N5 052 〜을 주세요
  てがみを ください 편지를 주세요(08行)

Part 2
N4 문법

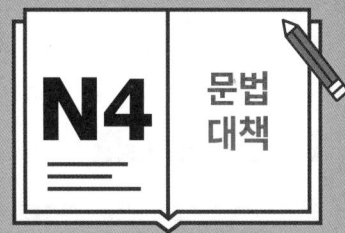

01 N5 문법 복습

02 문형·활용

03 지시어·축약형·접미어

04 조사

05 표현 의도

06 경어

07 인사말·기본 회화

N4 문법
문제 유형 분석

JLPT(일본어 능력시험) N4 문법 문제는 「문장의 문법 1 (문법형식 판단)」, 「문장의 문법 2 (문맥배열)」, 「글의 문법 (문장흐름)」의 3가지 패턴으로 출제된다.

もんだい 1　문장의 문법1(문법형식)

( ) 안에 알맞은 표현을 넣어 문장을 완성하는 문제로, 기능어 보다는 조사나, 품사의 기본적인 활용, 회화에 어울리는 표현 등을 묻는 문제가 주로 출제되고 있다. 문제 수는 15문제이며 변경될 경우도 있다.

> 2 これは わたしが 米( ) 作った パンです。 (2011.7)
>   1 に   2 の   3 や   4 で
>
> 9 A「あした いっしょに ドライブに 行きませんか。」
>   B「( )、ごめんなさい、あしたは アルバイトが あるんです。」(2011.7)
>   1 行きたいから   2 行きたいけれど
>   3 行きたいし   4 行きたくて

해석
2　이것은 내가 쌀로 만든 빵입니다.
9　A 내일 함께 드라이브하러 가지 않을래요?
　　 B 가고 싶지만, 미안해요. 내일은 아르바이트가 있어요.

もんだい 2　문장의 문법2(문맥배열)

문장을 바르게 그리고 뜻이 통하도록 배열하여 문장을 만드는 문제이다. 4개의 밑줄이 그어져 있고, 그 중 한 개의 밑줄에 ★ 표시가 되어 있다. 문장을 알맞게 배열하고 ★ 표시가 있는 부분에 해당하는 문장을 찾으면 된다. 문제 수는 5문제이며 변경될 경우도 있다.

> 16 A「コンサートには もう 間に合わないですね。」
>   B「今すぐ _____ _____ ★ _____ 行こう。」(2011.7)
>   1 タクシーに   2 タクシーで
>   3 間に合うかもしれないから 4 乗れば

해석
16 (1432 - タクシーに 乗れば 間に合うかもしれないから タクシーで)
　　A 콘서트에는 이제 시간을 못맞추겠네요.
　　B 지금 바로 택시를 타면 시간에 맞출지도 모르니까 택시로 가자.

もんだい 3　글의 문법1(문장흐름)

 공란에 들어갈 가장 좋은 것을 고르는 문제로 5문제가 출제되며 변경될 경우도 있다. 문장의 흐름에 맞는 글인지 어떤지를 판단할 수 있는가를 묻는다. 공란에는 문장의 흐름에 맞는 문법 요소나 어휘, 접속사, 부사 등이 많이 나온다.

(2011.7)

下の 文章は「家族」に ついての 作文です。

「ポチ」

林　明（リン　メイ）

わたしの 家には「ポチ」と いう 名前の 犬が います。一か月前に 父が もらって きました。わたしたちは ポチを 家の 中で ［21］。ポチが 好きな ところは テレビの 前の ソファーです。ポチは とても かわいいのですが、何でも かむので 少し こまって います。先週は 本当に こまりました。ポチが 父の けいたいでんわを ［22］からです。

わたしは 兄弟が いないので、ずっと さびしかったです。しかし、ポチを かってからは、［23］。わたしたちは いつも いっしょです。ポチは わたしが 家を 出る とき、いつも げんかんまで 出て きます。

［24］、元気が ない ときは、そばに 来て くれます。ポチ ［25］ わたしたちの 大切な 家族の 一員です。

[21]
1 かうでしょう　　2 かって います　　3 かって いますか　　4 かって いました

[22]
1 こわした ところだ　　　　2 こわされて いる
3 こわして しまった　　　　4 こわされた

[23]
1 さびしく なります　　　　　　　2 さびしく なくなりました
3 さびしく なるかもしれません　　4 さびしく なくなったそうです

[24]
1 それに　　2 たとえば　　3 だから　　4 それなら

[25]
1 が　　2 で　　3 と　　4 は

01 N5 문법 복습

1 N5 문형·활용

복습

01 〜て あります ^{054 · N5 024-7} ~해져 있습니다 〈타동사 + てある〉

- テーブルの 上(うえ)に 手紙(てがみ)が おい**て あります**。
  테이블 위에 편지가 놓여져 있습니다.
- 宿(やど)に 着(つ)いた とき、すでに ふろの 用意(ようい)が し**て ありました**。
  숙소에 도착했을 때, 이미 목욕 준비가 되어 있었습니다.
- 教室(きょうしつ)に 試験(しけん)の 時間割(じかんわり)が はっ**て あります**。
  교실에 시험 시간표가 붙어 있습니다.
- みどりホテルには いつも きれいな 花(はな)が かざっ**て あります**。
  미도리 호텔에는 항상 예쁜 꽃이 장식되어 있습니다.

복습

02 〜て います ^{054 · N5 024-8} ~되어 있습니다 〈자동사 + ている〉
~하고 있습니다, ~했습니다(경험) 〈타동사 + ている〉

- ナイフと フォークが テーブルの 上(うえ)に ならん**で います**。
  나이프와 포크가 테이블 위에 정렬되어 있습니다.

- ごはんを 食べて いる ときは 新聞を 読まないで ください。
  밥을 먹고 있을 때에는 신문을 읽지 말아 주세요.

- A 「こうちゃか コーヒーは いかがですか。」 홍차나 커피는 어떠십니까?
  B 「どちらも けっこうです。のどは かわいて いません。」
  둘 다 됐습니다. 목이 마르지 않습니다.

- A 「このざっし、おもしろいですよ。」 이 잡지 재미있어요.
  B 「ああ、それは もう 読んで います。」 아~, 그거 벌써 읽었어요.

- 会社に 着いた ときは 会議が もう 始まって いた。
  회사에 도착했을 때에는 회의가 이미 시작되었다.

- ふじさんには 2年前に のぼって います。
  후지산은 2년 전에 올라간 적이 있습니다.

복습
03 연체수식절+명사 ^{N5 051} ~할, ~한

- これは あした 母に 出す 手紙です。 이것은 내일 어머니에게 부칠 편지입니다.

- これは きのう こうえんで とった しゃしんです。
  이것은 어제 공원에서 찍은 사진입니다.

- おととい かった 赤い くつは とても じょうぶです。
  그저께 산 빨간 구두는 아주 튼튼합니다.

복습
04 자동사・타동사 ^{N5 024-5}

- かぜが なおって ねつも さがりました。 자동사 さがる
  감기가 나아 열도 내렸습니다.

- 子どもを ひとりで 外に 出しません。 타동사 だす
  아이를 홀로 바깥에 내보내지 않습니다.
- 大雪のため 試験は 1時間 遅れて 始まった。 자동사 はじまる
  대설로 인해 시험은 1시간 늦게 시작되었다.
- 1週間前から ダイエットを 始めたが、すでに はっきり 効果が 現れて いる。 타동사 はじめる
  일주일 전부터 다이어트를 시작했는데, 이미 눈에 띄게 효과가 나타나고 있다.

복습 05 な형용사의 で형 N5 023-5 ~하고 · 1회 출제

- この 町は しずかで とても きれいです。
  이 동네는 조용하고 무척 깨끗합니다.
- あの 子は げんきで おもしろいです。
  저 아이는 활발하고 재밌습니다.

복습 06 い형용사의 ~くて N5 022-5 ~해서 · 1회 출제

- そんな こと、はずかしくて 言えません。
  그런 말, 부끄러워서 할 수 없습니다.

복습 07 な형용사의 ~に+동사 N5 023-6 ~하게 ~하다 · 1회 출제

- 山田さんは ギターを じょうずに ひきます。
  야마다 씨는 기타를 능숙하게 칩니다.

2 N5 조사·지시어·의문사

복습

01 ～に 010·N5 012
～에, ～에게, ～하러

30회 출제

N4 문법에서는 조사 「～に」의 다양한 용법이 출제되고 있다. 그 중에서 많이 출제된 용법은 〈수동문의 동작주〉로 6회 출제되었으며, 〈사역문의 동작주〉로 6회 출제되었다. 그 밖에 눈에 띄는 용법으로 〈대상〉〈능력〉〈목적〉 등이 있다. 예문을 통해 확실히 익혀 두자.

- １週間に ２かいぐらい テニスを します。 〔기간+に+횟수〕
  일주일에 2번 정도 테니스를 칩니다.

- この マンションは 駅に 近いので おすすめです。 〔장소〕
  이 맨션은 역에 가깝기 때문에 추천합니다.

- その 花は だれに もらいましたか。 〔출처〕
  그 꽃은 누구에게 받았습니까?

- 母は まいあさ にわの 花に 水を やります。 〔대상〕
  어머니는 매일 아침 마당에 있는 꽃에 물을 줍니다.

- なにか わたしに できる ことは ありませんか。 〔능력〕
  뭔가 제가 할 수 있는 일은 없습니까?

- 町は うみが きれいで、なつには たくさんの 人が およぎに 来ます。 〔목적〕
  마을은 바다가 예뻐서, 여름에는 많은 사람이 수영하러 옵니다.

- お母さんは こどもに コップを あらわせました。 〔사역문의 동작주〕
  어머니는 아이에게 컵을 씻게 했습니다.

- 大事な おさらを こわして わたしは 母に しかられました。 〔수동문의 동작주〕
  소중한 접시를 깨서 나는 어머니에게 야단맞았습니다.

- 「駅は どこですか。」と 外国人に 聞かれたので～ 〔수동문의 동작주〕
  '역은 어디입니까?'라고 외국인이 물었기 때문에~

- 山田さんから 病気の おみまいに くだものを もらいました。 〔기타〕
  야마다 씨로부터 병문안으로 과일을 받았습니다.

- この 器具は 何に 使うんですか。 〔기타〕
  이 기구는 무엇에 씁니까?

복습

02 ～が 002·N5 002 ~이, ~을

- テレビの 音が 聞こえます。 [주어]
  텔레비전 소리가 들립니다.

- 朝 早く さんぽするのが すきなんです。 [희망·기호의 대상]
  아침 일찍 산책하는 것을 좋아합니다.

- クラスで 新しい 友だちが できた。 [～が(できる) 기타]
  반에서 새로운 친구가 생겼다.

- A「さあ、出かけよう。」 자, 나가자.
  B「待って！ まだ したくが できて ないの。」 [～が(できる) 기타]
  기다려! 아직 준비가 안 됐어.

복습

03 ～けど・～けれど・～けれども ~지만

「**～けど・～けれど・～けれども**」는 '~지만'이라는 뜻의 접속조사로, 역접과 단순접속의 두 가지 용법이 있다.

- ぼくは パーティーに 行ったけど ぼくの かのじょは 行かなかった。 [역접]
  나는 파티에 갔지만, 내 여자친구는 가지 않았다.

- A「あした いっしょに ドライブに 行きませんか。」
  내일 같이 드라이브하러 안 갈래요?
  B「行きたいけれど、ごめんなさい。あしたは アルバイトが あるんです。」 [역접]
  가고 싶지만, 미안해요. 내일은 아르바이트가 있어요.

- かれには 欠点が いろいろ あるけれども 私は 好きだ。 [역접]
  그에게는 결점이 여러 가지 있지만 나는 좋아한다.

- つまらない ものですけれども お受けとりください。 [단순접속]
  별거 아닙니다만 받아 주세요.

- 田中と もうしますけれども、山田部長は いらっしゃいますか。 단순접속

  다나카라고 합니다만, 야마다 부장님은 계십니까?

04 ～を 017·N5 021 ～을(를)

N4 문법에서는 조사 「～を」의 다양한 용법이 출제되고 있다. 그 중에서 많이 출제된 용법으로 〈통과하는 장소〉로 7회 출제되었고, 그 밖에 〈수동문의 동작주〉와 〈기타〉에서 11회 출제되었다.

- その かどを まがると、駅が あります。 통과하는 장소

  그 모퉁이를 돌면, 역이 있습니다.

- けさ、電車の 中で 足を ふまれました。 수동문의 동작주

  오늘 아침 전철 안에서 발을 밟혔습니다.

- 来年 高校を そつぎょうします。 타동사의 목적어

  내년에 고등학교를 졸업합니다.

- 私は よく こんな 感じで 親を 心配させて しまった。 타동사의 목적어

  나는 자주 이런 느낌으로 부모를 걱정시키고 말았다.

- 先生は 山田さんの 住所を ごぞんじですか。 ～を(ぞんじる) 기타

  선생님은 야마다 씨의 주소를 알고 계십니까?

05 ～で 006·N5 009 ～으로(때문에), ～에

- 大きな じしんで たくさんの 家が こわれました。 원인·이유

  큰 지진으로 많은 집이 부서졌습니다.

- 大雨で 野球の 試合は 中止と なった。 원인·이유

  폭우로 야구 시합은 취소되었다.

- この 料理は 電子レンジを 使えば 5、6分で できます。 기타

  이 요리는 전자레인지를 사용하면 5, 6분이면 됩니다.

06 〜の 011·N5 015   ▶ ~(의) 것, 명사+の+명사, ~이/가

- かさが いっぱい ありますね。どれが あなたのですか。 `~의 것`
  우산이 가득 있네요. 어느 것이 당신의 것입니까?

- 駅の 近くに いい ホテルが あります。 `명사+の+명사`
  역 근처에 좋은 호텔이 있습니다.

- 山田さんの 来る 日は 火曜日です。 `연체수식절 내에서의 が→の의 교체`
  야마다 씨가 오는 날은 화요일입니다.

- きのうの テレビばんぐみで ちちの 働いて いる 会社が しょうかい されました。 `연체수식절 내에서의 が→の의 교체`
  어제 TV 프로그램에서 아버지가 일하고 있는 회사가 소개되었습니다.

07 〜は N5 016   ▶ ~은/는

- むすこは 木で できた おもちゃを 大切に して います。
  아들은 나무로 된 장난감을 소중히 하고 있습니다.

- わたしは 山田太郎と 言います。
  나는 야마다 다로라고 합니다.

- わたし、チーズは 好きじゃ ないの。
  나, 치즈는 좋아하지 않아.

08 〜から 003・N5 005 ~로부터, ~으로, ~에서

- 校長先生から せいとに じしょが わたされました。 [동작주]
  교장선생님으로부터 학생에게 사전이 전달되었습니다.

- ともだちから 誕生日の プレゼントが とどきました。 [동작주]
  친구에게서 생일 선물이 도착했습니다.

- 友だちから 借りて きた DVDを 家で 見ました。 [동작주]
  친구에게서 빌려 온 DVD를 집에서 봤습니다.

- この おさけは こめから つくります。 [재료]
  이 술은 쌀로 만듭니다.

- チーズは ぎゅうにゅうから 作られます。 [재료]
  치즈는 우유에서 만들어집니다.

09 〜だけ 005・N5 008 ~만, ~뿐
〜だけに する 005 ~만으로 정하다

- 1ばんと 2ばんだけ おぼえて ください。
  1번과 2번만 외워 주세요.

- おとこは かぞくの 中で わたしだけです。
  남자는 가족 중에서 저뿐입니다.

- 山田さんだけが 試験に 合格しました。
  야마다 씨만이 시험에 합격했습니다.

- A「わたし、パンと コーヒー。」 나는 빵하고 커피.
  B「わたしは、おなかが すいて ないから、コーヒーだけに する。」
  나는 배가 고프지 않으니까 커피만 마실래.

복습

10　～ぐらい　004・N5 006　～정도, ~가량

- まんがの 本を 10さつぐらい 持って います。
  만화책을 10권 정도 갖고 있습니다.

복습

11　～と・～って N5 010　~라고, ~와
　　～と言う・～って言う N5 010　~라고 (말)하다

N4 문법에서는 조사「～と」의 2가지 용법이 출제되고 있다. 주로 출제된 용법은 〈인용〉으로 6회 출제되었고, 〈기타〉는 1회 출제되었다. 그리고 「～と」의 회화체로 「～って」가 사용되며, '~(이)라고'라는 인용을 나타낸다. 또 「～と いう+명사」의 형태로 명사를 수식하며, '~라는'의 의미를 나타낸다.

- あそこに 「入り口」と 書いて あります。　`인용`
  저기에 '입구'라고 적혀 있습니다.

- わたしの 意見は あの 人の 意見と ちがいます。　`차이의 대상`
  제 의견은 저 사람의 의견과 다릅니다.

- わたしは ヤンさんに 「おはよう」と 言いました。　`인용`
  나는 양 씨에게 '안녕하세요'라고 말했습니다.

- 山田さんは すぐ 来るって 言ってましたよ。　`인용과 회화체`
  야마다 씨는 바로 오겠다고 했어요.

- レストランは 「花子」と いう 名前で よやくしました。　`명사 수식`
  레스토랑은 '하나코'라는 이름으로 예약했습니다.

- 山田さんと いう かたが いらっしゃいました。　`명사 수식`
  야마다 씨라는 분이 오셨습니다.

- 中村さんが 書いたのは なんと いう 本ですか。　`명사 수식`
  나카무라 씨가 쓴 것은 뭐라는 책입니까?

12 조사+조사

① ～には ~에는, ~는

- まどの そばには いすが いくつも おいて ありました。
  창문 옆에는 의자가 몇 개씩이나 놓여져 있었습니다.

- あなたの 気持ちも わかりますが、私には どう する ことも できません。
  당신의 기분도 이해하지만, 저는 어떻게 할 수도 없습니다.

- かのじょが なぜ そう 言ったのか、私には まったく わからない。
  그녀가 왜 그렇게 말했는지, 나는 전혀 모른다.

② ～とは ~와는

- 小学4年の ときに 転校して きた 山田さんとは 4年から 中学1年まで クラスメートだった。
  초등학교 4학년 때 전학 온 야마다와는 4학년부터 중학교 1학년까지 반 친구였다.

③ ～からの ~로부터 ~한

- これは 友だちからの 手紙です。
  이것은 친구로부터 온 편지입니다.

- これで わたしからの せつめいは 終わります。
  이것으로 제가 드리는 설명은 마치겠습니다.

④ ～からでも ~에서도

- 教室の 後ろからでも はっきりと 先生の 声が 聞こえた。
  교실 뒤쪽에서도 분명하게 선생님의 목소리가 들렸다.

> **복습**

13 의문사＋조사

① なにか＋で 무언가에서 / なにか＋に 무언가에

- A 「キムさんは この 歌を 知って いますか。」
  김 씨는 이 노래를 알고 있습니까?
  B 「はい。ラジオか 何かで 聞いた ことが あります。」
  네. 라디오인가 무언가에서 들은 적이 있습니다.

- ざっしか なにかで 読みました。
  잡지인가 무언가에서 읽었습니다.

- 妹は 買い物か なにかに 出かけて います。
  여동생은 쇼핑이나 무언가로 외출했습니다.

② どこか＋で 어딘가에서 / どこか＋に 어딘가에

- A 「どこかで おめに かかった ような 気が するのですが。」
  어딘가에서 만나 뵌 듯한 느낌이 드는데요.
  B 「さあ、そうでしたかしら。」
  글쎄요, 그랬던가요?

- 彼女には どこかで 会った 気が します。
  그녀에는 어딘가에서 만난 기분이 듭니다.

- 私は その 本を 本箱の どこかに 入れました。
  나는 그 책을 책장 어딘가에 넣었습니다.

③ だれか＋が 누군가가 / だれか＋に 누군가에게

- もし だれかが 私の ことを 聞いたら、休暇を とって いると 言って ください。
  만약 누군가가 내 일을 물으면, 휴가를 내고 있다고 말해 주세요.

- 駅で だれかに 聞きましょう。
  역에서 누군가에게 물어봅시다.

14 その/あの ^{N5 053-9} 그/그, 저

지시어 중 「**その**」는 앞에 언급한 사항을 다시 언급할 때 대신 사용하는 경우가 있다. 「**あの**」는 멀리 떨어져 있는 것 외에, 서로 알고 있는 것을 가리킬 때에도 사용된다.

- 来月　旅行します。**その**　ときは　車で　行きます。
  다음 달에 여행합니다. 그 때는 차로 갑니다.

- A 「バス停を　ごぞんじですか。」
  　 버스정류장을 알고 계십니까?
  B 「ええ、あそこです。**あの**　きっさてんの　前です。」
  　 네, 저기입니다. 저 찻집 앞입니다.

- 先日の　**あの**　話は　どう　なりましたか。
  일전의 그 이야기는 어떻게 되었습니까?

- A 「きのう　道で　花子さんを　見たよ。」
  　 어제 길에서 하나코 씨를 봤어.
  B 「あれ、**あの**　人は　今　アメリカに　いる　はずだよ。」
  　 에? 그 사람은 지금 미국에 있을 거야.

3 N5 표현 의도

01 ～とき ^{N5 041} ~(할) 때, ~(했을) 때

- 父は　しんぶんを　読む　**とき**、いつも　めがねを　かけます。
  아버지는 신문을 읽을 때 항상 안경을 씁니다.

- 山田さんが　あした　ここに　来た　**とき**　聞いて　みます。
  야마다 씨가 내일 여기에 왔을 때 물어 보겠습니다.

02 〜から 003・N5 005 ~하기 때문에

- としょかんは しずかだから いつも としょかんで べんきょうします。
  도서관은 조용하기 때문에 항상 도서관에서 공부합니다.

03 い형용사+く する N5 028 ~하게 하다

- まどを 開けて へやを すずしく しました。
  창문을 열어 방을 시원하게 했습니다.

04 まだ N5 049 아직 / もう N5 050 벌써

- その おかしは まだ 食べて いません。
  그 과자는 아직 먹지 않았습니다.
- 課長に みて もらわなければ ならない 資料が まだ できて いない。
  과장님이 봐주셔야 할 자료가 아직 완성되지 않았다.
- しかし、ヤンさんは もう 来て いました。
  그러나 양 씨는 벌써 와 있었습니다.
- 時間が たつのは 早いですねえ。おじが なくなってから もう 1年に なります。
  시간이 흐르는 것은 빠르네요. 삼촌이 돌아가신 지 벌써 1년이 됩니다.

05 복습 ～たい ^{N5 033} ~하고 싶다

- あなたに 会いたくて 夜も 眠れません。
  당신을 만나고 싶어서 밤에도 잠을 못 잡니다.
- 会社を やめたら いなかに 住みたいです。
  회사를 그만두면 시골에 살고 싶습니다.
- こどもの ときは 早く おとなに なりたかったが、おとなに なると こどもの ころに 帰りたいと 思う。
  어렸을 때는 빨리 어른이 되고 싶었지만, 어른이 되면 어렸을 때로 돌아가고 싶다고 생각한다.
- わたしは 映画を あまり 見たく なかったんですが、弟が 見たいと 言ったので、見たんです。
  나는 영화를 그다지 보고 싶지 않았습니다만, 남동생이 보고 싶다고 해서 봤습니다.

06 복습 ～ながら ^{N5 043} ~하면서

- おかしを 食べながら 映画を 見ました。
  과자를 먹으면서 영화를 봤습니다.

07 복습 ～た あとで・～の あとで ^{N5 032} ~한 뒤에

- 映画を 見た あとで、お茶でも 飲みましょう。
  영화를 본 뒤에 차라도 마십시다.
- 子ども 「ねえ、ゲームを しても いい?」
  있잖아요, 게임을 해도 돼요?
  母親 「しゅくだいを した あとでね。」
  숙제를 한 뒤에 해.

08 ～て ください ^{N5 036} ~해 주세요

- じゃあ、すみませんが、これを あらって ください。
  그럼, 미안합니다만 이것을 씻어 주세요.
- 妻に 手紙を 持たせましたので うけとって ください。
  아내에게 편지를 주어 보냈으니 받아 주세요.

09 ～ないで(ください)/～ないでね/～ないでよ ^{N5 042} ~하지 마(마세요) / ~하지 말아 줘 / ~하지 마

- そんなに 急がせないで ください。 그렇게 서두르지 마세요.
- 元気に やって いますので 心配しないで ください。
  건강하게 잘 지내고 있으니 걱정하지 마세요.
- 私の 話を 聞いても びっくりしないでね。
  내 이야기를 들어도 놀라지 말아 줘.
- 急に 大きな 声を 出して、びっくりさせないでよ。
  갑자기 큰 소리를 내서 놀래키지 마.

10 ～ましょう / ～ましょうか ^{N5 047} ~합시다 / ~할까요?

- いっしょに 帰りましょう。 같이 돌아갑시다.
- A 「ちずを かきましょうか。」 지도를 그릴까요?
  B 「ありがとう。おねがいします。」 고마워요. 부탁해요.

콕콕 실전문제 01

정답과 해석 QR코드로 바로 확인!!

もんだい1 （　）に 何を 入れますか。1・2・3・4から いちばん いい ものを 一つ えらんで ください。

1　あの 人は 字を （　　）かきます。 N5 023-6
　1　じょうず　　2　じょうずな　　3　じょうずに　　4　じょうずで

2　この こうえんは （　　）大きいです。 N5 023-5
　1　きれいと　　2　きれいに　　3　きれいな　　4　きれいで

3　さっき ここで コーヒーを （　　）人は だれですか。 N5 051
　1　飲んで　　2　飲んで いた　　3　飲む　　4　飲んで いる

4　（　　）えいがを みる ひまが ありません。 N5 022-5
　1　いそがしく　　　　　　2　いそがしで
　3　いそがしいくて　　　　4　いそがしくて

5　あの 人は まだ けっこんして （　　）。 N5 024-8・N4 054
　1　では いません　　　　2　では ありません
　3　いません　　　　　　4　ありません

6　コップに 水が （　　）あります。 N5 024-7・N4 054
　1　はいった　　2　いれた　　3　はいって　　4　いれて

7　やまださんは「また 電話します。」（　　）言って いました。 N5 010
　1　と　　2　か　　3　に　　4　で

165

| 8 | この 新しい レストラン（　　）まだ 名前が ありません。N5 013
1　へは　　　　　2　には　　　　　3　のは　　　　　4　では

| 9 | 姉は わたし（　　）たいしかんに つれて 行って くれました。N5 021・N4 017
1　を　　　　　　2　と　　　　　　3　が　　　　　　4　に

| 10 | わたしの かぞくは、ぜんぶ（　　）6人です。N5 009・N4 006
1　の　　　　　　2　を　　　　　　3　に　　　　　　4　で

| 11 | おくじょうから 町が よく（　　）。N5 024-5
1　見せます　　　2　見えます　　　3　見ます　　　　4　見て います

| 12 | けさは テーブルの 上が そうじして（　　）でした。N5 024-7・N4 054
1　いません　　　2　しません　　　3　ありません　　4　なりません

| 13 | わたしは スポーツに きょうみ（　　）あります。N5 002
1　を　　　　　　2　で　　　　　　3　が　　　　　　4　の

| 14 | バスを 待って いた とき、わたしは 先生（　　）名前を よばれました。N5 010
1　で　　　　　　2　に　　　　　　3　が　　　　　　4　を

| 15 | 「さようなら」は 英語（　　）何と 言いますか。N5 006
1　が　　　　　　2　に　　　　　　3　の　　　　　　4　で

| 16 | 3ねんせいは しょくどうの まえに（　　）。N5 024-5
1　あつまったでした　　　　　　2　あつめてです
3　あつまりました　　　　　　　4　あつめました

17 わたしは いもうと（　　）セーターを もらいました。 N5 005・N4 003
1 から　　　2 など　　　3 まで　　　4 では

18 おかしを（　　）ながら テレビを 見ました。 N5 043
1 食べ　　　2 食べる　　　3 食べよう　　　4 食べた

19 私は きのう うちへ（　　）とき、友だちに お金を かりました。 N5 041
1 かえり　　　2 かえる　　　3 かえって　　　4 かえった

20 映画を（　　）あとで、食事を しましょう。 N5 032
1 見る　　　2 見て　　　3 見た　　　4 見よう

21 きょうは（　　）、はやく ねよう。 N5 005・N4 003
1 つかれて
2 つかれると
3 つかれたから
4 つかれようとした

22 でんきを つけて へやを あかるく（　　）。 N5 028
1 いました　　　2 ありました　　　3 なりました　　　4 しました

23 テレビを けす ときは、この ボタンを（　　）ください。 N5 036
1 おして　　　2 おしって　　　3 おし　　　4 おって

24 A「いっしょに えいがを 見ませんか。」 N5 047
　 B「はい、（　　）。」
1 見ませんか
2 見るでしょう
3 見て いません
4 見ましょう

25 国に いる 母（　　）いつも 作って くれたからです。
1　が　　　　2　に　　　　3　を　　　　4　と

26 風は まだ 強い（　　）雨は やんだ。
1　までに　　2　ので　　3　けれど　　4　から

27 とても かんたんな 料理だから、3分（　　）できますよ。
1　に　　　　2　で　　　　3　か　　　　4　も

28 次の かどを 右へ まがると フラワーハイツ（　　）アパートが あります。
1　に いう　　2　に する　　3　と いう　　4　と する

29 この ジャケットは 再利用された ペットボトル（　　）作られて います。
1　への　　2　にも　　3　まで　　4　から

30 この 本は むずかしくて ぼく（　　）理解できません。。
1　から　　2　には　　3　まで　　4　かに

31 A「先週 あげた（　　）本、ちょっと 貸して くれないかな。」
B「うん、いいよ。」
1　あの　　2　あれ　　3　そこ　　4　そう

32 山本先生（　　）手紙は きょうの 午後 私の 手元に とどいた。
1　への　　2　との　　3　までの　　4　からの

もんだい2 ＿＿★＿＿に 入る ものは どれですか。1・2・3・4から いちばん いい ものを 一つ えらんで ください。

[33] 来週 旅行します。＿＿＿ ＿★＿ ＿＿＿ ＿＿＿。

1　ときは　　　2　きしゃで　　　3　その　　　4　行きます

[34] こうばんの ＿＿＿ ＿＿＿ ＿★＿ ＿＿＿も おいて ありました。

1　には　　　2　前　　　3　何台　　　4　自転車が

[35] かのじょは 中国 ＿＿＿ ＿★＿ ＿＿＿ ＿＿＿。

1　の　　　2　です　　　3　から　　　4　りゅうがくせい

[36] 左に まがると きっぷ売り場が ありますから、＿＿＿ ＿★＿ ＿＿＿ ＿＿＿ ください。

1　そこへ　　　2　買って　　　3　行って　　　4　きっぷを

[37] ほうりつに あかるい 人に ＿＿＿ ＿★＿ ＿＿＿ ＿＿＿。

1　いいです　　　2　ほうが　　　3　そうだんした　　　4　よ

もんだい3 　38 から 42 に 何を 入れますか。文章の 意味を 考えて、1・2・3・4から いちばん いい ものを 一つ えらんで ください。

つぎの 文章は 「わたしの 夏休み」に ついて 書いた 作文です。

　夏休みに ふるさとの 海に 行きました。よこはままで 電車で 行って、海岸 38 バスで 行きました。わたしが りょかんに 着いた とき、友だちは おおぜい 39 。おくさんや 子どもたちを つれて 来た 人も いました。子どもたちは、およいだり ゲームを したり して いました。友だちは、高校の とき おなじ クラスだった 人たちです。わたしたちは なつかしくて、夜 40 はなしを しました。きょう あつまった 人は、40人の クラスの うち やく 半分です。その つぎの 日、みんなで ふねに のって 41 。くもって いましたが、海は しずかでした。2時間で みなとに 着きました。「また 来年も 42 。」と いって わかれました。

38
1 では　　　2 とは　　　3 でも　　　4 へは

39
1 来て ください　　　2 来て いません
3 来て いました　　　4 来るでしょう

40
1 おそくまで　　2 おそくても　　3 ちかくに　　4 とおくに

41

1 かえった ところです   2 かえりました
3 かえって おきました   4 かえらせました

42

1 会いにくいです   2 会いなさい
3 会う はずです   4 会いましょう

문제해결 키워드

- **〜で** N5 009 ~로 〈방법, 수단〉, ~에 〈수량〉, ~에 〈기타〉
  電車で 行って 전철로 가서(01行)
  みんなで ふねに のって 모두 함께 배를 타고(07行)
  2時間で みなとに 着きました
  2시간 만에 항구에 도착했습니다(08行)

- **〜へは** N5 013 ~에는, ~으로는
  海岸へは 해안으로는(01行)

- **연체수식절+명사** N5 051 ~한, ~였던
  りょかんに 着いた とき 여관에 도착했을 때(02行)
  おなじ クラスだった 人たち
  같은 반이었던 사람들(02行)

- **〜くて** N5 022-5 ~하고, ~해서
  わたしたちは なつかしくて
  우리들은 오랜만이라(그리워서)(05行)

- **〜ましょう** N5 047 ~합시다
  また 来年も 会いましょう 내년에도 또 만납시다(08行)

- **〜と** N5 010 ~라고
  「また 来年も 会いましょう。」と いって
  '또 내년에도 만납시다'라고 말하고(09行)

- **〜について** N3 050 ~에 대해서
  「わたしの 夏休み」に ついて
  '나의 여름방학'에 대해서(제시글)

- **〜たり〜たり(する)** N5 034 ~하기도 하고 ~하기도 하다
  およいだり ゲームを したり して いました
  수영을 하기도 하고 게임을 하기도 하고 있었습니다(04行)

02 문형·활용

01 ～(ら)れる ~되다, ~함을 당하다

일본어의 수동 표현은 일반적으로 타인에게서 동작이나 영향을 받았을 때와, 그 행동으로 인한 피해의 심리를 나타낼 때 쓰인다. 특히 자동사 구문의 수동문은 피해의 감정을 강하게 호소하는 것으로, 대부분 피해를 입은 화자(=나)를 주어로 해서 「(～は)～に～(ら)れる」의 수동문을 만든다. 그리고 「~되다」는 신문 보도와 같이 사실의 객관적 서술에 많이 쓰이고 있다.

> **급소 따르기**
> - 先生に ほめられる 칭찬받다
> - くらべられる 비교 당하다
> - ぬすまれる 도난당하다
> - ちちに にゅういんされる 아버지가 입원하다
> - 母に おこされる 엄마가 (나를) 일으켰다
> - たのまれる 부탁받다
> - だれかに 見られる 누군가가 훔쳐보다
> - 外国人に 聞かれる 외국인에게 질문받다

- 私は きのう 父に しかられました。
  나는 어제 아버지한테 야단맞았습니다.

- 会社から 帰る とき、雨に ふられた。
  회사에서 돌아올 때, 비를 맞았다.

- この メールを だれかに 見られると こまります。
  이 메일을 누군가가 훔쳐본다면 곤란합니다.

- この ざっしは 毎月 はっこうされて いる。
  이 잡지는 매달 발행되고 있다.

- いろんな 種類の ガムが スーパーで 売られて います。
  여러 종류의 껌이 슈퍼마켓에서 팔리고 있습니다.

- もし 両親に 反対されても 東京で 勉強する つもりです。
  만약 부모님이 반대해도 도쿄에서 공부할 생각입니다.

- わたしは 写真を とりません。とられるのも きらいです。
  나는 사진을 찍지 않습니다. 찍히는 것도 싫어합니다.

- わたしの ジュースを 弟に ぜんぶ 飲まれて しまいました。
  내 주스를 남동생이 전부 마셔버렸습니다.

02 お+동사 연용형+に なる ~하시다
ご+한자어　　+に なる

일본어의 경어 표현은 존경 표현과 겸양 표현으로 나뉘는데, 「お+동사 연용형(ます형)+に なる」 「ご+한자어+に なる」는 존경 표현으로 상대방을 높여서 경의를 나타낸다.

급소 찌르기
- おこたえに なる 대답하시다
- おもどりに なる 돌아오시다
- ご心配に なる 걱정하시다
- おのみに なる 드시다
- おかえりに なる 귀가하시다
- ご出席に なる 출석(참석)하시다

- お父さんは 何時ごろ お帰りに なりますか。
  아버지는 몇 시쯤 귀가하십니까?

- 校長先生は なんと お答えに なりましたか。
  교장 선생님은 뭐라고 대답하셨습니까?

- 上野さんは 冷たい ものは お飲みに ならないんですか。
  우에노 씨는 차가운 것은 마시지 않으십니까?

- お疲れに なったでしょう。お茶を どうぞ。
  피곤하시죠? 차 드세요.

- 図書館を ご利用に なりたい 方は こちらで お申し込みください。
  도서관을 이용하시고 싶은 분은 이쪽에서 신청해 주세요.

03 〜(ら)れる ⁰⁹⁵ ~하시다

수동형인 「〜(ら)れる」는 경어로도 사용된다. 경어로서의 「〜(ら)れる」는 신문 등에서 곧잘 볼 수 있는데, 존경·겸양 표현이나 경어동사에 비해 그 존경도가 떨어진다. 주의해야 할 것은 1단동사와 「来る」는 수동형·가능형·존경의 형태가 모두 같은 형태를 취한다는 점이다. 그러므로 앞뒤 문맥을 잘 살펴서 혼동되지 않도록 주의해야 한다.

> **급소 따르기**
> ・さとうさんは なんじに かえら**れました**か 사토 씨는 몇 시에 돌아가셨습니까?
> ・おきゃくさまは どこに すわら**れます**か 손님께서는 어디에 앉으시겠습니까?

- あの 本、もう 読ま**れました**か。
  그 책, 벌써 읽으셨습니까?

- 社長は 何時に 帰ら**れます**か。
  사장님은 몇 시에 돌아오십니까?

04 お / ご+명사

접두어 「お/ご」는 화제의 대상에 붙여 존경·겸양·공손 등의 부드러운 느낌을 나타낸다. 일반적으로 남성보다 여성들이 많이 쓰고 있다. 기본적으로 「お」는 「和語(일본 고유의 말)」에 붙고, 「ご」는 한자어에 붙는다. 그러나 한자어일지라도 일상 생활에서 자주 쓰이는 단어에는 「お」를 쓰기도 한다.

> **급소 따르기**
> ・**お**話 말씀   ・**お**帰り 귀가
> ・**ご**主人 남편분   ・**ご**家族 가족분
> ・**お**名前 성함   ・**お**仕事 일, 직업

- **お**手紙、ありがとうございました。 편지 고맙습니다.

- いつ **ご**帰国なさる よていですか。 언제 귀국하실 예정입니까?

05 お+동사 연용형+する⁰²² ~하다, ~해 드리다
ご+한자어 +する

「**お**+동사 연용형(ます형)+**する**」「**ご**+한자어+**する**」는 겸양 표현으로 자신의 행위를 낮추어 말해 상대적으로 상대방을 높이는 결과를 갖게 한다.

급소 짜르기

- **お会いします** 만나 뵙겠습니다
- **お聞きします** 여쭙겠습니다
- **おつつみします** 포장해 드리겠습니다
- **ご案内します** 안내해 드리겠습니다
- **おかしします** 빌려 드리겠습니다
- **おたずねします** 여쭙겠습니다
- **おかえしします** 돌려 드리겠습니다
- **ご連絡します** 연락드리겠습니다

- 先生、私が その 荷物を **お持ちします**。
  선생님, 제가 그 짐을 들어 드리겠습니다.

- わたしが DVDを 先生に **おかえしします**。
  제가 DVD를 선생님께 돌려 드리겠습니다.

- ここからは わたしが **ご案内します**。
  여기부터는 제가 안내해 드리겠습니다.

- 会議の 時間が 決まったら、**ご連絡します**。
  회의 시간이 정해지면 연락드리겠습니다.

06 お+동사 연용형+いたす ~하다
ご+한자어 +いたす

「お+동사 연용형(ます형)+いたす」는 겸양 표현으로 「お+동사 연용형+する」보다 더 정중한 표현이다.

급소 찌르기
- お とどけ いたします 배달해 드리겠습니다
- お わたし いたします 건네 드리겠습니다
- お待ち いたします 기다리겠습니다
- ご説明 いたします 설명해 드리겠습니다

- 先生の お荷物は 私が お持ち いたします。
  선생님 짐은 제가 들어 드리겠습니다.

- チケットは あとで 入り口の まえで おわたし いたします。
  티켓은 나중에 입구 앞에서 건네 드리겠습니다.

- その 仕事に ついては わたしから ご説明 いたします。
  그 일에 관해서는 제가 설명해 드리겠습니다.

07 (お)+い형용사+ございます ~ㅂ니다

「い형용사 ~い+です」보다 최상급의 겸양을 나타내지만, 일상생활에서는 거의 사용되지 않는다. 다만 백화점 등에서 간혹 쓰여지는 표현으로 1회 출제되었다.

- こちらの スカートの ほうが 少し お高う ございます。
  이쪽 스커트 쪽이 조금 비쌉니다.

08　명사・な형용사+でございます[100] ~입니다

「명사・な형용사+**です**」보다 최상급의 겸양을 나타내며, 전철 안내 방송 등에서 자주 사용되는 표현이다.

- この いすは イタリア製（せい）でございます。
  이 의자는 이탈리아제입니다.

- この 服（ふく）、おきれいでございますね。
  이 옷 예쁘세요.

09　~(さ)せる[041] ~하게 하다

사역 표현은 상대방으로 하여금 어떠한 행동을 하도록 시키는 것으로, 허용・방임・유발 등 그 의미의 폭이 넓다.

- また**せる** 기다리게 하다
- かえら**せる** 돌아가게 하다
- きか**せる** 들려주다
- あそば**せる** 놀게 하다
- あるか**せる** 걷게 하다
- **させる** 시키다
- わらわ**せる** 웃기다
- 勉強（べんきょう）**させる** 공부시키다

- 人（ひと）を 長（なが）く 待（ま）た**せる**のは しつれいですよ。
  사람을 오래 기다리게 하는 것은 실례예요.

- あぶないですから、子（こ）どもを 一人（ひとり）で あそば**せないで** ください。
  위험하니까 아이를 혼자서 놀게 하지 말아 주십시오.

10　～(さ)せられる ⁰⁴⁰ 억지로 ~하다

「사역+수동형」의 표현으로 자신의 의지와는 상관없이 남의 요구에 의하여, 또는 어쩔 수 없는 상황에 의해 행동하는 경우에 사용된다. 대부분 어쩔 수 없는 상황에 놓인 화자(=나)를 주어로 해서 「(～は)～に～(さ)せられる」의 「사역+수동형」을 만든다.

> - そうじを **させられる**　억지로 청소를 하다
> - にゅういん**させられる**　어쩔 수 없이 입원하다
> - わたしは、母に　買い物に　行か**せられました**
>   나는 어머니 때문에 마지못해 쇼핑을 가게 되었습니다

- 子どもの　とき、母に　いろいろな　野菜を　食べさせられました。
  어렸을 적에 어머니 때문에 억지로 여러 채소를 먹었습니다.

- 田中さんは　病気が　ひじょうに　重かったので、医者に　すぐ　入院させられました。
  다나카 씨는 병이 매우 위중했기 때문에 의사는 바로 입원하게 했습니다.

11　～ず(に) ⁰³⁸ ~하지 않고

「～ず(に)」는 N5 문법의 「～ないで⁰²⁴⁻⁹」와 같은 표현으로, 동사의 부정형(ない형)에 접속한다. 단 「する」는 「せずに」가 된다.

> - み**ずに**＝みないで　보지 않고
> - たべ**ずに**＝たべないで　먹지 않고

- じしょを　使わずに　日本語の　新聞を　読む　ことが　できますか。
  사전을 사용하지 않고 일본어 신문을 읽을 수가 있습니까?

- きのうは いそがしくて、夜 10時まで 何も 食べずに 働いた。
  어제는 바빠서 밤 10시까지 아무것도 먹지 않고 일했다.

- かれは 働かずに 毎日 おさけばかり 飲んで いる。
  그는 일하지 않고 매일 술만 마시고 있다.

- ノックも せずに 部屋に 入って くるな。
  노크도 하지 않고 방에 들어오지 마.

- 彼は さようならも 言わずに 行って しまいました。
  그는 안녕이란 말도 하지 않고 가버렸습니다.

- タクシーに 乗らずに 歩いて いきましょう。
  택시를 타지 않고 걸어 갑시다.

12 〜の 011 ~것

형식명사는 문법적으로 명사와 같은 성질을 갖는다. 그러나 단독으로는 사용할 수 없기 때문에 반드시 연체수식어가 놓이게 되는데, 「こと・の」가 가장 일반적으로 쓰이는 형식명사이다. 주로 구체적이고 오감으로 다루어지는 대상은 「の」, 추상적이고 개념적일수록 「こと」로 나타낸다.

급소 파르기
- 行くのが 見える 가는 것이 보이다
- ピアノを ひくのが 피아노를 치는 것이
- だれかが 言って いるのを 누군가가 말하고 있는 것을
- あそんで いるのを 見る 놀고 있는 것을 보다
- しゅくだいが あったのを 숙제가 있었던 것을

- だれかが 歌を 歌って いるのが 聞こえます。
  누군가가 노래를 부르고 있는 것이 들립니다.

- 子どもたちが 公園で あそんで いるのが 見えます。
  아이들이 공원에서 놀고 있는 것이 보입니다.

- じゅぎょうは 休みだと だれかが 言って いるのを 聞きました。
  수업은 휴강이라고 누군가가 말하고 있는 것을 들었습니다.

- まだ 歩くのは 無理です。車いすを 使って ください。
  아직 걷는 것은 무리입니다. 휠체어를 사용하세요.

- きちんとした 敬語(けいご)を 使(つか)うのは 大人(おとな)でも むずかしい。
  제대로 된 경어를 사용하는 것은 어른이라도 어렵다.

- まいあさ 乗(の)るのは 15ばん バスです。
  매일 아침 타는 것은 15번 버스입니다.

- わたしは ひまな 時間(じかん)を 詩(し)を 書(か)くのに 使(つか)って います。
  나는 한가로운 시간을 시를 쓰는 것에 사용하고 있습니다.

13 〜こと ⁰³⁰ ~일, ~것

구체적이고 오감으로 다루어지는 대상에는 형식명사 「の」를 쓴다고 하였다. 이에 대해 주로 추상적이고 개념적인 경우에는 형식명사 「こと」를 쓴다.

급소 짜르기

- どんな ことを しますか 어떤 일을 합니까?
- かいぎが ある ことを 회의가 있는 것을
- にゅういんした ことを 입원한 것을
- なまえが かわった ことを 이름이 바뀐 것을

- 私(わたし)が ここに いる ことを だれから 聞(き)きましたか。
  내가 여기에 있는 것을 누구한테 들었습니까?

- 休(やす)みの 日(ひ)は どんな ことを しますか。
  쉬는 날에는 어떤 일을 합니까?

- 働(はたら)く 女性(じょせい)が 旧姓(きゅうせい)を 使(つか)うのは めずらしい ことでは ない。
  일하는 여성이 결혼 전의 성을 사용하는 것은 드문 일이 아니다.

14 〜と いう こと 〜라는 것

「〜ということ」는 「〜라는 것」이라는 뜻으로 2회 출제되었다.

> **급소 파르기**
> ・その えきが いちばん べんりだと いう ことが わかった
>   그 역이 가장 편리하다는 것을 알았다
> ・来月 けっこんすると いう ことを 다음 달 결혼한다는 것을

- 部屋の 電気が きえて いると いう ことは、たぶん もう ねたのでしょう。
  방의 불이 꺼져 있다는 것은 아마도 벌써 잠들었다는 것이겠지요.

- かれは 来月 けっこんすると いう ことを、まだ だれにも 知らせて いない。
  그는 다음 달 결혼한다는 것을, 아직 아무에게도 알리지 않았다.

15 〜て いく 〜해 나가다, 〜해 가다

「〜て いく」는 「〜해 나가다, 〜해 가다」라는 뜻을 나타내며, 화자가 직면한 시점이 현재에서 미래로 변화하거나 계속될 때 사용한다.

> **급소 파르기**
> ・はしって いく 달려 가다   ・つづけて いく 계속해 나가다
> ・いろが かわって いく 색상이 변해 가다 ・よんで いく 읽어 나가다
> ・ふえて いく 늘어 가다   ・けいけんして いく 경험해 나가다

- この けんきゅうは そつぎょうごも つづけて いく つもりです。
  이 연구는 졸업 후에도 계속해 나갈 생각입니다.

16 〜て くる ~하고 오다, ~하기 시작하다

「〜て くる」는 「~하고 오다, ~해지다, ~하기 시작하다」라는 뜻을 나타내며, 화자가 직면한 시점이 과거에서 현재로 변화하거나 계속될 때 사용한다.

> **급소 찌르기**
> ・てがみを だして くる 편지를 보내고 오다 ・さむく なって くる 추워지기 시작하다
> ・ふえて くる 점점 늘어나다

- だいぶ 日本語が じょうずに なって きましたね。
  무척 일본어가 능숙해졌군요.

- このごろ たばこを すわない 人が ふえて きました。
  요즘 담배를 피지 않는 사람이 늘어났습니다.

17 〜て みる (시험 삼아 한 번) ~해 보다

「〜て みる」는 「(시험 삼아 한 번) ~해 보다」라는 뜻으로 5회 출제되었다.

> **급소 찌르기**
> ・いちど はいて みる 한번 신어 보다 ・いちど みて みる 한번 봐 보다
> ・ちょっと たべて みる 좀 먹어 보다 ・レストランへ 行って みる 레스토랑에 가 보다

- 私が 作った この りょうりを 食べて みて ください。
  내가 만든 이 요리를 먹어 봐 주세요.

- ちょっと 飲んで みたら、とても あまかったです。
  좀 마셔 봤더니 아주 달았습니다.

- ためしに その 新しい シャンプーを 使って みるのは どうですか。
  시험 삼아 그 새 샴푸를 써보는 것은 어떻습니까?

18 〜て しまう ~해 버리다, ~하고 말다

6회 출제

「〜て しまう」는 우리말의 「~해 버리다, ~하고 말다」라는 뜻으로 완전히 끝난 것을 강조하거나 완료된 상태에 곤란한 감정을 추가할 때 쓴다.「〜て しまう」의 축약형인「〜ちゃう」도 출제되었다.

- おそく なって しまう 늦어지고 말다
- わすれて しまう 잊어버리다
- かぜを ひいて しまう 감기에 걸려 버리다
- さいふを わすれちゃう 지갑을 두고 와 버리다

- 今日は さむいので、かぜを ひいて しまいそうです。
  오늘은 추워서 감기에 걸릴 것 같습니다.

- あ、たいへん。急いで 来たから さいふを わすれちゃった。
  어, 큰일이네. 급하게 나오느라 지갑을 두고 와 버렸어.

19 〜て おく ~해 놓다, ~해 두다

6회 출제

어떤 목적을 위해 미리 준비해 두는「사전 동작·준비」를 나타내는 경우와 그대로 방치해 두는「상태 유지·보존·방치」등의 뜻을 나타낼 때「〜て おく」가 쓰인다.

- ならべて おく 진열해 놓다
- ごみを あつめて おく 쓰레기를 모아 두다
- その ままに して おく 그대로 두다
- じゅんびを して おく 준비를 해 두다

- パーティーの ために いろいろ じゅんびを して おきました。
  파티를 위해서 여러 가지 준비를 해 두었습니다.

- その ことは きのう 先生に 言って おいたから だいじょうぶです。
  그 일은 어제 선생님께 말해 두었으니 괜찮습니다.

- その 3人に ついては 私が 個人的に 連絡して おきます。
  그 3명에 대해서는 제가 개인적으로 연락해 두겠습니다.

콕콕 실전문제 02

もんだい1 （　　）に 何を 入れますか。1・2・3・4から いちばん いい ものを 一つ えらんで ください。

1　おかあさんは まいにち 子どもに ピアノを（　　　）。
　1　ひかせます　　2　ひかれます　　3　ひけます　　4　ひかせられます

2　雨に（　　　）、すっかり ぬれて しまいました。
　1　降られて　　2　降って　　3　降らせて　　4　降らせられて

3　おとうさんは いつ お帰り（　　　）か。
　1　します　　2　に います　　3　に なります　　4　されます

4　社長、わたしが 荷物を お持ち（　　　）。
　1　います　　2　です　　3　なります　　4　します

5　このごろ あつく なって（　　　）ね。
　1　きました　　2　おきました　　3　いきました　　4　なりました

6　子どもの とき、私は すうがくが きらいでしたが、よく 父に すうがくの べんきょうを（　　　）。
　1　しました　　2　させられました　　3　できました　　4　されさせました

7　母に 入院（　　　）、私は とても こまって います。
　1　して　　2　されて　　3　すると　　4　しないで

8 きょうは ひじょうに さむいので、かぜを ひいて（　　）そうです。062
1　み　　　　　　2　しまい　　　　3　いき　　　　　　4　おき

9 山田さんは 駅まで（　　）行きました。055
1　歩く　　　　　2　歩き　　　　　3　歩こう　　　　　4　歩いて

10 けさ 田中さんが 一人で（　　）を 見ました。011
1　走る　　　　　　　　　　　　　2　走る こと
3　走って いるの　　　　　　　　 4　走って いる こと

11 妹は けさ ご飯を（　　）会社へ 行きました。038
1　食べなくて　　2　食べずで　　　3　食べずに　　　　4　食べなしで

12 きょう テストが ある（　　）を 知りませんでした。030
1　もの　　　　　2　はず　　　　　3　ため　　　　　　4　こと

13 きのう あたらしい きっさてんへ（　　）みました。064
1　行き　　　　　2　行って　　　　3　行った　　　　　4　行こう

14 ドラマが おもしろくて、しょくじの 時間を わすれて（　　）。062
1　いきました　　2　きました　　　3　しまいました　　4　おきました

15 コップは 後で 使いますから、ここに（　　）おいて ください。058
1　ならべて　　　2　ならんで　　　3　ならべる　　　　4　ならんだ

もんだい2 ＿＿★＿＿に 入る ものは どれですか。1・2・3・4から いちばん いい ものを 一つ えらんで ください。

16 私は そうじを するのは いやでしたが、＿＿＿＿ ＿＿★＿＿ ＿＿＿＿ ＿＿＿＿。
1 そうじを　　2 私に　　3 させました　　4 母は

17 この 薬を ＿＿＿＿ ＿＿＿＿ ＿＿★＿＿ ＿＿＿＿ よ。
1 軽くなって　　2 痛みが　　3 飲めば　　4 いきます

18 私は ＿＿＿＿ ＿＿★＿＿ ＿＿＿＿ ＿＿＿＿ しまいました。
1 じゅぎょうに　　2 注意　　3 されて　　4 おくれて

19 田中さんは 病気が ひじょうに 重かったので、医者に ＿＿＿＿ ＿＿＿＿ ＿＿★＿＿ ＿＿＿＿ ました。
1 すぐ　　2 入院　　3 られ　　4 させ

20 部屋の ＿＿＿＿ ＿＿＿＿ ＿＿★＿＿ ＿＿＿＿ は、たぶん べんきょうして いるでしょう。
1 という　　2 こと　　3 ついて いる　　4 電気が

もんだい3　　21 から 25 に 何を 入れますか。文章の 意味を 考えて、1・2・3・4から いちばん いい ものを 一つ えらんで ください。

つぎの 文章は 「ある 町」に ついて 書いた 作文です。

　　今から 20年くらい 前に、山の ちかくに、あたらしい 町が つくられる ことに なりました。
　　まず、そこに あった 木を 切って、ひろい 道を 21 。そして、あたらしい 家を たくさん 建てました。さいごに、学校や 銀行や、ゆうびんきょくが つくられました。
　　今は、この 町に たくさんの 人が 22 。あたらしいし、とても きれいな 町だからです。
　　 23 、こまった ことも いろいろ あります。山に ちかい 町で、駅が とおいのです。いちばん ちかい 駅まで、バスで 30分 24 かかります。その バスも、朝、会社や 学校に 行く 時間 以外は、1時間に 2本しか ありません。車が ないと 生活するのが 25 。

21
1　あるきましょう　　　　2　つくりましょう
3　あるきました　　　　　4　つくりました

22
1　住んで います　　　　2　住んで みます
3　住んで おきます　　　4　住んで しまいます

23

1　そして　　　　2　しかし　　　　3　たとえば　　　　4　それから

24

1　を　　　　　　2　で　　　　　　3　も　　　　　　　4　へ

25

1　たいせつです　　　　　　　　　　2　たいへんです
3　ひつようです　　　　　　　　　　4　あんしんです

문제해결 키워드

- **〜(ら)れる** N4 095　~되다, ~함을 당하다
  あたらしい 町が つくられる ことに なりました
  새로운 마을이 만들어지게 되었습니다(01行)
  ゆうびんきょくが つくられました
  우체국이 만들어졌습니다(04行)

- **〜の** N4 011　~것
  生活するのが たいへんです
  생활하는 것이 힘듭니다(11行)

- **〜くらい** N3 011　~정도
  20年くらい 前に 20년 정도 전에(01行)

- **〜て います** N5 024-8　~하고 있습니다
  たくさんの 人が 住んで います
  많은 사람이 살고 있습니다(06行)

- **〜し** N4 036　~하고
  あたらしいし、とても きれいな 町
  새롭고 아주 예쁜 마을(06行)

- **〜も** N4 016　~이나
  バスで 30分も かかります
  버스로 30분이나 걸립니다(09行)

- **〜しかない** N3 016　~밖에 없다
  1時間に 2本しか ありません
  1시간에 2대 밖에 없습니다(10行)

- **〜と** N4 070　~하면 〈가정〉
  車が ないと 차가 없으면(11行)

188

03 지시어·축약형·접미어

01 연체사 (こんな / そんな / あんな / どんな)

이런 / 그런 / 저런 / 어떤

지시어 중 연체사인 「こんな / そんな / あんな / どんな」는 우리말 「이런/그런/저런/어떤」에 해당하고, 반드시 명사 앞에 와서 그 명사의 성질이나 상태를 표현해야 한다.

- こんな 時期に 이런 시기에
- あんな いえに 저런 집에
- そんな こと ぐらいで 그런 일 정도로
- どんな コンピュータでも 어떤 컴퓨터라도

- こんな スカートを はくのは どんな 人でしょう。
  이런 스커트를 입는 것은 어떤 사람일까요?

- 今 わたしが 着て いる シャツの ような こんな 色です。
  지금 내가 입고 있는 셔츠 같은 이런 색입니다.

- 私も こんな 絵が かけたら いいなあと 思います。
  나도 이런 그림을 그릴 수 있으면 좋겠다고 생각합니다.

- そんな 話は はじめて 聞きます。
  그런 이야기는 처음 듣습니다.

- そんな ことを 言わないで ください。
  그런 말씀 하지 마세요.

- あんな 人は きらいです。
  저런 사람은 싫어합니다.

- あんな 正直な 人には 会った ことが ありません。
  그런 정직한 사람은 만난 적이 없습니다.

- A「どんな スポーツが 好きですか。」
  어떤 스포츠를 좋아합니까?
- B「バスケットボールが いちばん 好きです。」
  농구를 가장 좋아합니다.

02 부사 (こう / そう / ああ / どう)
이렇게/그렇게/저렇게/어떻게

지시어 중 부사인「こう / そう / ああ / どう」는 우리말「이렇게/그렇게/저렇게/어떻게」에 해당한다. 그리고「こうやって / そうやって / ああやって / どうやって」는 우리말「이렇게 해서/그렇게 해서/저렇게 해서/어떻게 (해서)」에 해당된다.

> **급소 피르기**
>
> - こう すれば 이렇게 하면
> - ああ なってから 저렇게 되고 나서
> - こうやって たべます 이렇게 해서 먹습니다
> - そうは みえません 그렇게는 보이지 않습니다
> - どう かきますか 어떻게 씁니까?
> - どうやって つかいますか 어떻게 사용합니까?

- この ことばは 漢字で こう 書きます。
  이 단어는 한자로 이렇게 씁니다.
- かれは もう けっこんして いるが、そうは 見えない。
  그는 이미 결혼했는데, 그렇게는 보이지 않는다.
- あの 人は いつも ああ 言います。
  저 사람은 항상 저렇게 말합니다.
- この 漢字は どう 読みますか。
  이 한자는 어떻게 읽습니까?
- 世界的 作家、○○は こうやって 英語を 身につけた。
  세계적 작가, ○○는 이렇게 하여 영어를 습득하였다.
- 海の 上に ある はしは どうやって つくったの?
  바다 위에 있는 다리는 어떻게 해서 만들었어?

03 부사 (こんなに / そんなに / あんなに / どんなに) ⁰⁹⁸ 이렇게 / 그렇게 / 저렇게 / 아무리

- **こんなに** 高い コートを 買う 人が いるかしら。
  이렇게 비싼 코트를 살 사람이 있을까?

- A 「**こんなに** おねがいしても だめですか。」
  이렇게 부탁해도 안 되나요?
  B 「**どんなに** 言われても だめです。」
  아무리 말씀하셔도 안 됩니다.

- A 「ずいぶん たくさん 買うね。**そんなに** 要るの?」
  꽤 많이 샀네. 그렇게 필요해?
  B 「うん、要るんだ。」 응, 필요해.

- 彼女の ように **あんなに** 仕事の よく できる 人が もう 2、3人 いると ありがたいのだが。
  그녀처럼 그렇게 일을 잘하는 사람이 2, 3명 더 있으면 고맙지만.

04 축약형 ~ちゃ ⁰⁵⁰ ~해서는

「~ちゃ」는 「~ては」의 축약형이다. 대표적인 축약형으로는 「では→じゃ・~ておく→~とく・~ている→~てる」 등이 있다.

>
> - 教室へ はいっ**ちゃ** だめだよ 교실에 들어가서는 안 돼요
> - ここで 写真を とっ**ちゃ** だめだよ 여기서 사진을 찍으면 안 돼요

- そんな ことを し**ちゃ** だめだよ。 그런 짓을 해서는 안 돼요.

- 見**ちゃ** だめって 言ったでしょ。 봐서는 안 된다고 했죠?

05 い형용사・な형용사의 명사화 ～さ ⁰³⁵ ~움

い형용사・な형용사의 어간에 「～さ」를 붙여 명사화한다. 한국어로는 해석이 잘 안 되는 경우가 많다. 대표적인 단어로는 「かるさ(가벼움)・おもさ(무게)・たかさ(높이)・ながさ(길이)・にぎやかさ(번화함)」 등이 있다.

> **급소 찌르기**
> - ことばの かる**さ** 표현의 가벼움
> - へやの ひろ**さ** 방의 넓이
> - ビルの たか**さ** 빌딩의 높이
> - にもつの おも**さ** 짐의 무게

- この あつ**さ**は ふつうでは ない。
  이 더위는 보통이 아니다.

- この いけは ふか**さ**が 2メートルぐらい あります。
  이 연못은 깊이가 2미터 정도 됩니다.

06 ～らしい ⁰⁹⁴ ~답다

조동사 「～らしい」는 「～같다」로 추량을 나타내는 용법 외에도 「명사+らしい」라는 형태로 「~답다」라는 의미를 나타내는 접미사로 쓰인다.

> **급소 찌르기**
> - 学生**らしく** もっと べんきょうしなさい 학생답게 더 공부해라

- あの 人は ほんとうに 大人**らしい** 人だと 思います。
  저 사람은 정말로 어른스러운 사람이라고 생각합니다.

- 高校生**らしく** 元気に 返事を して ください。
  고등학생답게 힘찬 대답을 해 주세요.

- あの 子は 大人みたいな 話しかたを して こども**らしく ない**ですね。
  저 아이는 어른 같은 표현을 해서 아이답지 않네요.

07 〜がる / 〜がって いる ⁰²⁷ ~해하다 / ~해하고 있다

「〜がっている」는 제3자의 현재 감정을 말할 때 사용하고, 「〜がる」는 본인의 습성이나 개인의 경향을 서술할 때 사용한다. 따라서 「いま〜がっている(지금 ~해하고 있다)」 「いつも〜がる(항상 ~해하다)」라고 알아 두면 된다. 그리고 대상을 나타내는 조사는 「〜を」를 써야 한다는 점에도 주의하자.

> **급소 찌르기**
> - へびを こわがる 뱀을 무서워하다
> - おなじ ものを ほしがる 같은 것을 갖고 싶어 하다
> - すみたがって いる 살고 싶어 하고 있다
> - さむがって いる 추워하고 있다
> - うれしがって いる 기뻐하고 있다
> - みずを ほしがって いる 물을 마시고 싶어 하고 있다

- 子どもは あまい ものを ほしがります。
  아이는 단 것을 먹고 싶어 합니다.

- ストーブが ないので、子どもたちは さむがって いる。
  스토브가 없어서 아이들은 추워하고 있다.

- A 「彼は それ いらないのよね?」
    그 사람은 그거 필요 없지?
  B 「ええ、いらないの。でも 彼の 弟が ほしがるかも しれないわ。」
    응, 필요 없어. 하지만 그 사람 남동생이 갖고 싶어 할지도 몰라.

- かわいがって いた 犬が 死んで しまったので、泣きたい 気持ちです。
  귀여워 했던 개가 죽어버려서 울고 싶은 기분입니다.

콕콕 실전문제 03

もんだい1 （　）に 何を 入れますか。1・2・3・4から いちばん いい ものを 一つ えらんで ください。

1　その コンピューターの（　）に おどろいた。 035
　1　かるい　　　2　かるく　　　3　かるさ　　　4　かるくて

2　田中さんは ほんとうに 男（　）人ですね。 094
　1　そうな　　　2　ぐらい　　　3　ような　　　4　らしい

3　「はる」と いう 漢字は（　）書きますか。 098
　1　どう　　　2　どの　　　3　どこ　　　4　どんな

4　あなたが しゅっせきしないと みんなが（　）だろう。 027
　1　さびしい　　2　さびしいです　3　さびしがる　4　さびしかった

5　まだ そうじが 終わって ないから 部屋へ（　）だめだよ。 050
　1　入っちゃ　　2　入って　　　3　入った　　　4　入るは

6　走った あとで、子どもたちが つめたい 水を（　）いる。 027
　1　ほしくて　　2　ほしがって　　3　ほしいって　　4　ほしくって

7　山田さんは 高校生の 子どもが いますが、（　）は 見えません。 098
　1　どう　　　2　ああ　　　3　こう　　　4　そう

8　子どもたちは ふじさんが みえると 思って（　）。 027
　1　うれしいです　　　　　　　2　うれしい つもりです
　3　うれしがって います　　　　4　うれしい ところです

194

もんだい2 ___★___ に 入る ものは どれですか。1・2・3・4から いちばん いい ものを 一つ えらんで ください。

⑨ A「わたしの ゆびわを 見て。きのう 買ったの。かわいいでしょ。」⁰⁹⁸
　 B「いいなあ、わたし ＿＿＿ ＿＿＿ ＿★＿ ＿＿＿ ほしいなあ。」
　 1 ゆびわ　　　2 そんな　　　3 が　　　4 も

⑩ 二人は 来年 ＿＿＿ ＿★＿ ＿＿＿ ＿＿＿ ね。⁰⁹⁴
　 1 けっこん　　2 らしい　　　3 する　　4 です

⑪ A「うちの むすこは にくより やさいの ほうが 好きなんですよ。」⁰²⁷
　 B「いいですね。うちの ＿＿＿ ＿＿＿ ＿★＿ ＿＿＿ いるんですよ。」
　 1 こまって　　　　　　　　2 食べたがらなくて
　 3 こどもは　　　　　　　　4 やさいを

⑫ この ＿＿＿ ＿＿＿ ＿★＿ ＿＿＿ 。⁰⁹⁸
　 1 あそびます　2 ゲームは　　3 こう　　4 やって

⑬ 私の へや ＿＿＿ ＿★＿ ＿＿＿ ＿＿＿ だいたい 同じです。⁰³⁵
　 1 この　　　　2 広さは　　　3 と　　　4 へやの

もんだい3 　14 から 18 に 何を 入れますか。文章の 意味を 考えて、1・2・3・4から いちばん いい ものを 一つ えらんで ください。

つぎの 文章は 「ワイン」に ついて 書いた 作文です。

　少し 高い レストランで 高い 料理を 食べる とき、ワインも 少し いい ものを 飲みたいですね。ワインは ぶどう 14 つくられます。この ワインは わたしたちが ふだん 食べる ぶどうからでも 15 が、そう すると 味が うすい ワインに なって しまいます。これは すっぱい 味が たりないからです。ふつうに わたしたちが 食べる ぶどうは あまい ことが いちばん 16 が、ワインの ための ぶどうは すっぱい 味が ひつように なります。この すっぱい 味は、ワインを つくる とき、とても おいしい 味に 17 。ワインに する ときは ぜんぶ 小さく つぶして ジュースに するので、かわの あつさや ひとつ ひとつの 大きさは 問題では ありません。日本 18 ぶどうが たくさん とれる 山梨県が ワインで 有名です。

14
1 から　　　2 まで　　　3 では　　　4 には

15
1 つくった ほうが いいです　　2 つくった ことが ありません
3 つくる ことが できます　　　4 つくる はずが ありません

16

1 じょうずです　　2 大変です　　3 じょうぶです　　4 大切です

17

1 かわりません　　2 かわります　　3 かえりません　　4 かえります

18

1 へは　　2 とか　　3 では　　4 ぐらい

문제해결 키워드

- **~さ** N4 035　~음
  あつさ 두께(09行) / 大きさ 크기(09行)

- **~たい** N5 033　~하고 싶다
  少し いい ものを 飲みたいですね
  조금 좋은 것을 마시고 싶지요(01行)

- **~から** N4 003　~으로 〈재료〉
  ワインは ぶどうから つくられます
  와인은 포도로 만들어집니다(02行)
  ふだん 食べる ぶどうからでも
  평소에 먹는 포도로도(03行)

- **~ことが できる** N4 032　~할 수가 있다
  つくる ことが できます 만들 수가 있습니다(03行)

- **~て しまう** N4 062　~하고 말다
  味が うすい ワインに なって しまいます
  맛이 연한 와인이 되고 맙니다(04行)

- **~に なる** N5 045　~해지다
  すっぱい 味が ひつように なります
  신맛이 필요해집니다(07行)

- **~に する** N5 044　~로 만들다
  ワインに する ときは 와인으로 만들 때는(08行)
  小さく つぶして ジュースに するので
  작게 으깨어 주스로 만들기 때문에(09行)

04 조사

01 ～でも ⁰⁰⁷ ~라도, ~든지

「～でも」는 「~라도」라는 뜻으로 「예시」와 「전면적 긍정」을 나타낸다. 전면적 긍정의 경우 「의문사+でも」의 형태를 취한다. 「예시」가 10회, 「전면적 긍정」이 11회 출제되었다.

급소 피르기

예시
- アナウンサーでも 아나운서라도
- コーヒーでも 커피라도
- 冬でも 겨울에라도
- 今からでも 지금부터라도
- ざっしでも 잡지라도
- 夏でも 여름에라도
- 先生でも 선생님이라도
- ゲームでも 게임이라도

전면적 긍정
- どこでも 어디든지
- どんな スポーツでも 어떤 운동이든지
- いつでも 언제든지
- だれとでも 누구와도
- 何でも 뭐든지
- どんな ものでも 어떤 것이든지
- どこででも 어디서든지
- どれでも 어느 것이든

- つかれたから、コーヒーでも 飲みましょう。 [예시]
  피곤하니까 커피라도 마십시다.

- メニューの 中から どれでも 好きな ものを 一つ えらんで ください。 [전면적 긍정]
  메뉴 중에서 어느 것이든 좋아하는 것을 하나 골라 주세요.

- 山田さんは、パソコンの ことなら なんでも わかります。 [전면적 긍정]
  야마다 씨는 컴퓨터에 관한 것이라면 뭐든지 잘 압니다.

02 　～ばかり ⁰¹⁴ ~만, ~뿐

「~ばかり」는 「~만, ~뿐」이라고 해석하며, 범위를 그것에 한정한다는 뜻을 나타낸다.

급소 찌르기

- たいせつな ことばかり 중요한 것뿐
- あそんでばかり いる 놀고만 있다
- はたらいてばかりで 일만 해서
- テレビばかり 見て いる 텔레비전만 보고 있다
- 楽しかった 旅行の ことばかり 즐거웠던 여행에 관한 일만

- うちの 子は まんがばかり 読んで います。
  우리 집 아이는 만화만 읽고 있습니다.

- 妹は 毎日 あまい ものばかり 食べて います。
  여동생은 매일 단 것만 먹고 있습니다.

03 　～までに ⁰¹⁵ ~까지

「~まで」와 「~までに」는 우리말로 표현하면 모두 「~까지」가 되지만, 그 쓰임에는 다소 차이점이 있다. 즉 「AまでBする」는 시간 A가 될 때까지 줄곧 계속되는 행위 B를 나타내지만, 「AまでにBする」는 A가 되기 이전에 완료하는 행위 B를 나타낸다. 「いつまで(언제까지)」도 익혀두자.

급소 찌르기

- らいしゅうまでに 다음 주까지
- あさってまでに 모레까지
- ゆうがたまでに 저녁까지
- 7時半までに 7시 반까지

- あしたは 8時までに この 教室に 来て ください。
  내일은 8시까지 이 교실에 와 주세요.

- きょうは 6時までに うちに 帰らなければ なりません。
  오늘은 6시까지 집에 돌아가야 합니다.

- 3時まで 彼女を 待ったが、彼女は 来なかった。
  3시까지 그녀를 기다렸지만 그녀는 오지 않았다.

- この きっぷは いつまで 使えますか。
  이 표는 언제까지 사용할 수 있습니까?

- 明日 7時半までに ここへ 来て いただきたいのです。
  내일 7시 반까지 이곳에 와주셨으면 합니다.

- その 書類は 今月の 末までに とどく ように 出して ください。
  그 서류는 이달 말까지 도착하도록 제출해 주세요.

- 山田さんは 会議中ですが、会議は 11時半までには 終わると 思います。
  야마다 씨는 회의 중이지만, 회의는 11시 반까지는 끝날 거라고 생각합니다.

04 ～も 016 ~이나

「～も」는「~이나」라는 뜻으로 예측 이상을 나타내며 11회 출제되었다.

급소 찌르기

- 3じかんも あるいたので 3시간이나 걸었기 때문에
- 10本も 飲んだ 10병이나 마셨다
- まんがを 10さつも 만화를 10권이나
- 手紙を 20まいも 편지를 20장이나
- 100いじょうも ある 100개 이상이나 있다
- 5回も 読んだ 5번이나 읽었다
- 10回も 見た 10번이나 봤다
- りんごを いつつも 사과 5개나
- 何回も 行った 몇 번이나 갔다

- きのう まんがを 7さつも 読みました。
  어제 만화를 7권이나 읽었습니다.

- この せまい 部屋に 客が 18人も 来ました。
  이 좁은 방에 손님이 18명이나 왔습니다.

05 〜とか 〜라든지

「〜とか」는 「〜라든가, 〜라든지」라는 뜻으로, 비슷한 사물·동작에 대해 2개 정도 예를 들어 말할 때에 사용하는 병립조사이다.

급소 피르기

- ベトナムごとか 베트남어라든지
- シャツとか くつしたとか 셔츠라든지 양말이라든지
- スプーンとか ナイフとかが 스푼이라든지 나이프라든지가

- シャツとか くつ下とか、いろいろ 買いました。
  셔츠라든지 양말이라든지 여러 가지 샀습니다.

- つくえの 上に 本とか ノートとかが いっぱい 置いて あります。
  책상 위에 책이라든지 노트 같은 것이 가득 놓여져 있습니다.

06 〜し 〜하고

「〜し」는 활용어의 종지형에 접속하여 우리말의 「〜하고」라는 뜻을 나타낸다. 사물을 열거할 때나 이유를 열거할 때에도 사용할 수 있는 편리한 접속조사이다.

급소 피르기

- もう おそいし 이미 늦기도 하고
- あたまも いいし 머리도 좋고
- くうきも きれいだし 공기도 깨끗하고
- あめも ひどかったし 비도 심하게 내렸고
- ことばも わからないし、友だちも いないし 말도 모르고 친구도 없고
- アパートは きれいだし、広いし 아파트는 깨끗하고 넓고
- 雨が ふって いるし、お金も ない 비가 내리고 있고 돈도 없다
- この アパートは べんりだし、新しい 이 아파트는 편리하고 새것이다

- 山田さんは あたまも いいし、スポーツも よく できます。
  야마다 씨는 머리도 좋고, 운동도 아주 잘합니다.

- 田中さんは ピアノも ひける**し** 歌も じょうずです。
  다나카 씨는 피아노도 칠 수 있고 노래도 잘합니다.

- 今日は 風が 強い**し** 寒そうだから 出かけたく ない。
  오늘은 바람이 강하고 추울 것 같으니까 외출하고 싶지 않다.

07 〜の 011 ~니?, ~어?

가벼운 단정이나 질문을 나타내며, 주로 여성어와 어린이말로 쓰이고 있다. 질문의 경우 끝에 물음표(?)를 붙이는 경우도 있다.

- どうした**の** 왜 그래?, 무슨 일이야?   ・どうして おくれた**の** 왜 늦었어?

- 田中くん、どうして おくれた**の**。
  다나카 군, 왜 늦었어?

- きのうは どうして じゅぎょうを 休んだ**の**?
  어제는 왜 수업을 쉬었니?

콕콕실전문제 04

もんだい1 (　)に 何を 入れますか。1・2・3・4から いちばん いい ものを 一つ えらんで ください。

1　妹が パンを 五つ (　) 食べました。
　1　と　　　　2　を　　　　3　も　　　　4　など

2　テレビ (　) 見て、待って いて ください。
　1　ほど　　　2　ごろ　　　3　しか　　　4　でも

3　田中さんは 毎日 テレビ (　) 見て います。
　1　ばかり　　2　ほど　　　3　しか　　　4　までに

4　金よう日 (　) この 手紙の へんじを して ください。
　1　まで　　　2　までに　　3　までで　　4　までも

5　山田さんは だれと (　) 友だちに なれます。
　1　にも　　　2　へも　　　3　をも　　　4　でも

6　山田さんは 勉強も できる (　)、スポーツも よく できます。
　1　し　　　　2　と　　　　3　で　　　　4　に

7　きのう デパートで シャツ (　) ネクタイ (　)、いろいろ 買いました。
　1　も / も　　2　が / が　　3　とか / とか　4　など / など

8　なぜ、きみは しゅくだいを やって 来ない (　)。
　1　だい　　　2　な　　　　3　よ　　　　4　の

もんだい2 ＿＿★＿＿に 入る ものは どれですか。1・2・3・4から いちばん いい ものを 一つ えらんで ください。

⑨ わからない 漢字は 人に 聞く とか 辞書を ＿＿＿ ＿★＿ ＿＿＿ ＿＿＿ ように します。008

1 とか　　　2 見る　　　3 わかる　　　4 して

⑩ あしたの あさ ＿＿＿ ＿★＿ ＿＿＿ ＿＿＿ きます。015

1 もどって　　2 ここに　　3 まで　　　4 に

⑪ きょう ならった こと ＿＿＿ ＿★＿ ＿＿＿ ＿＿＿ です。014

1 は　　　　2 ばかり　　3 たいせつな　　4 こと

⑫ 田中さんは ＿＿＿ ＿＿＿ ＿★＿ ＿＿＿ です。036

1 じょうず　　2 歌も　　　3 ひけるし　　　4 ピアノも

⑬ ＿＿＿ ＿＿＿ ＿★＿ ＿＿＿ のどが かわきました。016

1 も　　　　2 1時間　　　3 ので　　　　4 走った

もんだい3　[14]から[18]に　何を　入れますか。文章の　意味を　考えて、1・2・3・4から　いちばん　いい　ものを　一つ　えらんで　ください。

つぎの　文章は　「パソコン」に　ついて　書いた　作文です。

それぞれの　家電製品[14]ただしい　使い方が　あって、べつの　目的で　使う　ことは　できない。

[15]パソコンは　ちがう。このような　使い方に　限定されない。最初ワープロとして　使おうと　おもって[16]、あとから　絵を　かく　ことに　使う　ことも　できる。さらに　購入した　あとに　ソフトウェアや　ハードウェアを　追加する　ことで、いくらでも　用途が　ひろがる。パソコンは　今まで　わたしたちが[17]、特異な　商品なのだ。

なんにでも　使える　ことは　すばらしい　ことだ。少なくとも　ことばの　上では[18]、イメージ的にも　すばらしい。

[14]
1 では　　　2 へは　　　3 には　　　4 とは

[15]
1 しかも　　2 だから　　3 それでは　　4 ところが

[16]
1 買っても　2 買いながら　3 買うなら　4 買いたがったら

17

1 接して しまう　　　　2 接した ことが ない
3 接しては いけない　　4 接する ことが できない

18

1 おとなしいから　　　2 おもしろいから
3 つまらないし　　　　4 すばらしいし

문제해결 키워드

- **〜でも** N4 007 ~든지
  いくらでも 얼마든지(06行) /
  なんにでも 무엇에든지(08行)

- **〜し** N4 036 ~하고
  ことばの 上では すばらしいし
  언어 상으로는 훌륭하고(08行)

- **〜かた** N4 026 ~하는 방법
  ただしい 使い方が あって
  올바른 사용법이 있어서(01行)

- **〜ことが できる** N4 032 ~할 수가 있다
  べつの 目的で 使う ことは できない
  다른 목적으로 사용할 수는 없다(01行)

- **〜として** N2 054 ~로서
  ワープロとして 워드 프로세서로서(03行)

- **〜ても** N4 065 ~해도
  使おうと おもって 買っても
  사용하려고 생각해서 사도(04行)

- **〜(た)ことが ない** N4 043 ~한 적이 없다
  わたしたちが 接した ことが ない
  우리들이 접한 적이 없다(06行)

05 표현 의도

01　～(よ)うと 思う　~하려고 (생각)하다

1인칭에서는 의지형만으로 「~해야지」라고 의지를 표현할 수 있는데, 뒤에 「～と 思う」를 붙이면 상대방에게 자신의 의지를 더욱 확실하게 나타낼 수 있다.

급소 찌르기

- いま すぐ 書こうと おもいます　지금 바로 쓰려고 합니다
- わたしは おこそうと おもったんです　저는 깨우려고 했었습니다
- 旅行に 行こうと おもう　여행을 가려고 하다
- 本を 読もうと おもう　책을 읽으려고 하다

- 私は あした 国へ 帰ろうと 思います。
  나는 내일 귀국하려고 합니다.

- わたしは 今日 デパートへ 行こうと 思います。
  나는 오늘 백화점에 가려고 합니다.

- 国に 帰ったら、家族に 日本の 料理を 作って あげようと 思って います。
  귀국하면 가족에게 일본 요리를 만들어 주려고 합니다.

- たばこを すうのは やめようと 思います。
  담배를 피우는 것은 그만두려고 합니다.

- 私は 今年の 夏 オーストラリアで ホームステイしようと 思って いる。
  나는 올 여름 호주에서 홈스테이를 하려고 한다.

- この 計画は 中止しようと 思います。
  이 계획은 취소하려고 합니다.

02 ～(よ)うと する ~하려고 하다

「～(よ)うと する」는 「~하려고 하다」라는 뜻으로 의지·결의를 나타낸다.

> **급소 찌르기**
> - まどから 見ようと したが 창문으로 보려고 했으나
> - 家を 出ようと した とき 집을 나서려고 했을 때
> - でんしゃを おりようと した とき 전철을 내리려고 했을 때
> - おふろに 入ろうと した とき 목욕하려고 했을 때

- 家を 出ようと した とき、電話が かかって きた。
  집을 나서려고 했을 때, 전화가 걸려 왔다.
- 電話を かけようと した とき、げんかんの ベルが なりました。
  전화를 걸려고 했을 때, 현관벨이 울렸습니다.

03 ～ことに する ~하기로 하다

「～ことに する」(~하기로 하다)는 자신의 의지로 결정하는 것에 사용하고, 「～ことに なる」(~하게 되다)는 자신의 의지와는 상관없이 집단이나 조직의 결정 또는 자연의 섭리를 나타낸다.

> **급소 찌르기**
> - たばこを やめる ことに する 담배를 끊기로 하다
> - もう 飲まない ことに する 이제 마시지 않기로 하다
> - くにへ かえる ことに する 고국에 돌아가기로 하다
> - でんしゃで 行く ことに する 전철로 가기로 하다

- 私は 毎日 ジョギングを する ことに しました。
  나는 매일 조깅을 하기로 했습니다.

04 ～に する ⁰⁸⁰ ~로 정하다

「~に する」는 「~로 정하다」라는 뜻으로, 무언가를 선택하거나 결정해야 하는 상황에서 「~으로 하기로 마음 먹었다」는 의지 표현으로 사용한다. 특히 쇼핑하거나 주문할 때 자주 볼 수 있는 표현이다.

급소 찌르기
- おわりに しよう 그만 끝내자
- 花に しましょう 꽃으로 정합시다
- こちらの ホテルに しましょう 이 호텔로 정합시다
- パンと ぎゅうにゅうに した 빵과 우유로 하였다
- わたしは コーヒーだけに します 저는 커피만으로 할게요

- わたしは ジュースに します。
  나는 주스로 하겠습니다.

- 母の たんじょう日の プレゼントは セーターに しました。
  어머니 생신 선물은 스웨터로 정했습니다.

- コーヒーか 紅茶か えらべるよ。どっちに する?
  커피인지 홍차인지 고를 수 있어. 어느 쪽으로 할래?

05 ～つもりだ ⁰⁵² ~할 생각[작정]이다

「~つもりだ」는 의지·의향을 나타낸다. 이 표현에는 상대방이 인정해 주기를 바라는 의미가 비교적 강하게 느껴지기 때문에 면접 시험이나 공식적인 장소에서는 거의 쓰이지 않는다. 일본인들은 이 의지 표현보다는 「~たいと 思って います」와 같은 희망 표현을 이용해 나타내는 경우가 많다.

> **급소 짜르기**
> - デパートに つとめる **つもりです** 백화점에서 근무할 생각입니다
> - 何を する **つもりですか** 무엇을 할 생각입니까?
> - いしゃに なる **つもりです** 의사가 될 생각입니다
> - 仕事を やめない **つもりです** 일을 그만두지 않을 생각입니다
> - ちちの しごとを てつだう **つもりです** 아버지 일을 도울 생각입니다
> - 会社を つくる **つもりです** 회사를 차릴 생각입니다

- 私は しょうらい 銀行に つとめる **つもりです**。
  나는 장래 은행에 근무할 생각입니다.

- 会社を やめて どう する **つもりですか**。
  회사를 그만두고 어떻게 할 작정입니까?

- 今度の 週末は 横浜へ 行く **つもりなんです**。
  이번 주말은 요코하마에 갈 생각이에요.

---

06 お+동사 연용형+ください ~해 주세요
ご+한자 +ください

`7회 출제`

실생활에서 의뢰 표현을 쓸 때는 상대방에 따라 그 표현 방법이 달라진다. 이 표현은 「～て ください」보다 더 정중한 표현이지만 존경의 정도가 그리 높지는 않다. 상점 등에서 점원에게 부탁할 때 자주 쓰이는 말로, 지시에 가까운 뉘앙스를 내포하고 있어서 손윗사람에게 쓰면 실례가 된다.

> **급소 짜르기**
> - **お楽しみください** 좋은 시간 되세요
> - **お使いください** 쓰세요
> - **ご注意ください** 주의해 주세요
> - **おすわりください** 앉으세요
> - **お飲みください** 드세요
> - **ごらんください** 보십시오

- ここで しばらく **お待ちください**。
  여기서 잠시 기다려 주세요.

- どうぞ、えんりょなく お使いください。
  아무쪼록 사양하지 마시고 써 주세요.

- けんこうには 十分 ご注意ください。
  건강에는 충분히 주의해 주세요.

07 ～(さ)せて ください ~하게 해 주세요

「～(さ)せて ください」는 사역형과 의뢰 표현이 연결된 형태로, 상대방에게 허가를 구할 때 자주 쓰이는 관용 표현이다.

> **급소 파르기**
> - じゅぎょうを やすませて ください 수업을 쉬게 해 주세요
> - もう 少し 考えさせて ください 좀 더 생각하게 해 주세요

- あした 会社を 休ませて ください。
  내일 회사를 쉬게 해 주세요.

- その 仕事は ぜひ わたしに やらせて ください。
  그 일은 꼭 저한테 시켜 주세요.

- ここは わたしに 払わせて ください。
  이곳은 내가 지불하게 해 주세요.

- ふたつ 質問させて ください。
  2가지 질문하게 해 주세요.

- 日本に りゅうがくさせて ください。
  일본에 유학가게 해 주세요.

08 〜と いう N5 040 ~라고 (말)하다 ; ~라는

「〜と いう」는 「~라고 (말)하다」라는 뜻으로 인용을 나타낸다. 그리고 「〜と いう+명사」의 형태를 취해 「~라는」이란 뜻으로 명칭의 도입을 나타낸다. 회화체에서는 「〜って」라는 축약형을 많이 사용한다.

> - カトレアと いう 店 가토레아라는 가게
> - 何と いう 食べ物 뭐라고 하는 음식
> - 山本と いう 人 야마모토라는 사람
> - なんと いう 花 뭐라고 하는 꽃

- 私は ヤンさんに 「おはよう」と 言いました。
  나는 양 씨에게 '안녕하세요'라고 말했습니다.

- うけつけに 山田さんと いう 人が 来ました。
  접수처에 야마다 씨라는 사람이 왔습니다.

- 学生 「先生、この 言葉は どういう 意味ですか。」
  　　　선생님, 이 말은 무슨 뜻이에요?
  先生 「『やさしい』と いう 意味です。」
  　　　'쉽다'라는 뜻이에요.

09 〜はじめる 083 ~하기 시작하다

「〜はじめる」는 동작·작용의 개시를 나타내는 표현으로 일반적인 경우에 쓰인다. 동사의 연용형(ます형)에 접속한다.

> - かよいはじめる 다니기 시작하다
> - ふとりはじめる 살찌기 시작하다
> - ふりはじめる 내리기 시작하다
> - ふきはじめる 불기 시작하다
> - 食べはじめる 먹기 시작하다

- 今朝、6時から 雨が ふりはじめました。
  오늘 아침 6시부터 비가 내리기 시작했습니다.

- 生徒たちは 「いただきます」と いって 食べはじめました。
  학생들은 「잘 먹겠습니다」 라고 말하고 먹기 시작했습니다.

10 〜だす(出す) 044 〜하기 시작하다

「〜だす(出す)」는 동작·작용의 개시를 나타내는 표현으로 돌발성이 강한 자연현상에 대해 쓰인다. 동사의 연용형(ます형)에 접속하며「急に〜だす (갑자기 〜하기 시작하다)」의 형태로 알아 두자.

- さわぎだす 떠들기 시작하다
- あるきだす 걷기 시작하다
- ふりだす 내리기 시작하다
- 急に なきだす 갑자기 울기 시작하다

- 急に 空が くらく なって 雨が ふりだしました。
  갑자기 하늘이 어두워지고 비가 내리기 시작했습니다.

- 今まで ねて いた 赤ちゃんが 急に なきだした。
  지금까지 자고 있던 아기가 갑자기 울기 시작했다.

- 「そうだったのね」と 彼女は 急に 笑い出した。
  '그랬구나'하고 그녀는 갑자기 웃기 시작했다.

- 急に 怒り出して びっくりしました。
  갑자기 화를 내서 깜짝 놀랐습니다.

콕콕실전문제 05

もんだい1 （　）に 何を 入れますか。1・2・3・4から いちばん いい ものを 一つ えらんで ください。

1　しょうらいは 医者に（　）つもりです。
　1　なって　　　2　なり　　　3　なろう　　　4　なる

2　雨が ふるので、駅まで むかえに 行く（　）に しました。
　1　こと　　　2　ため　　　3　もの　　　4　ところ

3　教室を（　）と した とき、先生に よばれました。
　1　出る　　　2　出て　　　3　出よう　　　4　出るよう

4　コンピューターは、買わない こと（　）しました。
　1　が　　　2　に　　　3　は　　　4　を

5　将来は ゆうびんきょくに（　）つもりです。
　1　つとめ　　　2　つとめて　　　3　つとめる　　　4　つとめよう

6　時間に なりましたので、きょうは ここで 終わり（　）。
　1　のことだ　　　2　になろう　　　3　のものだ　　　4　にしよう

7　こんばんは 母に 手紙を（　）と 思って います。
　1　書こう　　　2　書くよう　　　3　書きよう　　　4　書くろう

8　どうぞ さいごまで（　）ください。
　1　たのしみ　　　2　ごたのしみ　　　3　たのしみに　　　4　おたのしみ

9 わたしは この 仕事を (　　) と 思って います。 019
1　やめる　　　2　やめるよう　　　3　やめます　　　4　やめよう

10 わたしは しょうらい 先生に なる (　　) です。 052
1　つもり　　　2　とおり　　　3　ところ　　　4　ように

11 おふろに (　　) と した とき、電話が かかって きました。 020
1　入る　　　2　入って　　　3　入ろう　　　4　入るよう

12 あしたは 8時に (　　) ください。 021
1　おあつまり　　　　　　　　2　ごあつまり
3　あつまりなさり　　　　　　4　あつまりに なり

13 あたたかい ところから さくらの 花が (　　) はじめます。 083
1　さく　　　2　さして　　　3　さき　　　4　さいた

14 これは なん (　　) いう さかなですか。 N5 040
1　に　　　2　を　　　3　と　　　4　が

15 あした 国から 父が 来るので、学校を (　　) ください。 039
1　休みて　　　2　休まれて　　　3　休めて　　　4　休ませて

16 A「田中さん、あしたの パーティーに しゅっせきなさいますか。」 052
　　B「ええ、(　　) です。」
1　そう する らしい　　　　　2　そう する つもり
3　そう する はず　　　　　　4　そう する よう

17 けさ、7時ごろから 雪が (　　) はじめました。083
1 ふり　　　　2 ふる　　　　3 ふって　　　　4 ふったり

18 きょうは ねつが あるので、家に (　　) ください。039
1 帰れて　　　2 帰らせて　　　3 帰られて　　　4 帰り

19 妹は 部屋に 入ると 急に なき (　　)。044
1 だした　　　2 でた　　　　3 すぎた　　　　4 いれた

20 家を (　　) と した とき、電話の ベルが なりました。020
1 出る　　　　2 出よう　　　3 出て　　　　　4 出るよう

21 今度の 日よう日に 国へ 帰る (　　) に しました。033
1 わけ　　　　2 もの　　　　3 ところ　　　　4 こと

22 旅館は よやくで いっぱいですから、ホテル (　　) しましょう。080
1 に　　　　　2 が　　　　　3 へ　　　　　　4 を

23 いまの 会社を やめて、新しい 会社を つくる (　　) です。052
1 つもり　　　2 ように　　　3 とおり　　　　4 ところ

24 バスを (　　) と した とき、ころんで けがを しました。020
1 おり　　　　2 おりる　　　3 おりて　　　　4 おりよう

もんだい2 ___★___ に 入る ものは どれですか。1・2・3・4から いちばん いい ものを 一つ えらんで ください。

[25] 階段を ___ ___★___ ___ ___ エレベーターが 来た。[020]
1 と　　　　2 降りよう　　　3 ちょうど　　　4 したら

[26] それは ___ ___★___ ___ ___ のですか。[019]
1 だれに　　2 買った　　　　3 と 思って　　　4 あげよう

[27] かぜを ひいたので、きょうは ___ ___ ___★___ ___ 。[039]
1 じゅぎょうを　2 午後の　　　3 ください　　　4 休ませて

[28] 会社に___ ___★___ ___ ___ に なります。[044]
1 から　　　2 つとめ　　　　3 だして　　　　4 2か月

[29] せいとたちは「いただきます」___ ___★___ ___ ___ 。[083]
1 たべ　　　2 いって　　　　3 はじめました　　4 と

もんだい3 30 から 34 に 何を 入れますか。文章の 意味を 考えて、1・2・3・4から いちばん いい ものを 一つ えらんで ください。

つぎの 文章は キムさんが 山田さんに 出した 手紙です。

　　山田さん、お元気ですか。国に 帰って ちょうど 1週間 たちました。日本に いた 3週間の あいだ、毎日 30 ありがとうございました。
　　わたしは 日本へ 行く 前は、来年 わたしの 国の 大学院に 入って、日本に ついて 研究を しようと 31 。わたしの 国には 日本研究の いい 先生が おおぜい いるし、としょかんには 昔の 日本の ことを 書いた 本が たくさん あるからです。 32 、人々の 毎日の 生活に ついて 書いて ある 本は ほとんど ありません。それで、卒業の 前に ぜひ 一度 日本を 見て おきたかったのです。
　　そして、日本へ 行って、いろいろな ところを 見て まわりました。 33 、としょかんの 本だけで 勉強するよりも、ふつうの 日本の 人たちの 生活や 考え方を もっと 知りたいと 思いました。それで、わたしは 来年 日本に 留学する ことに しました。それでは、また 日本で 34 。

　　　　　　　　　　　　　　　　　　　　　　2017年2月25日
　　　　　　　　　　　　　　　　　　　　　　　　　　キム

30
1 案内して くれて　　　2 案内して あげて
3 研究して くれて　　　4 研究して あげて

31

1 思う　つもりです　　　　2 思った　ままです
3 思う　ことです　　　　　4 思って　いました

32

1 たとえば　　2 それから　　3 しかし　　4 それで

33

1 その　うち　　2 その　とき　　3 その　なか　　4 その　うえ

34

1 お会いに　なりましょう　　　2 お会いに　なって　ください
3 お会いしましょう　　　　　　4 お会いして　ください

문제해결 키워드

- **~(よ)うと 思う** N4 019　~하려고 생각하다
  研究を しようと 思って いました
  연구를 하려고 생각하고 있었습니다(04行)

- **~ことに する** N4 033　~하기로 하다
  来年 日本に 留学する ことに しました
  내년에 일본에 유학가기로 했습니다(11行)

- **~あいだ** N3 001　동안
  日本に いた 3週間の あいだ
  일본에 있었던 3주 동안(02行)

- **~て くれる** N4 061　~해 주다
  毎日 案内して くれて ありがとうございました
  매일 안내해 줘서 감사했습니다(02行)

- **~について** N3 088　~에 대해서
  日本に ついて 일본에 대해서(04行)
  毎日の 生活に ついて 매일의 생활에 대해서(06行)

- **~て おく** N4 058　~해 두다
  日本を 見て おきたかったのです
  일본을 봐 두고 싶었습니다(07行)

- **お+동사 연용형+する** N4 022　~하다〈겸양〉
  また 日本で お会いしましょう
  다시 일본에서 만납시다(12行)

11　～すぎる 037　너무 ~하다

「~すぎる」는 동사의 연용형(ます형), い형용사・な형용사의 어간과 접속하여 어떤 동작이나 상태가 도에 지나침을 나타낸다. 따라서 바람직하지 못한 상황을 표현할 때 쓰이는 경우가 대부분이다. 단 「ない」는 「なさすぎる(너무 없다)」, 「いい・よい」는 「よさすぎる(너무 좋다)」의 형태가 된다.

- 食べすぎる　과식하다
- うすすぎる　너무 연하다
- すいすぎる　너무 많이 피우다
- しずかすぎる　너무 조용하다

- きのうは ちょっと おさけを 飲みすぎました。
  어제는 좀 과음했습니다.
- この すいかは 大きすぎて れいぞうこに 入らない。
  이 수박은 너무 커서 냉장고에 들어가지 않는다.
- しおの 量を まちがえて スープの 味が こく なりすぎて しまった。
  소금의 양을 잘못해서 수프의 맛이 너무 진해지고 말았다.

12　～ことが できる 032　~할 수(가) 있다

「~ことが できる」 앞에 동사의 기본형이 와서 가능 표현을 만든다.

- 見る ことが できる　볼 수 있다
- 書く ことが できる　쓸 수 있다

- としょかんで この 町の れきしを しらべる ことが できます。
  도서관에서 이 동네의 역사를 조사할 수가 있습니다.
- あの ホテルは ペットと いっしょに とまる ことが できます。
  저 호텔은 애완동물과 함께 묵을 수 있습니다.

13 (～は ～が)+가능동사⁰⁹⁶, ～(ら)れる⁰⁹⁶ ~할 수 있다

1단동사는「～(ら)れる」를 붙여 가능동사를 만들고, 5단동사는「동사의 어미 ウ단 → エ단 + る」의 형태로 만든다. 참고로 이렇게 해서 바뀐 가능동사는 전부 1단동사가 된다. 그리고「する・くる」는 각각「できる・こられる」가 된다. 가능 표현의 기본 형태는「～は～が+가능동사」이다. 이 때 주의할 점은 가능동사의 목적격 조사를「を」대신「が」를 써야 한다는 것이다.

급소 찌르기
- お金が つかえる 돈을 쓸 수 있다
- はしが つかえる 젓가락을 쓸 수 있다
- 漢字の 読み方が しらべられる 한자의 읽는 법을 찾을 수 있다

- 私は 中国語が 少し 話せます。 [5단동사]
  나는 중국어를 조금 말할 수 있습니다.
- この じしょで 漢字の 読み方が しらべられます。 [1단동사]
  이 사전으로 한자의 읽는 법을 찾을 수 있습니다.

14 ～ほうが いい⁰⁸⁷ ~하는 것이 좋다

「～ほうが いい」는 조언하는 권고 표현으로 폭넓게 쓰인다. 특히 동사에 접속될 경우, 구체적인 장면에서 듣는 이에게 행위를 촉구할 때에는「동사의 과거형(た형)」을 써야 한다. 그리고 종조사「よ」가 붙는 것이 자연스럽다. 응용표현인「～ほうが(~하는 것이), ～ないほうが(~하지 않는 것이)」도 잘 익혀두자.

급소 찌르기
- やめた ほうが いいよ 그만 두는 것이 좋아
- やすんだ ほうが いいですよ 쉬는 것이 좋아요
- あやまった ほうが いいよ 사과하는 것이 좋아
- 飲まない ほうが いいよ 마시지 않는 것이 좋아
- わたしは つつむ ほうが いいんですけど 저는 포장하는 것이 좋습니다만
- 外に 出ない ほうが あんぜんだ 밖에 나가지 않는 것이 안전하다

- 今日は 早く うちへ 帰った ほうが いいですよ。
  오늘은 일찍 집에 돌아가는 것이 좋아요.

- 風が とても 強いので、外に 出ない ほうが あんぜんだ。
  바람이 무척 세기 때문에, 밖에 나가지 않는 것이 안전하다.

15 〜たがる 〜하고 싶어 하다

「〜たい」는 1인칭으로 자신의 감정을 말하거나 상대에게 묻는 의문문에서만 쓸 수 있기 때문에, 제3자의 감정을 표현하려면 「〜たがる」를 써야 한다. 특히 제3자의 현재 희망의 감정을 말할 때는 「〜たがっている」를 사용한다는 것을 알아 두자. 동사의 연용형(ます형)에 접속한다.

> **급소 피르기**
> - 聞きたがる 듣고 싶어 하다
> - 読みたがって いる 읽고 싶어 하고 있다
> - 行きたがって いる 가고 싶어 하고 있다
> - 食べたがる 먹고 싶어 하다
> - 休みたがって いる 쉬고 싶어 하고 있다
> - すみたがって いる 살고 싶어 하고 있다

- あんな あつい 所へは だれも 行きたがらないだろう。
  저렇게 더운 곳에는 아무도 가고 싶어 하지 않을 것이다.

- うちの 子どもは こわい 話を 聞きたがる。
  우리집 아이는 무서운 이야기를 듣고 싶어 한다.

- A「うちの むすこは 肉より 野菜の ほうが 好きなんですよ。」
  우리 아들은 고기보다 채소를 더 좋아해요.
  B「いいですね。うちの 子どもは 野菜を 食べたがらなくて こまって いるんですよ。」
  좋네요. 우리 아이는 채소를 먹고 싶어 하지 않아서 애를 먹고 있어요.

- 彼は かぞくの ことに ついて 話したがりません。
  그는 가족에 관한 것에 대해서 이야기하고 싶어 하지 않습니다.

- この 子は ぎゅうにゅうを 飲みたがって います。
  이 아이는 우유를 마시고 싶어 하고 있습니다.

- 高校生の むすめが アルバイトを やりたがって いる。
  고등학생인 딸이 아르바이트를 하고 싶어 하고 있다.

16 〜なければ ならない 〜하지 않으면 안 된다

「〜なければ ならない」는 「〜하지 않으면 안 된다, 〜해야 한다」라는 뜻으로 의무·당연을 나타낸다. 실질적인 명령에 가깝기 때문에 손윗사람에게는 쓰지 않으며, 「〜なくては ならない」로 쓰기도 한다.

- かならず 手を あらわなければ なりません 반드시 손을 씻지 않으면 안 됩니다

- 今日は つまの たんじょう日ですから、早く 帰らなければ なりません。
  오늘은 아내 생일이라서 일찍 귀가하지 않으면 안 됩니다.

- 私は あなたに 500円 払わなければ なりません。
  나는 당신에게 500엔 지불해야 합니다.

- 新幹線で 行くか 飛行機で 行くかを 決めなくては ならない。
  신칸센으로 갈지 비행기로 갈지를 결정해야 한다.

17 〜なくては いけない 〜하지 않으면 안 된다

「〜なくては いけない」는 「〜하지 않으면 안 된다, 〜해야 한다」라는 뜻으로 의무·당연을 나타낸다. 실질적인 명령에 가깝기 때문에 손윗사람에게는 쓰지 않으며, 이와 비슷한 표현으로 「〜ないと いけない・〜なければ ならない」가 있다.

- かならず はを みがかなくては いけない 양치질은 반드시 해야 한다
- すいよう日に ださなくては いけない 수요일에 제출하지 않으면 안 된다

- 宿題は かならず しなくては いけませんよ。
  숙제는 반드시 하지 않으면 안 됩니다.

- あしたまでに 書かないと いけない レポートが あるから、今日は 帰ります。 내일까지 쓰지 않으면 안 되는 리포트가 있기 때문에, 오늘은 돌아가겠습니다.

18 ～ても いい ~해도 좋다[된다]

「～ても いい」는 「~해도 좋다(된다)」라는 뜻으로 허가나 동의를 나타낸다. 이와 비슷한 표현으로 「～ても かまわない」가 있다.

- はい、しても いいです 예, 해도 됩니다

- しけんが 終わった 人は 帰っても いいです。
  시험이 끝난 사람은 돌아가도 됩니다.

- A「すみません。寒いので まどを しめても いいですか。」
  죄송합니다. 추우니 창문을 닫아도 됩니까?
  B「ええ、どうぞ。」
  네, 그렇게 하세요.

- ここで たばこを 吸っても いいでしょうか。
  여기서 담배를 피워도 될까요?

19 ～ても かまわない ~해도 상관없다[괜찮다]

「～ても かまわない」는 「~해도 상관없다(괜찮다)」라는 뜻으로 허가나 동의를 나타낸다. 이와 비슷한 표현으로 「～ても いい」가 있다. 그리고 な형용사가 부정형으로 바뀐 형태에 붙어 출제되기도 하는데, 예를 들면 「日本語が じょうずだ(일본어를 잘한다)→日本語が じょうずでも(일본어를 잘해도)」가 「日本語が じょうずで(は)ない(일본어를 잘하지 못하다)→日本語が じょうずでなくても (かまいません)(일본어를 잘하지 못해도 (상관없습니다))」 등이다.

- なにを はなしても かまいません 무엇을 이야기해도 괜찮습니다
- よごれても かまいません 더러워져도 괜찮습니다

- ここでは なにを 話しても かまいません。
  여기서는 무슨 얘기를 해도 상관없습니다.

- おそくても かまわないので 電話して ください。
  늦어도 상관없으니까 전화해 주세요.

- 森さん、寮に 電話しても かまわないでしょうか。
  모리 씨, 기숙사에 전화해도 상관없을까요?

20 〜のに 〜인데도, 〜하는 데

「〜のに」에는 「〜하기 때문에 당연히 그렇게 될 테지만, 그러나 〜」라는 인과 관계가 배후에 깔려 있다. 따라서 화자의 실망·유감·후회·불만 등의 바람직하지 못한 감정을 항상 담고 있다. 그리고 출제기준 외로 「목적·용도·경우」를 나타내는 용법이 있는데, 이 때는 '〜하는 데'란 뜻이 된다. 「かかる·要る」등의 동사가 주로 함께 사용된다.

급소 따르기

화자의 실망·유감·후회 등
- ねつが あるのに 열이 있는데도
- びょうきなのに 아픈데도
- たくさん べんきょうしたのに 공부를 많이 했는데도
- わたしのを 使えば よかったのに 내 걸 쓰면 좋았을 텐데
- いろいろ さがしたのに 여러모로 찾았는데도
- かぜを ひいて いるのに 감기에 걸렸는데도

목적·용도·경우
- この はしを つくるのに 이 다리를 만드는 데
- この ビルを たてるのに 이 빌딩을 짓는 데
- りょうりを つくるのに 요리를 만드는 데
- かいしゃへ 行くのに 회사에 가는 데

- 気を つけて いたのに、パスポートを なくして しまいました。
  조심하고 있었는데도, 여권을 잃어버리고 말았습니다. 화자의 실망·유감·후회 등

- この じしょを 作るのに 10年 かかりました。 목적·용도·경우
  이 사전을 만드는 데 10년 걸렸습니다.

- おいしい カレーが できたけれど、つくるのに 5時間も かかった。
  맛있는 카레가 완성됐지만, 만드는 데 5시간이나 걸렸다. 목적·용도·경우

- レポートを 書くのに ふつう ノートパソコンを 使って います。
  리포트를 쓰는 데 보통 노트북을 사용하고 있습니다.　목적·용도·경우

- いっしょうけんめい 勉強したのに、テストの 成績は よくなかった。
  열심히 공부했는데, 시험 성적은 좋지 않았다.　화자의 실망·유감·후회 등

- A「何回も 電話したのに、どうして 出て くれなかたんですか。」
  몇 번이나 전화했는데 왜 안 받았습니까?　화자의 실망·유감·후회 등
  B「すみません。」
  미안해요.

- A「まだ きみからの 手紙が とどかないよ。」
  아직 네가 보낸 편지가 안 와.
  B「おかしいな、とっくに とどいて いる はずなのに。」
  이상하네, 벌써 도착했을 텐데.　화자의 실망·유감·후회 등

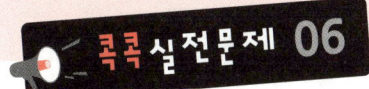

もんだい1　(　)に 何を 入れますか。1・2・3・4から いちばん いい ものを 一つ えらんで ください。

1　たばこの（　）すぎは よく ないですよ。 037
　1　すう　　　2　すって　　　3　すい　　　4　すった

2　田中さんは さむい（　）、朝から さんぽに 行きました。 013
　1　から　　　2　ので　　　3　のに　　　4　でも

3　食事の 前には かならず 手を（　）なくては いけませんよ。 074
　1　あらう　　2　あらい　　3　あらおう　　4　あらわ

4　A「すみません。さむいので まどを（　）。」 066
　　B「ええ、どうぞ。」
　1　しめたいですか　　　　2　しめても いいですか
　3　しめるでしょうか　　　4　しめて ください

5　おさけを（　）すぎて、きもちが わるく なりました。 037
　1　飲む　　　2　飲ま　　　3　飲み　　　4　飲んで

6　この 本を つくるの（　）8年 かかりました。 013
　1　へ　　　　2　を　　　　3　か　　　　4　に

7　あした テストですから、早く（　）ほうが いいですよ。 087
　1　寝て　　　2　寝なかった　　3　寝た　　　4　寝ないで

8 雨が ふって いる（　　）、かのじょは かさを ささずに あるいて います。

1　ので　　　　2　のに　　　　3　より　　　　4　なら

9 弟は わたしを「ねえさん」と よば（　　）。

1　なくては いけません　　　　2　ないでは だめです
3　ないでは なりません　　　　4　ないでは すみません

10 父は 日本に（　　）いますが、母は 行きたく ないようです。

1　行きたくて　　　　　　　　2　行くたがって
3　行ったがって　　　　　　　4　行きたがって

11 あの びじゅつかんへ 行けば、日本の ふるい 絵を 見る（　　）が できます。

1　ところ　　　2　よう　　　　3　こと　　　　4　もの

12 あしたの パーティーに（　　）か。

1　出らせる　　2　出られる　　3　出させる　　4　出される

13 あなたは 日本語で 手紙を 書く（　　）が できますか。

1　もの　　　　2　こと　　　　3　ところ　　　4　よう

14 この ズボンは もう ふるいですから、よごれても（　　）。

1　かまいません　　　　　　　2　かまいました
3　かまいます　　　　　　　　4　かまって いません

15 ふろに 入った あとで、少し（　　）ほうが いいですよ。

1　休ま　　　　2　休み　　　　3　休んで　　　4　休んだ

16　あの レストランで 日本の お金が（　　）か。
　　1　使います　　2　使ってです　　3　使えます　　4　使うんです

17　A「ここで テニスを しても かまいませんか。」
　　B「（　　）。」
　　1　はい、しては いけません　　　2　いいえ、しても いいです
　　3　はい、しても いいです　　　　4　いいえ、しても かまいません

もんだい2　_____★_____ に 入る ものは どれですか。1・2・3・4から いちばん いい ものを 一つ えらんで ください。

18　新しい かばんを 買わないで、おとうと _____ _____ ★_____ _____。
　　1　使えば　　2　のに　　3　よかった　　4　のを

19　ねつが 高い ときは、_____ _____ ★_____ _____。
　　1　ほうが　　2　むりを　　3　いい　　4　しない

20　あそびながら 漢字を _____ ★_____ _____ _____ あります。
　　1　ソフトが　　2　ことが　　3　できる　　4　おぼえる

21　山田さん _____ _____ ★_____ _____ を して います。
　　1　は　　2　のに　　3　病気な　　4　仕事

22　今日は つまの たんじょうび _____ ★_____ _____ _____ なりません。
　　1　帰らなければ　　2　早く　　3　です　　4　から

もんだい3 　23 から 27 に 何を 入れますか。文章の 意味を 考えて、1・2・3・4から いちばん いい ものを 一つ えらんで ください。

つぎの 文章は 「山本さんの 生活」に ついて 書いた 作文です。

　　山本さんは、大学生です。毎日　午後　5時から　8時まで、大学の　近くに　ある　きっさてんで　アルバイトを　して　います。1時間　はたらくと　900円　23 。

　　山本さんは、大学の　お金は、りょうしんに　はらって　もらいます。その　ほかに　毎月　10万円　おくって　もらいますが、生活の　ための　お金は、それでは　24 。また、夏休みに　りょこうに　行ったり、友だちと　あそんだり　する　お金も　25 。

　　アルバイトの　なかで、いちばん　たくさん　お金を　もらえるのは、道や　ビルを　つくるのを　てつだう　仕事で、1日で　1万円　もらえます。 26 、この　仕事は　とても　たいへんで、1日　8時間以上　27 　はたらかなければ　なりません。ですから、学生は　あまり　この　アルバイトは　やりません。

23
1　もらえます　　2　あげます　　3　はらえます　　4　さしあげます

24
1　あんぜんでは　ありません　　2　じょうぶでは　ありません
3　ひつようでは　ありません　　4　じゅうぶんでは　ありません

25			
1 しんせつです		2 ひつようです	
3 あんぜんです		4 かんたんです	

26							
1 では		2 だから		3 でも		4 それから	

27							
1 と		2 へ		3 も		4 で	

📝 문제해결 키워드

- **~なければ ならない** ^{N4 074} ~하지 않으면 안 된다
  1日 8時間以上も はたらか**なければ なりません**
  하루 8시간 이상이나 일하지 않으면 안 됩니다(10행)

- **~と** ^{N4 070} ~하면
  1時間 はたらく**と** 1시간 일하면(02행)

- **가능동사** ^{N4 096} ~할 수 있다
  900円 **もらえます** 900엔 받을 수 있습니다(02행)

- **~て もらう** ^{N4 096} (~에게)~해 받다, (~가)~해 주다
  りょうしんに はらって **もらいます**
  부모님이 내 줍니다(04행)

- 毎月 10万円 おくって **もらいます**
  매월 10만 엔 보내줍니다(05행)

- **~ための** ^{N4 047} ~위한
  生活の **ための** お金は 생활을 위한 돈은(05행)

- **~たり~たり(する)** ^{N5 034}
  ~하거나 하고 ~하거나 (하다)
  りょこうに 行っ**たり**, 友だちと あそん**だり** する
  여행을 가거나 친구와 놀거나 한다(06행)

- **~で** ^{N4 006} ~에 〈기타〉
  一日**で** 1万円 하루에 만 엔(09행)

21 〜ては いけない 〜해서는 안 된다

「〜ては いけない」는 「〜해서는 안 된다」라는 뜻으로 강한 금지를 나타낸다. 법률·규정·사회 규범 등의 범주에서 생각하여 허용되지 않는 금지를 나타내는 경우가 많다. 따라서 강한 명령조가 되기 때문에 손윗사람은 물론 손아랫사람에게도 심하게 야단칠 경우를 제외하고는 잘 쓰지 않는다.

> **급소 따르기**
> ・読んでは いけません 읽어서는 안 됩니다　・わらっては いけません 웃어서는 안 됩니다
> ・話しては いけません 이야기해서는 안 됩니다　・入っては いけません 들어가서는 안 됩니다

- ここでは たばこを すっては いけません。
  여기서는 담배를 피워서는 안 됩니다.

22 〜な 〜하지 마라

「〜な」는 「〜하지 마라」라는 강한 금지를 나타낸다. 동사 종류에 상관없이 「동사의 기본형+な」의 형태가 된다. 군대나 스포츠 훈련 등에서 상사나 감독이 지시할 때, 교통 표지 안내 등에서 쓰인다.

> **급소 따르기**
> ・きたない ふく、きるなよ 더러운 옷, 입지 마라
> ・ここに くるまを とめるな 이곳에 차를 세우지 마라
> ・ごみを すてるな 쓰레기를 버리지 마라
> ・びっくりさせるな 깜짝 놀라게 하지 마라

- あの 部屋には 入るな。
  저 방에는 들어가지 마라.

- あぶないから この 川で 泳ぐな。
  위험하니까 이 강에서 수영하지 마.

- 勉強が そんなに いやだったら 大学へ 行くな。
  공부가 그렇게 싫으면 대학에 가지 마.

- その さとう、あんまり 使うなよ。それだけしか ないんだから。
  그 설탕, 너무 쓰지 마. 그것밖에 없으니까.

- 彼は いつも「あきらめるな。」と 言って いました。
  그는 항상 '포기하지 마'라고 말했었습니다.

- 「ここに ごみを すてるな!」と 書いて ある。
  '여기에 쓰레기를 버리지 마라!'라고 적혀 있다.

23　～(た)ことが ある / ない　～한 적이 있다/없다

동사의 과거형(た형)에 「～ことが ある/ない」가 접속되면「～한 적이 있다/없다」와 같이 과거 경험의 유무를 나타내게 된다. 한편 동사의 기본형 뒤에「～ことが ある」N4 031가 붙으면 '～할 때가 있다'로 일반적인 경우·경향을 나타내게 된다.

> **급소 찌르기**
> - にゅういんした ことが ある 입원한 적이 있다
> - ひっこした ことが ある 이사한 적이 있다
> - つくった ことが ない 만든 적이 없다
> - けいけんした ことが ない 경험한 적이 없다
> - ひこうきに のった ことが ない 비행기를 타 본 적이 없다
> - ネットで しらべる ことが ある 인터넷에서 조사할 때가 있다.

- 私は いちど 日本へ 行った ことが あります。
  나는 한 번 일본에 간 적이 있습니다.

- 私は いちども スキーを した ことが ありません。
  나는 한 번도 스키를 탄 적이 없습니다.

- 入院しなければ ならない ほどの 病気は した ことが ない。
  입원해야 할 정도의 병은 걸린 적이 없다.

24 〜つづける ⁰⁵¹ 계속 ~하다

「〜つづける」는 「계속 ~하다」라는 뜻으로, 동사의 연용형(ます형)에 접속하여 동작·작용의 계속을 나타낸다.

급소 찌르기
- テレビを みつづける 텔레비전을 계속 보다
- 友だちと ずっと 話しつづける 친구와 계속 이야기하다
- ちいさい 字を 書きつづける 작은 글자를 계속 쓰다

- ながい 時間 本を 読みつづけて いると、目が いたく なる。
  오랜 시간 책을 계속 읽고 있으면 눈이 아파진다.

- 1時間ぐらい 話しつづけたので のどが かわきました。
  1시간 정도 계속 이야기했기 때문에 목이 말랐습니다.

25 〜おわる ⁰²⁴ 다 ~하다

「〜おわる」는 「다 ~하다」라는 뜻으로 동사의 연용형(ます형)에 접속하여 동작·작용의 종료를 나타낸다.

급소 찌르기
- おかねを あつめおわる 돈을 다 모으다
- ほんを 読みおわる 책을 다 읽다
- ごはんを 食べおわる 밥을 다 먹다
- しょうせつを 書きおわる 소설을 다 쓰다

- その 本、読みおわったら 貸して くださいませんか。
  그 책, 다 읽으면 빌려 주시지 않겠습니까?

- ベルが なりおわってから、教室を 出ました。
  벨이 다 울리고 나서 교실을 나왔습니다.

26 수급 표현

번호	종류	해석	출제/미출제
01	やる	(내가 남에게) 주다	미출제
02	～て やる	(내가 남에게) ～해 주다	2회 출제
03	あげる	(내가 남에게) 드리다 (やる보다 정중한 표현)	미출제
04	～て あげる	(내가 남에게) ～해 드리다	3회 출제
05	さしあげる	(내가 남에게) 드리다 (あげる보다 정중한 표현)	1회 출제
06	～て さしあげる	(내가 남에게) ～해 드리다	미출제
07	くれる	(남이 나에게) 주다	3회 출제
08	～て くれる	(남이 나에게) ～해 주다	8회 출제
09	くださる	(남이 나에게) 주시다 (くれる보다 정중한 표현)	1회 출제
10	～て くださる	(남이 나에게) ～해 주시다	1회 출제
11	もらう	받다	미출제
12	～て もらう	～해 받다 (「남이 ～해 주다」와 같음)	5회 출제
13	いただく	받다 (もらう보다 정중한 표현)	1회 출제
14	～て いただく	～해 받다 (「남이 ～해주다」와 같음)	1회 출제

※ 수급 표현 14개 항목 중 9개 항목은 출제되었고, 5개 항목은 아직 출제되지 않았다. 가장 많이 출제된 수급 표현은 「～てくれる」로 8회 출제되었고, 다음이 「～てもらう」로 5회 출제되었다. 이어서 「～てあげる」와 「くれる」가 각각 3회씩 출제되었다. 참고로 수급 표현 14개 항목 중에서는 지금까지 총 25문제가 출제되었다.

01 やる⁰⁶⁹ 주다

- 私は 妹の たんじょう日に 時計を やりました。
  나는 여동생 생일에 시계를 주었습니다.

02 ～て やる⁰⁶⁹ ～해 주다

- ぼくが おしえて やるよ 내가 가르쳐 줄게

- 日本語は ぼくが 教えて やるよ。
  일본어는 내가 가르쳐 줄게.

- すぐ ほかの 人に 言うから 彼には 教えて やりたく ない。
  금방 다른 사람에게 말하니까 그 사람한테는 가르쳐 주고 싶지 않아.

03 あげる⁰⁵³ 주다, 드리다

- 私は 友だちに 本を あげた。
  나는 친구에게 책을 주었다.

- あなたは 山田さんに 何を あげましたか。
  당신은 야마다 씨에게 무엇을 드렸습니까?

04 〜て あげる⁰⁵³ ~해 드리다

내가 남에게 '~해 드리다'란 의미로「〜て やる」보다 존경의 의미를 담고 있다.

> **급소 찌르기**
> - しゃしんを とって あげたら 사진을 찍어 드렸더니
> - にもつを もって あげたら 짐을 들어 드렸더니
> - むかえに いって あげますから 마중 나갈 테니까

- 私は おばあさんの 荷物を もって あげました。
  나는 할머니 짐을 들어 드렸습니다.

- A「けしゴム 持ってるか?」 지우개 갖고 있어?
  B「うん、持ってる。貸して あげるよ。」 응, 가지고 있어. 빌려 줄게.

- テキストを 田中さんに 見せて あげて ください。
  교과서를 다나카 씨에게 보여 주세요.

- もし じゅうどうを 習いたいなら、そうさせて あげるよ。
  만약 유도를 배우고 싶다면 그렇게 하게 해 줄게.

- 目の 見えない 人に 手を 貸して あげたら とても よろこんで くれた。
  눈이 보이지 않는 사람에게 손을 빌려 주었더니 매우 기뻐해 주었다.

05 さしあげる⁰⁵³ 드리다

- この おかしは 山田先生に さしあげる つもりです。
  이 과자는 야마다 선생님께 드릴 생각입니다.

- 私は 先生に 本を さしあげます。 나는 선생님에게 책을 드립니다.

06 ～て さしあげる⁰⁵³ ~해 드리다

- わかりにくい 所ですから、地図を かいて さしあげましょう。
  알기 어려운 곳이니 지도를 그려 드리겠습니다.

07 くれる⁰⁶¹ 주다

> **급소 짚르기**
> - ホテルの 人が くれたんです 호텔 사람이 준 것입니다
> - 兄が 私に くれたんです 형이 나에게 준 것입니다

- 買ったんじゃ なくて、友だちが くれたんです。
  산 것이 아니고 친구가 준 것입니다.

- 姉が わたしに この きってを くれました。
  언니가 나에게 이 우표를 주었습니다.

- 彼は わたしに お金を くれと 言って きた。
  그는 나에게 돈을 달라고 말했다.

08 ～て くれる⁰⁶¹ ~해 주다

> **급소 짚르기**
> - 本を かって くれたので 책을 사 주었기 때문에
> - なまえを つけて くれたのは 이름을 붙여준 것은
> - おしえて くれなかった 가르쳐 주지 않았다
> - たんじょうびに 買って くれたんです 생일날 사 준 것입니다
> - 車で おくって くれたんです 차로 바래다 주었습니다

- 母が たくさん 本を 買って くれました。
  어머니가 책을 많이 사 주었습니다.

- この セーターを あんで くれたのは 下の むすめです。
  이 스웨터를 짜 준 것은 둘째 딸입니다.

- A「きのうは ひっこしを 手伝って くれて、どうも ありがとうございました。」 어제는 이사를 도와 줘서, 정말 고맙습니다.
  B「いいえ、どういたしまして。」 아니요, 천만에요.

- A「何か ほしい ものは ある?」 뭔가 필요한 것은 있어?
  B「じゃあ、ぎゅうにゅうを 買って きて くれる?」 그럼, 우유를 사다 줄래?

09 くださる 주시다

- たなかさんが くださった ケーキ 다나카 씨가 주신 케이크

- これは 田中先生が くださった じしょです。
  이것은 다나카 선생님이 주신 사전입니다.

10 ～て くださる ~해 주시다

- きのうは 山田さんが 横浜を あんないして くださいました。
  어제는 야마다 씨가 요코하마를 안내해 주셨습니다.

- 先生は 私に 本を 貸して くださいました。
  선생님은 나에게 책을 빌려주셨습니다.

- A「すみません。日曜日は 図書館は 何時まで 開いて いるか 教えて くださいませんか。」
  실례합니다. 일요일은 도서관은 몇 시까지 열려 있는지 가르쳐 주시지 않겠습니까?
  B「日曜日は 5時までです。」
  일요일은 5시까지입니다.

11 **もらう**⁰⁶⁸ 받다

- 去年の たんじょう日には どんな ものを もらいましたか。
  작년 생일에는 어떤 것을 받았습니까?

12 **〜て もらう**⁰⁶⁸ ~해 받다, (~가) ~해 주다

'~에게 ~해 받다'라는 표현이 「〜に〜て もらう」인데, 이 표현은 '~가 ~해 주다'라고 해석하는 편이 자연스럽다. 따라서 「〜に〜て もらう」는 「〜が〜て くれる」로 바꿔 쓸 수 있다.

> **급소 찌르기**
> - ともだちに つれて いって もらいます 친구가 데려가 줍니다.
> - ほかの 人に 聞いて もらえますか 다른 사람에게 물어봐 주실래요?

- おもちゃが こわれて しまったので、父に 新しいのを 買って もらった。
  장난감이 고장나 버렸기 때문에 아버지가 새로운 것을 사 주셨다.
- 日本の 料理は まだ よく わからないので、ときどき 日本人の 友だちに 作って もらいます。
  일본 음식은 아직 잘 모르기 때문에, 가끔 일본인 친구가 만들어 줍니다.
- 今日、わたしは えんぴつと 消しゴムを 忘れたので、となりの 人に 貸して もらいました。
  오늘 나는 연필과 지우개를 두고 와서, 옆사람이 빌려 주었습니다.

13 **いただく**⁰⁵⁶ 받다

- 私は 山田先生から いちど お手紙を いただいた ことが あります。
  나는 야마다 선생님으로부터 한 번 편지를 받은 적이 있습니다.

14 **〜て いただく**⁰⁵⁶ (~에게) ~해 받다, (~가) ~해 주시다

「〜て もらう」보다 더 겸양적인 표현이다.

- 私は 大学の 時、田中先生に 日本語を 教えて いただきました。
  대학 때 다나카 선생님이 저에게 일본어를 가르쳐 주셨습니다.

콕콕 실전문제 07

もんだい1 （　）に 何を 入れますか。1・2・3・4から いちばん いい ものを 一つ えらんで ください。

① 今まで 2かい 日本へ（　　）ことが あります。⁰⁴³
1　行く　　　　2　行き　　　　3　行って　　　　4　行った

② ここに ゴミを すてる（　　）。⁰⁰⁹
1　だ　　　　2　かい　　　　3　な　　　　4　だい

③ まだ 子どもだから、たばこを（　　）は いけません。⁰⁶³
1　すって　　　　2　すい　　　　3　すった　　　　4　すう

④ ゆうべ はがきを（　　）つづけて 手が つかれました。⁰⁵¹
1　書く　　　　2　書き　　　　3　書いて　　　　4　書いた

⑤ あさごはんを（　　）おわってから、みんなで サッカーを しました。⁰²⁴
1　食べ　　　　2　食べる　　　　3　食べた　　　　4　食べよう

⑥ 1時間ぐらい（　　）つづけたので、のどが かわいた。⁰⁵¹
1　話す　　　　2　話さ　　　　3　話せ　　　　4　話し

⑦ あの 人には 一度 会った（　　）が あります。⁰⁴³
1　もの　　　　2　ため　　　　3　こと　　　　4　ところ

⑧ わたしは まだ 一度も じてんしゃに（　　）ことが ありません。⁰⁴³
1　のる　　　　2　のるの　　　　3　のったの　　　　4　のった

9 A「サッカーを しても いいですか。」
　　B「ここでは（　　　）。」
　　1　しないと だめです　　　　　2　しないと おもいます
　　3　しなければ なりません　　　4　しては いけません

10 ここでは しゃしんを（　　　）は いけません。
　　1　とる　　　2　とって　　　3　とり　　　4　とった

11 いぬに なまえを つけて（　　　）のは おとうさんです。
　　1　くださった　　2　やった　　3　もらった　　4　あげた

12 じゅぎょう中は となりの 人と（　　　）いけません。
　　1　はなすては　　　　　　　2　はなさないでは
　　3　はなしては　　　　　　　4　はなさなければ

13 きのうは 田中さんが 東京を あんない（　　　）くださいました。
　　1　する　　　2　した　　　3　して　　　4　させて

14 このごろ 大きな じしんが（　　　）つづけて います。
　　1　おこる　　2　おこって　　3　おこった　　4　おこり

15 そんなに 大きい こえを 出す（　　　）。
　　1　だよ　　　2　なよ　　　3　ないか　　　4　だか

16 子どもたちは 100メートルを（　　　）おわりました。
　　1　走り　　　2　走る　　　3　走れ　　　4　走ろう

17 この 山の 写真は 田中先生に (　　) つもりです。053
1　くださる　　2　いただく　　3　さしあげる　　4　めしあがる

18 わからない ことが ある ときは、先生に 教えて (　　)。068
1　やります　　2　もらいます　　3　あげます　　4　くれます

19 その ネックレスは 母が たんじょうびに 買って (　　) んです。061
1　くれた　　2　もらった　　3　あげた　　4　やった

20 山田さん (　　) くださった カメラを 使いました。059
1　か　　2　で　　3　が　　4　を

21 電車の まどから 手を (　　) は いけません。063
1　出す　　2　出して　　3　出した　　4　出そう

22 山田さんには まだ お会い (　　) ことが ありません。043
1　しよう　　2　する　　3　するの　　4　した

23 この さくぶんは 山田先生に なおして (　　)。068
1　くださった　　2　もらった　　3　くれた　　4　いただけた

24 A「山田さんの たんじょうびに この じしょを あげる つもりです。」061
　　B「そうですか。きっと よろこんで 使って (　　) でしょう。」
1　やる　　2　あげる　　3　くれる　　4　もらう

もんだい2 ＿＿★＿＿に 入る ものは どれですか。1・2・3・4から いちばん いい ものを 一つ えらんで ください。

25 その 女性は 私に 市役所 ＿＿＿ ＿★＿ ＿＿＿ ＿＿＿ 。061

1 への　　　2 教えて　　　3 行き方を　　　4 くれた

26 ＿＿＿ ＿＿＿ ＿★＿ ＿＿＿ とても よろこびました。053

1 買って　　　2 あげたら　　　3 おかしを　　　4 子どもに

27 彼女は ハワイの おみやげ ＿＿＿ ＿★＿ ＿＿＿ ＿＿＿ 。061

1 くれた　　　2 に　　　3 を　　　4 チョコレート

28 山田さん ＿＿＿ ＿★＿ ＿＿＿ ＿＿＿ 使いました。059

1 カメラ　　　2 くださった　　　3 が　　　4 を

29 駅まで ＿＿＿ ＿＿＿ ＿★＿ ＿＿＿ しんぱい いりませんよ。053

1 行って　　　2 むかえに　　　3 から　　　4 あげます

もんだい3 30 から 34 に 何を 入れますか。文章の 意味を 考えて、1・2・3・4から いちばん いい ものを 一つ えらんで ください。

つぎの 文章は 「わたしの 生活」に ついて 書いた 作文です。

> わたしは、今年 高校を そつぎょうして、大学に 入りました。いまは、親類の うちに 住んで いますが、30 、どこかに アパートを 見つけて、移ることに して います。
> 東京は、前に 修学旅行で いちど 来た ことが ありますが、東京 31 生活するのは 今度が はじめてです。わたしの うまれは 北海道で、げんざい、かぞくは みんな 北海道に 32 。
> わたしの 先祖は、もともと 福島に 住んで いたのですが、父の 祖先の 時代に、屯田兵として 北海道に 33 。屯田兵と いうのは、みなさん ごぞんじでは ないと 思いますが、明治の はじめごろ、北海道に わたって、34 を 開拓した 人たちです。

30
1 その うちに   2 その ときに
3 その なかに   4 その うえに

31
1 へ   2 を   3 に   4 で

32

1 住むそうです　　　　　　2 住んで います
3 住んだようです　　　　　4 住んで いました

33

1 わたります　　2 もどります　　3 わたりました　　4 もどりました

34

1 東京　　　　2 北海道　　　　3 福島　　　　4 屯田兵

문제해결 키워드

- **~(た)ことが ある** N4 043　~한 적이 있다
  修学旅行で いちど 来た ことが あります
  수학여행으로 한번 온 적이 있습니다(04行)

- **~ことに する** N4 033　~하기로 하다
  移る ことに して います
  옮기기로 하고 있습니다(03行)

- **~として** N3 070　~로서
  屯田兵として　둔전병으로서(08行)

- **~というのは**　~라는 것은
  屯田兵と いうのは　둔전병이라는 것은(08行)

- **~と 思う** N4 019　~라고 생각하다
  みなさん ごぞんじでは ないと 思いますが
  여러분이 모르시리라 생각하지만(08行)

- **~ごろ** N5 030　~쯤, ~경
  明治の はじめごろ　메이지 시대 초쯤(09行)

27　～ば / ～ば～ほど　082　~하면 / ~하면 ~할수록

「～ば」는 「동사·い형용사의 가정형」에 붙어 가정한 사항을 조건으로 해서 말하거나, 뒤에 오는 내용이 어떤 전제하에 일어났는지를 말해 주는 표현이다. 문말에는 완료형(た형)이 오지 않는다는 점도 알아 두자. 또한「～ば」는「～と」와 마찬가지로 습관적으로 되풀이되는 사실에도 쓸 수 있다. 그리고, い형용사가 부정형으로 바뀐 형태에 붙어 출제되기도 한다. 예를 들면「つめたい(차갑다)→つめたければ(차가우면)」, 부정형「つめたくない(차갑지 않다)→つめたくなければ(차갑지 않으면)」가 된다.「～ば～ほど」는 ~하면 ~할수록」이라는 뜻으로, 한쪽의 정도가 변하면 그와 함께 다른 쪽도 변하는 것을 나타낸다.

> **급소 따르기**
>
> - きょうじゃ なければ 오늘이 아니면
> - どう いけば いいですか 어떻게 가면 됩니까?
> - 行けば 行くほど 가면 갈수록
> - あつければ あついほど 더우면 더울수록
> - はなさなければ 이야기하지 않으면
> - れんしゅうを すれば 연습을 하면

- あした 時間が あれば、行きます。
  내일 시간이 있으면 가겠습니다.

- 駅へ 行きたいんですが、どう 行けば いいですか。
  역에 가고 싶은데, 어떻게 가면 좋습니까?

- この ケーキは つめたくなければ、おいしく ありません。
  이 케이크는 차갑지 않으면 맛있지 않습니다.

- 私は 静かで なければ 勉強できません。
  나는 조용하지 않으면 공부하지 못합니다.

- 相手が 強ければ 強いほど やる気が わいて きます。
  상대가 강하면 강할수록 의욕이 끓어 오릅니다.

- 話せば 話すほど 彼女に ひかれて いきました。
  말하면 말할수록 그녀에게 끌렸습니다.

28 ～たら ～한다면, ～하니까, ～하였더니

「～たら」는 「동사·い형용사의 과거형, な형용사·～のだ·명사+だったら」의 형태로 접속하여 「～하면, ～하거든, ～한다면, ～하니까, ～하였더니」라는 뜻의 가정 표현이다. 어떤 사실이 성립된 시점에 서서, 그 사실을 조건으로 제시하는데, 「～たら」 뒤에는 주로 명령·의지·추량·의뢰·희망·제안 등의 문장이 온다. 그리고 「～たら どうですか(～하면 어떻습니까?)」 등은 관용적인 표현으로 알아 두자.

급소 파르기

- さびしかったら 외로우면
- わからなかったら 모르면
- しごとが おわったら 일이 끝나면
- こばやしさんが きたら 고바야시 씨가 오면
- けさ 見たら まだ さいて いませんでした 오늘 아침 봤더니 아직 피지 않았습니다

- 雨が ふったら、行きません。
  비가 오면 가지 않겠습니다.

- 道で 近所の 人に 会ったら、あいさつしましょう。
  길에서 이웃 사람을 만나면 인사합시다.

- A「この 問題が わからなくて こまって いるんですが。」
  이 문제를 몰라서 곤란해 하고 있습니다만.
  B「じゃあ、この 本を 読んで みたら どうですか。」
  그럼, 이 책을 읽어 보면 어떨까요?

- 誕生日が きたら ハンドバッグを 買って あげます。でも あまり 高かったら 買えません。
  생일이 오면 핸드백을 사 줄게요. 하지만 너무 비싸면 못 사요.

- 私は 静かだったら どこでも 寝られます。
  나는 조용하면 어디서든 잘 수 있습니다.

- テレビを 買うんだったら 日本の ものが いいです。
  텔레비전을 산다면 일본 것이 좋습니다.

- あした 晴れだったら 花見に 行きますが、雨だったら 家で 本を 読みます。
  내일 날씨가 맑으면 꽃구경을 가지만, 비가 오면 집에서 책을 읽겠습니다.

- 車だったら 10分で 行けるが、歩いたら 1時間 かかる。
  자동차라면 10분이면 갈 수 있지만, 걸으면 1시간 걸린다.

29 〜なら ~라면

「〜なら」는 우리말의 「〜라면, 〜려거든」이란 뜻으로 동사의 사전형, な형용사의 어간, 명사 등에 접속하여 가정, 토픽 등을 나타내며, 「〜ば / 〜たら / 〜と」와 조금 다른 의미의 가정 표현을 만든다. 회화에서 가장 흔히 볼 수 있는 용법은 상대방으로부터 들은 내용이나 상대방의 모습을 보고 안 사실 등 이미 알고 있는 사실을 조건으로 하는 것이다.

급소 찌르기

가정
- ひま**なら** 한가하면
- あなたが 行く**なら** 당신이 간다면

토픽
- みちこ**なら** 미치코라면
- にほんりょうり**なら** 일본 요리라면
- へやを かりる**なら** 방을 빌리려거든
- カメラを 買う**なら** 카메라를 사려거든

- あした いい 天気**なら**、海へ 行きます。 [가정]
  내일 날씨가 좋으면 바다에 갑니다.

- 寒い**なら** 窓を しめましょう。 [가정]
  추우면 창문을 닫읍시다.

- 近く**なら** 歩いて いくんだけれど、ちょっと 遠いから タクシーに 乗りましょう。 [가정]
  근처라면 걸어서 가겠지만, 좀 머니까 택시를 탑시다.

- とけい**なら**、スイスせいが いいです。 [토픽]
  시계라면 스위스제가 좋습니다.

- 旅行に 行きたい**なら** 少しずつ お金を ためて おいた ほうが いいですよ。 [토픽]
  여행을 가고 싶다면 조금씩 돈을 모아두는 편이 좋아요.

30 ～と ⁰⁷⁰ ~하면, ~하니까

「～と」는 い형용사, な형용사, 동사의 사전형에 접속하여 필연적 결과·확정 사실, 가정, 동시 발생(소위 발견의 と라고 함)의 뜻을 나타낸다. 즉 어떤 사건이나 사항이 성립될 때 습관적·필연적으로 일어나는 경우에 쓰인다. 따라서 문말에 의뢰 「～て ください」나 의무·권고·희망 등의 표현을 사용할 수가 없다.

급소 찌르기

필연적 결과·확정 사실
- ここを おすと 이곳을 누르면
- 右へ まがると 오른쪽으로 돌면
- 自動車が こしょうすると 자동차가 고장나면
- あまり たくさん 飲むと 너무 많이 마시면

가정
- 父や 母が 元気だと 아버지랑 어머니가 건강하면
- おばあさんが 元気だと 할머니가 건강하면

발견의 と
- カーテンを 開けると 커튼을 걷으니
- まどを あけると 창문을 여니까
- ちょっと 見ると 잠깐 보니
- 外に 出ると 밖에 나가니

- 春に なると、あたたかく なります。 〔필연적 결과〕
  봄이 되면 따뜻해집니다.

- わたしは この 音楽を 聞くと かならず ねむく なります。 〔필연적 결과〕
  나는 이 음악을 들으면 꼭 졸음이 옵니다.

- あした いい 天気だと いいね。 〔가정〕
  내일 날씨가 좋으면 좋겠다.

- 朝 起きて 外を 見ると、雪が ふって いた。 〔발견의 と〕
  아침에 일어나 밖을 보니까 눈이 내리고 있었다.

31　～(た)まま 046　~한 채로

「～(た)まま」는 상태의 방치 표현으로 「~한 채로, ~의 상태를 바꾸지 않고」라는 뜻을 나타낸다. 동사의 과거형(た형)에 주로 접속하지만, 여러 형태의 접속이 가능하므로 주의하자.

급소 찌르기

- あさ でかけたまま 아침에 외출한 채로
- 車が とまったまま 차가 멈춘 채로
- くつを はいたまま 신발을 신은 채로
- かさを かりたまま 우산을 빌린 채로
- めがねを かけたまま 안경을 쓴 채로
- へやに 入ったまま 방에 들어간 채로

- おとうとは めがねを かけたまま ねて います。
  남동생은 안경을 쓴 채로 자고 있습니다.

- ぼうしは かぶったままで どうぞ。
  모자는 쓴 채로 들어오세요.

- 私の 本だなには 買ったまま 読んで いない まんがが たくさん ある。
  내 책장에는 산 채로 읽지 않은 만화책이 많이 있다.

- 今朝 私は 家の かぎを かけないまま、外出して しまった。
  오늘 아침 나는 집 열쇠를 채우지 않은 채 외출해 버렸다.

32　～ても / でも 065　~하더라도

「～ても」는 동사의 て형에 접속하여 「설사 ~하더라도」 등의 역설 표현의 뜻을 나타내고 「雨でも」와 같이 명사에 직접 접속하기도 한다. 그리고 의문사 いつ 등과 같이 호응하기도 한다.

급소 찌르기

- 何度 しっぱいしても 몇 번 실패하더라도
- 病気に なっても 아프더라도
- あの 人の 話は 何回 きいても 저 사람의 이야기는 몇 번 들어도
- もし 両親に 反対されても 만약 부모님이 반대해도
- もし 雨が ふっても 만일 비가 오더라도
- いつ 行っても 언제 가더라도

- この ような ことばは じしょを ひいても、わかりません。
  이런 단어는 사전을 찾아도 모르겠습니다.

- あの レストランは いつ 行っても こんで います。
  저 레스토랑은 언제 가더라도 붐빕니다.

- 今は 勉強が たいへんなので、いい 仕事が あっても アルバイトは しません。
  지금은 공부가 힘들어서, 좋은 일자리가 있어도 아르바이트는 하지 않습니다.

- あしたは 雨でも、でかけますか。 雨でも=雨が ふっても
  내일은 비가 오더라도 외출하겠습니까?

33 ～だろう / ～でしょう 049 ~일 것이다 / ~일 것입니다

「～だろう」는 「동사・い형용사의 사전형, 명사」 등에 붙어 추측을 나타내는 표현이다. N5 문법의 「～でしょう」N5 039와 같은 표현이다. 「～でしょう」는 「～だろう」의 공손한 표현으로 가능성은 80~90%이며 일기예보 등에서도 자주 들을 수 있는 말이다. 또한 추측을 나타내는 것 이외에 말을 정중하게 표현할 때도 쓰인다. 예를 들면「トイレは どちらですか。」보다「トイレは どちらでしょうか。」쪽이 더 정중한 표현이 된다.

급소 피르기
- あしたも 風が つよいだろう 내일도 바람이 셀 것이다
- たぶん 雨が ふるだろう 아마 비가 올 것이다
- いまごろ だれでしょうか 이 시간에 누굴까요?

- あしたは、たぶん 雪が ふるだろう。
  내일은 아마 눈이 올 것이다.

- もっと いっしょうけんめい 勉強して いれば、かれは 試験に 合格して いただろう。
  좀더 열심히 공부했으면, 그는 시험에 합격했을 것이다.

- きょうの 気分は どうでしょうか。
  오늘 기분은 어떻습니까?

34 　～(だろう)と 思う 　　～할 거라고 생각하다

「～(だろう)と 思う」는 い형용사, な형용사의 사전형에 접속하여 추측·추량을 나타낸다. 일본인은 단정을 피하기 위해 「～と 思います」를 즐겨 사용하는 경향이 있다는 점도 알아 두자.

- 仕事を つづけるのは むりだと おもう 일을 계속하는 것은 무리라고 생각한다

- こんどの テストは やさしいだろうと 思います。
  이번 시험은 쉬울 거라고 생각합니다.

- A 「きょうは 寒かったですね。あしたも 寒いでしょうか。」
  오늘은 추웠네요. 내일도 추울까요?
  B 「ええ、きっと 寒いと 思います。」
  네, 틀림없이 추울 거라고 생각합니다.

35 　～らしい 　　～인 것 같다

「～らしい」는 외부 정보에 근거를 둔 추량 표현으로, 들은 내용, 본 것 또는 전문(伝聞) 정보를 판단 재료로 해석해서 객관적으로 판단할 때 사용한다. 비슷한 표현으로 뒤에 나올 〈표현 의도 39〉의 「～ようだ」가 있다. 「～ようだ」는 주로 자신의 오감이나 감촉을 통해 직감적으로 판단할 때 사용한다. 동사·い형용사의 종지형, 명사·な형용사의 어간에 접속한다.

- いい 天気らしい 날씨가 좋을 것 같다
- きっと 入って くるらしい 꼭 들어올 것 같다
- だれも いないらしい 아무도 없는 것 같다
- がいこくへ いったらしい 외국에 간 것 같다

- 山田さんは きのう 日本へ 行ったらしいです。
  야마다 씨는 어제 일본에 간 것 같습니다.

- かれは 中国語が できるらしい。
  그는 중국어를 할 수 있는 것 같다.

36 ～かも しれない 〜할지도 모른다

「～かも しれない」의 공손한 표현은 「～かも しれません」으로 가능성은 50~60% 정도를 나타낸다. 그리고 「～かも しらない」라고 하지 않는 점도 알아 두자. 동사의 사전형, 명사, な형용사의 어간에 접속한다. 또한 「～の, ～なの」가 붙어 사용되기도 한다.

급소 따르기

- 雨が ふるかも しれない 비가 올지도 모른다
- しずかかも しれない 조용할지도 모른다
- けっこんするかも しれない 결혼할지도 모른다
- びょうきかも しれない 아플지도 모른다
- あっちかも しれません 저쪽일지도 모릅니다

- 午後から 雨が ふるかも しれません。
  오후부터 비가 올지도 모릅니다.

- 今すぐ タクシーに 乗れば 間に合うかも しれないから タクシーで 行こう。
  지금 바로 택시를 타면 시간에 맞출지도 모르니까 택시로 가자.

- あの 画家は 21世紀の ピカソの ような 存在に なるかも しれない。
  그 화가는 21세기 피카소 같은 존재가 될 지도 모른다.

- もっと がんばって いたら 試験に 受かって いたかも しれない。
  좀더 분발했다면 시험에 합격했을지도 모른다.

- かれの 話は 本当かも しれないし、そうで ないかも しれない。
  그의 이야기는 사실일지도 모르고, 그렇지 않을지도 모른다.

- 山田さんは ルールを 知らなかったのかも しれません。
  야마다 씨는 규칙을 몰랐을지도 모릅니다.

- かえりは 荷物が ふえるかも しれないし、もっと 大きい かばんが いいと 思うよ。
  돌아올 때는 짐이 늘지도 모르고 하니, 더 큰 가방이 좋다고 생각해.

37 ～はず(だ) ⁰⁸⁵ ~일 터(이다)

「～はずだ」는 「활용어의 종지형, 명사+の」 등에 접속하여 필연·추측·납득 등을 서술하는 표현이다. 일이 당연히 그래야 할 것임을 나타내기도 하고, 약속 또는 예정이 되어 있는 것을 나타내기도 한다. 그리고 「どうりで～はずだ(어쩐지 ~하더라)」라는 표현도 잘 익혀두자.

급소 따르기

- るすの **はずだ** 집에 없을 것이다
- とても ねむい **はずだ** 무척 졸릴 것이다
- 病気は なおる **はずだ** 병은 나을 것이다
- **どうりで** すいてる **はずだ** 어쩐지 비어 있더라
- 学校に いる **はずだ** 학교에 있을 것이다
- 知って いる **はずだ** 알고 있을 터이다

- きのう 約束したから かれは 来る **はずです。**
  어제 약속했으니까 그는 올 겁니다.

- この 薬を 飲めば 病気は なおる **はずです。**
  이 약을 먹으면 병은 나을 겁니다.

- A「いつもなら この 時間帯は こんでるのに、今日は すいてるね。」
  평소라면 이 시간대는 붐빌텐데, 오늘은 비어 있네.
  B「祝日だからね。」
  경축일이니까.
  A「あ、そっか。**どうりで** すいてる **はずだ。**」
  아, 그래? 어쩐지 비어 있더라.

- A「今日 山田君に 会ったよ。」
  오늘 야마다 군을 만났어.
  B「それは 変だ。今は 韓国に いる **はずなのに。**」
  그건 이상한데. 지금은 한국에 있을 텐데.

- たしか ぼくの 車、この辺に とめた **はずなんだ**よ。
  아마 내 차, 이 주변에 주차했을 거야.

- 彼らは 8時 30分に 到着する **はずだった。**
  그들은 8시 30분에 도착할 터였다.

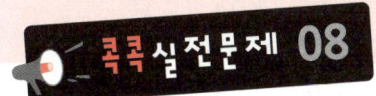 

정답과 해석 QR코드로 바로 확인!!

もんだい1 （　　）に 何を 入れますか。1・2・3・4から いちばん いい ものを 一つ えらんで ください。

1　午後 雨が（　　）かも しれないから、かさを 持って 行きましょう。029
　1 ふり　　　　2 ふって　　　　3 ふった　　　　4 ふる

2　電車が（　　）まま、動かない。046
　1 とまる　　　2 とまった　　　3 とまり　　　　4 とまって

3　おじいさんが 元気だ（　　）いいんだけどね。070
　1 か　　　　　2 が　　　　　　3 と　　　　　　4 で

4　くつを（　　）まま きょうしつに 入っては いけません。046
　1 はき　　　　2 はく　　　　　3 はいて　　　　4 はいた

5　今日は やくそくが あって だめですが、今日（　　）いつでも いいです。082
　1 じゃ なければ　2 なら　　　　3 じゃ ないと　　4 だったら

6　あした ひま（　　）、えいがを みに 行きませんか。078
　1 とき　　　　2 から　　　　　3 には　　　　　4 なら

7　しゅくだいが（　　）、テレビを つけて ください。048
　1 おわって　　2 おわったら　　3 おわったり　　4 おわっては

8　あの おじいさんの 話は 何回（　　）わかりません。065
　1 聞いても　　2 聞いては　　　3 聞くと　　　　4 聞いたら

9 あした りょこうに（　　）なら、早く ねなさいね。 078
1　行か　　　　2　行く　　　　3　行き　　　　4　行って

10 この 道を まっすぐ 行く（　　）、大きい デパートの 前に 出ます。 070
1　ても　　　　2　し　　　　　3　と　　　　　4　のに

11 げんかんの ベルが なったけれど、いまごろ だれ（　　）。 049
1　だろう　　　2　らしい　　　3　ようだ　　　4　みたい

12 あなたが（　　）、わたしも 行きます。 078
1　行って　　　2　行くと　　　3　行っても　　4　行くなら

13 友だちに お金を かりた（　　）、かえすのを わすれて いました。 046
1　ながら　　　2　だけ　　　　3　あいだ　　　4　まま

14 やりかたが（　　）、手を あげて しつもんして ください。 048
1　わからなくて　　　　　　　2　わからないで
3　わからなかったら　　　　　4　わからないと

15 もし 雨が（　　）うんどうかいを します。がんばって ください。 065
1　ふるので　　　2　ふっても　　3　ふるのに　　4　ふって

16 （　　）お電話ください。 048
1　さびしだったら　　　　　　2　さびしいだったら
3　さびしかったら　　　　　　4　さびしいかったら

もんだい2 ___★___ に 入る ものは どれですか。1・2・3・4から いちばん いい ものを 一つ えらんで ください。

17 山田さんは _____ ___★___ _____ _____ やすみませんでした。 065
　1 病気に　　　2 も　　　　3 学校を　　　4 なって

18 こうばんへ 行きたいんですが、_____ ___★___ _____ _____ か。 082
　1 いい　　　　2 どう　　　3 行けば　　　4 です

19 すずきさんは _____ ___★___ _____ _____ しれません。 029
　1 けっこん　　2 かも　　　3 する　　　　4 来年

20 れんらくして ありますから _____ _____ ___★___ _____ です。 085
　1 も　　　　　2 来る　　　3 田中さん　　4 はず

21 さとうさんは おととい _____ _____ ___★___ _____ ですよ。 094
　1 行った　　　2 らしい　　3 へ　　　　　4 外国

もんだい3 [22] から [26] に 何を 入れますか。文章の 意味を 考えて、1・2・3・4から いちばん いい ものを 一つ えらんで ください。

つぎの 文章は 「田中さんと 山下さんの 日曜日の こと」に ついて 書いた 作文です。

　田中さんと 山下さんは、日曜日に 雨が 降ったら、山へ 行かないで 映画を [22]。2人とも 山が とても 好きなので、山へ 行きたいと 思って いました。[23]、天気予報は 雨でした。田中さんは それを 聞いて 空を 見ましたが、星が 出て いたので、安心して ねました。山下さん [24] 天気予報を 聞いて ねました。山下さんは 山に 行った ゆめを 見ました。

　日曜日は 雨が 降りました。だから、2人は 山に 行かないで [25]。田中さんは 「ゆうべは 空に 星が 出て いました。」と 言いました。山下さんは 「ゆめの 中で 山に 行きました。」と 言いました。2人とも 雨が 降らない ほうが よかったと [26]。

[22]
1　見る ことが できます　　2　見て いる ところです
3　見る ことに しました　　4　見た ことが あります

[23]
1　それで　　2　それから　　3　しかし　　4　たとえば

24

    1 も   2 と   3 で   4 や

25

    1 海に 行きました   2 学校に 行きました
    3 公園を さんぽしました   4 映画を 見ました

26

    1 思わない はずです   2 思って いました
    3 思わない つもりです   4 思って いません

문제해결 키워드

- **~たら** N4 048 ~한다면
  日曜日に 雨が 降ったら 일요일에 비가 오면(01行)

- **~ないで** N5 024-9 ~하지 않고
  山へ 行かないで 산에 가지 않고(01行)

- **~ことに する** N4 033 ~하기로 하다
  映画を 見る ことに しました
  영화를 보기로 했습니다(02行)

- **~ので** N4 012 ~이어서
  2人とも 山が とても 好きなので
  둘다 산을 아주 좋아하기 때문에(02行)

- 星が 出て いたので 安心して ねました
  별이 떠 있었기 때문에 안심하고 잤습니다(04行)

- **~と 思う** N4 019 ~라고 생각하다
  山へ 行きたいと 思って いました
  산에 가고 싶다고 생각하고 있었습니다(02行)

- **~ない ほうが いい** N4 087 ~하지 않는 것이 좋다
  雨が 降らない ほうが よかったと
  비가 오지 않는 것이 좋았다고(08行)

38 〜はずが ない ⁰⁸⁴ ~할 리가 없다

「〜はずが ない」는 「~할 리가 없다」라는 뜻으로, 대개 동사의 사전형에 접속하여 추측을 나타낸다.
「〜はずは ない」는 「~할 리는 없다」로 강조 표현이다.

> **급소 찌르기**
> - ひどい ことを する **はずが ない** 심한 짓을 할 리가 없다
> - りょこうに くる **はずが ない** 여행에 올 리가 없다

- かのじょが ここへ 来る **はずが ありません**。
  그녀가 여기에 올 리가 없습니다.

- 絶対に 彼が そんな ことを 言う **はずが ない**。
  절대로 그가 그런 말을 할 리가 없다.

- あの 店は そんなに 込んで いる **はずが ありません**。
  그 가게는 그렇게 붐빌 리가 없습니다.

- A 「洗うと 色が 落ちるんでしょうか。」
  빨면 색이 빠질까요?
  B 「そんな **はずは ありません**。」
  그럴 리는 없습니다.

39 〜ようだ ⁰⁹⁰ ~인 것 같다, ~인 듯하다

「〜ようだ」는 대개 「い형용사의 사전형, 명사+の, 명사 과거형(だった)」 등에 접속하여 추량 또는 불확실한 단정의 용법으로 오감이나 감촉을 통한 직감적인 판단을 나타낸다. 〈표현 의도 47〉에서 다룰 비유・예시와 혼동하지 않도록 주의하자. 이와 비슷한 표현으로는 「〜らしい」가 있는데, 「〜らしい」는 외부 정보에 근거를 둔 추량으로, 들은 내용・본 것 또는 전문 정보를 재료로 해서 객관적으로 판단할 때 사용한다.

> **급소 찌르기**
> - ちょっと からいようですね 좀 매운 것 같군요
> - おいしゃさんのようですね 의사 선생님인 것 같군요
> - ふるい もののようだ 낡은 것 같다
> - 休みだったようだ 휴관이었던 것 같다

- 田中さんは もう ねたようです。
  다나카 씨는 벌써 잠든 모양입니다.

- 先週は 図書館が 休みだったようだ。
  지난주는 도서관이 휴관이었던 것 같다.

40 〜そうだ ~라고 한다

「〜そうだ」는 「동사·い형용사의 종지형, な형용사의 사전형, 명사+だ」에 접속해서 전문(伝聞)의 뜻을 나타낸다. 일반적으로 본인이 직접 들은 것을 상대방에게 전달할 때 사용한다. 그리고 양태의 「〜そうだ(~한 듯하다)」와 접속 형태와 뜻이 다른 점에 주의하자. 「〜に よると(~에 따르면, ~에 의하면)」와 호응한다.

> **급소 찌르기**
> - とても いいそうだ 매우 좋다고 한다
> - じしんが あったそうだ 지진이 있었다고 한다
> - ふじさんに のぼるそうだ 후지산에 오른다고 한다
> - おまつりが あるそうだ 축제가 있다고 한다
> - にゅういんしたそうだ 입원했다고 한다
> - じこだそうだ 사고라고 한다

- ニュースに よると、きのう 神戸で じしんが あったそうです。
  뉴스에 따르면 어제 고베에서 지진이 있었다고 합니다.

- 天気よほうに よると 今夜は ゆきが ふるそうです。
  일기예보에 따르면 오늘 밤에는 눈이 내린다고 합니다.

41 〜やすい 〜하기 쉽다

「〜やすい」는 동사의 연용형(ます형)에 접속하여 「〜하기 쉽다」 또는 「〜하기에 용이하다, 그런 경향이 있다」는 뜻을 나타낸다. 문맥에 따라서 좋은 평가가 되기도 하고 나쁜 평가가 되기도 한다.

급소 찌르기
- せいかつし**やすい** 생활하기 쉽다
- 書き**やすい** 쓰기 편하다
- みちが すべり**やすい** 길이 미끄러지기 쉽다
- はき**やすい** 신기 편하다
- びょうきに なり**やすい** 병에 걸리기 쉽다
- かぜを ひき**やすい** 감기에 걸리기 쉽다

- 最近の コンピューターは ずいぶん 使い**やすく** なりました。
  요즘 컴퓨터는 상당히 쓰기 쉬워졌습니다.
- 山に のぼる ときに はく かるくて 歩き**やすい** くつを さがして います。
  산에 오를 때 신을 가볍고 걷기 편한 신발을 찾고 있습니다.

42 〜にくい 〜하기 어렵다

「〜にくい」는 동사의 연용형(ます형)에 접속하여 「〜하기 어렵다」라는 뜻을 나타내지만, 문맥에 따라서 좋은 평가가 되기도 하고 나쁜 평가가 되기도 한다.

급소 찌르기
- わかり**にくい** 알기 어렵다
- かさは おもくて さし**にくい** 우산은 무거워서 쓰기 힘들다
- 人が みえ**にくい** 사람을 발견하기 어렵다

- この ボールペンは 書き**にくい**です。
  이 볼펜은 쓰기 어렵습니다.
- 単語は 例文と いっしょに おぼえれば わすれ**にくい**。
  단어는 예문과 함께 외우면 잊어버리기 어렵다.

43　〜は 〜より ⁰⁸⁶ ~은 ~보다

「〜は 〜より」는 대표적인 비교 표현으로 「〜より〜ほうが ^{N4 093}」 표현으로 바꿀 수 있다.

> **급소 찌르기**
> - きょうは きのうより 오늘은 어제보다
> - わたしの 国は 日本より 우리나라는 일본보다
> - けさは きのうの あさより さむい 오늘 아침은 어제 아침보다 춥다
> - この くつは あの くつより たかい 이 구두는 저 구두보다 비싸다

- この カメラは あの カメラより 高いです。
  이 카메라는 저 카메라보다 비쌉니다.
  ＝あの カメラより この カメラの ほうが 高いです。
  저 카메라보다 이 카메라 쪽이 비쌉니다.

- 男の子の 顔は 父親より 母親に にると いう 話を 聞いた。
  남자 아이 얼굴은 아버지보다 어머니를 닮는다는 이야기를 들었다.

44　〜より（〜ほうが）⁰⁹³ ~보다 (~쪽이), ~보다 (~가 더)

「〜より 〜ほうが」는 비교 표현으로 「〜は 〜より ^{N4 086}」 표현으로 바꿀 수 있다. 또한 「〜より(~보다)」 단독으로 쓰이는 경우도 있다.

> **급소 찌르기**
> - さとうより しおの ほうが やすい 설탕보다 소금 (쪽)이 싸다

- あの 店より この 店の ほうが いいです。
  저 가게보다 이 가게 쪽이 좋아요.
  ＝この 店は あの 店より いいです。
  이 가게는 저 가게보다 좋아요.

- 絵画では 私より 彼女の ほうが すぐれて います。
  회화에서는 나보다 그녀가 더 뛰어납니다.

- 私は 料理が 下手だから 自分で つくるより レストランで 食べる ことの ほうが 多い。
  나는 요리가 서툴러서 내가 만들기보다 레스토랑에서 먹을 때가 더 많다.

- 今日は 会議が あるので いつもより 早く 会社に 行きました。
  오늘은 회의가 있어서 평소보다 일찍 회사에 갔습니다.

- 彼女は クラスの だれよりも 上手に ピアノを ひきます。
  그녀는 반의 누구보다도 능숙하게 피아노를 칩니다.

- 父は いつもより 帰って くるのが 遅かったです。
  아버지는 평소보다 귀가하는 것이 늦었습니다.

45 ～と ～と どちら ⁰⁷¹ ~와 ~중 어느 쪽

「～と ～と どちら」는 2개 중에 하나를 고르는 비교 표현이며, 답변으로는 「～の ほうが ～です (~쪽이 ~합니다)」가 된다.

급소 피르기
- この 大学と あの 大学と どちらが ちかいですか
  이 대학과 저 대학 중 어느 쪽이 가깝습니까?
- バイオリンと ギターと どちらが やさしいですか 바이올린과 기타 중 어느 쪽이 쉽습니까?

- A「コーヒーと こうちゃと どちらが 好きですか。」
  커피와 홍차 중 어느 쪽을 좋아합니까?
  B「コーヒーの ほうが 好きです。」
  커피 쪽이 좋습니다.

- 南としょかんと 北としょかんと どちらが 英語の 本が 多いですか。
  남도서관과 북도서관 중 어느 쪽이 영어책이 많습니까?

46 ～ほど ～ない ⁰⁸⁸ ~만큼 ~하지 않다

「～ほど ～ない」는 비교 표현으로 2가지를 비교해서 부정으로 대답한다. 「～ほどでは ない・～ほどでも ない(~정도는 아니다)」의 형태로도 출제되고 있다. 「～ほど(~만큼)」 단독으로 쓰이기도 한다.

급소 찌르기

- すずきさんの ところほど ひろく ない 스즈키 씨가 있는 곳만큼 넓지 않다
- きょねんの なつほど あつく ない 작년 여름만큼 덥지 않다
- きょねんの しけんほど むずかしく ない 작년 시험만큼 어렵지 않다
- あの くろい くつほど たかく ない 저 검은 구두만큼 비싸지 않다
- ちょくせつ 行くほどでは ない 직접 갈 정도는 아니다
- それほどでも ない 그 정도도 아니다

- ヘリコプターは ひこうきほど はやく ないです。
  헬리콥터는 비행기만큼 빠르지 않습니다.

- A 「それ、簡単？」 그거 쉬워?
  B 「君が 考えて いるほど 簡単では ないよ。」
  네가 생각하고 있는 만큼 쉽지 않아.

- その 問題は おどろくほど やさしかったです。
  그 문제는 놀랄 만큼 쉬웠습니다.

- 私は 姉ほどは 音楽に 関心が ありません。
  나는 언니만큼은 음악에 관심이 없습니다.

- A 「この むずかしい 問題が よく わかったね。ずいぶん 勉強したんでしょう。」
  이 어려운 문제를 잘도 알았네요? 꽤 공부했죠?
  B 「いや、それほどでも ないです。」
  아니, 그 정도는 아니에요.

- A 「寒いですか。」 춥습니까?
  B 「いいえ、それほどでも ありません。」 아니요, 그 정도는 아닙니다.

47 〜ようだ⁰⁹⁰ ~와 같다

「〜ようだ」는 대개 「명사+の, 활용어의 종지형」에 접속하여 비유와 예시를 나타낸다. ①비유의 표현은 거의 흡사하다는 뜻을 나타내는 것으로, 주로 「まるで(마치)」와 함께 쓰인다. ②예시의 표현은 구체적인 예를 들어 정도 등을 명확하게 설명하는 것으로 「(たとえば)〜のような」와 같은 형태를 취한다. 그리고, 「〜ような」는 취지 등을 나타내기도 하는데, 우리말로 해석되지 않는 경우도 있다. 예를 들면 「そのような 意味の ことを 言った(그와 같은 의미의 말을 했다)」「金が ほしいというような メール(돈이 필요하다는 듯한 메일)」 등이다.

급소 따르기

- 子どもの**ように** 아이처럼
- とりの**ように** 새와 같이
- ゆめの**ような** 꿈과 같은
- しんだ**ように** 죽은 것처럼
- ひるまの**ように** 낮과 같이
- まるで おさけを 飲んだ**ような** 마치 술을 마신 것 같은

- 鳥の**ように** 空が とべたら いいと 思います。　[비유와 예시]
  새처럼 하늘을 날 수 있었으면 좋겠다고 생각합니다.

- かのじょは あかんぼうの**ような** 手を して います。　[비유와 예시]
  그녀의 손은 갓난아이의 손과 같습니다.

- かれは まるで おさけを 飲んだ**ような** かおを して います。　[비유와 예시]
  그는 마치 술을 마신 듯한 얼굴을 하고 있습니다.

- 草色と いうのは 今 わたしが はいて いる ズボンの **ような** こんな 色です。　[비유와 예시]
  풀색이란 지금 내가 입고 있는 바지와 같은 이런 색입니다.

- わたしの 両親は 同じ**ような** 性格を して います。　[취지 등]
  저의 부모님은 비슷한 성격을 갖고 있습니다.

48 いくら ～ても ⁰¹⁸ 아무리 ~해도

「いくら ～ても」는 「どんなに ～ても」와 같은 표현으로, 특히 「いくら」와 「いくつ」의 구별을 확실히 해 두자.

- いくら まっても 아무리 기다려도
- いくら でんわを かけても 아무리 전화를 걸어도

- いくら 電話を かけても だれも 出なかった。
  아무리 전화를 걸어도 아무도 받지 않았다.

- いくら 勉強しても なかなか 漢字が おぼえられない。
  아무리 공부해도 좀처럼 한자를 외울 수 없다.

콕콕실전문제 09

もんだい1　（　　）に 何を 入れますか。1・2・3・4から いちばん いい ものを 一つ えらんで ください。

1　先生の 話では 新しい じしょは とても（　　）そうです。
　　1　よく　　　2　よくて　　　3　いい　　　4　いいだ

2　かるくて（　　）やすい くつが ほしいと 思います。
　　1　歩け　　　2　歩いて　　　3　歩く　　　4　歩き

3　やさしい 山田さんが こんな ひどい ことを（　　）。
　　1　する ためだ　　　　　　2　する はずが ない
　　3　しない ままだ　　　　　4　しない ところだ

4　ニュースに よると、ゆうべ おおさかで じしんが（　　）そうです。
　　1　ある　　　2　あった　　　3　あり　　　4　あって

5　ずいぶん（　　）にくい ぶんぽうですね。
　　1　わかる　　　2　わから　　　3　わかって　　　4　わかり

6　友だちの 話では 山田先生は あした ふじ山に（　　）そうだ。
　　1　のぼろう　　　2　のぼる　　　3　のぼった　　　4　のぼるだろう

7　この 本は 漢字が 多くて（　　）にくいです。
　　1　読み　　　2　読む　　　3　読ま　　　4　読んで

8　今日は きのう（　　）あつく ありません。
　　1　ほど　　　2　しか　　　3　など　　　4　ばかり

9 この スカート は あの スカート（　　）やすいです。086
1 ほどは　　　2 より　　　3 ように　　　4 ほう

10 この スカート は あの 赤い スカート（　　）高く ないです。088
1 だけ　　　2 でも　　　3 しか　　　4 ほど

11 子どもたちは こうえんで（　　）そうに あそんで います。042
1 たのしく　　　2 たのしくて　　　3 たのし　　　4 たのしい

12 私は りんごより なしの ほう（　　）好きです。093
1 が　　　2 の　　　3 を　　　4 に

13 今年の ふゆは、きょねんの ふゆ（　　）さむく ありませんでしたね。088
1 しか　　　2 でも　　　3 ごろ　　　4 ほど

14 そんな ゆめの（　　）話は うそだと 思います。090
1 ようの　　　2 ような　　　3 ように　　　4 ようで

15 英語（　　）日本語（　　）どちらが やさしいですか。071
1 が / が　　　2 も / も　　　3 と / と　　　4 や / や

16 A「この スープ ちょっと まずく ないですか。」090
B「そうですか。ちょっと のんで みましょう。うーん、ちょっと（　　）ですね。」
1 まずいらしい　　　2 まずいよう　　　3 まずいそう　　　4 まずいため

17 外は 思ったより（　　）ようですね。 090
1　寒い　　　　2　寒く　　　　3　寒くの　　　　4　寒いの

18 母は 年を とって かぜを（　　）やすく なりました。 089
1　ひか　　　　2　ひいて　　　3　ひき　　　　　4　ひく

19 きょうは きのう（　　）すずしいですね。 086
1　まで　　　　2　では　　　　3　より　　　　　4　とか

20 ソウルは 夜でも 昼間の（　　）あかるいですね。 090
1　よう　　　　2　ようだ　　　3　ような　　　　4　ように

21 コーヒーと こうちゃとでは どちら（　　）すきですか。 002・071
1　が　　　　　2　で　　　　　3　と　　　　　　4　は

22 よるは くらくて あるいて いる 人が（　　）にくいので、注意して うんてん します。 079
1　見える　　　2　見えた　　　3　見えて　　　　4　見え

23 母は はじめて ひこうきに 乗って、子どもの（　　）よろこんだ。 090
1　そうに　　　2　ように　　　3　くらい　　　　4　らしい

24 今日は きのうほど 風が（　　）。 088
1　強かった　　2　強いだろう　3　強い　　　　　4　強くない

もんだい2 ___★___ に 入る ものは どれですか。1・2・3・4から いちばん いい ものを 一つ えらんで ください。

25 道が せまい _____ ___★___ _____ _____ 自動車は とおれません。
　1　ので　　　　2　大きな　　　　3　ような　　　　4　バスの

26 わたしの へやは 姉の _____ _____ ___★___ _____。
　1　ほど　　　　2　広く　　　　　3　ない　　　　　4　へや

27 山田さんは 入院して いるので、あしたの _____ _____ ___★___ _____。
　1　ない　　　　2　旅行に　　　　3　はずが　　　　4　来る

28 _____ _____ ___★___ _____ が せが 高いです。
　1　ほう　　　　2　弟の　　　　　3　より　　　　　4　兄

29 お母さんが _____ ___★___ _____ _____ 帰りなさい。
　1　そうだ　　　2　から　　　　　3　待って いる　　4　早く

もんだい3 　30 から 34 に 何を 入れますか。文章の 意味を 考えて、1・2・3・4から いちばん いい ものを 一つ えらんで ください。

つぎの 文章は「日本の 花見」に ついて 書いた 作文です。

　日本に 来て はじめての 春、おもしろかったのは 花見と いう しゅうかんです。 30 わたしの 国でも、花を 見て、みんなで たのしみますが、日本のように さくらと いう 特別な 花の ための 特別な しゅうかんは ありません。

　 31 、いちばん おどろいたのは 特別な しゅうかんが ある ことでは なくて、3月の おわりごろから、4月の はじめまで、天気よほう 32 ニュースでも 花見に ついて「東京では 30日ごろ さきはじめます」、「今日、さくらが さきました」 などと 33 ことです。

　わたしも 友だちと いっしょに 花見を しました。学校の 近くの 公園に 行ったのですが、日本の 花見では 34 、みんなで 食べたり 飲んだり して にぎやかに さわぐ ほうが だいじなようです。

30
1　なるほど　　2　ですから　　3　それでは　　4　もちろん

31
1　では　　2　でも　　3　だから　　4　それで

32
1　や　　2　は　　3　が　　4　に

33

1　かぞえて　くれる　　　　2　かぞえて　あげる

3　おしえて　くれる　　　　4　おしえて　あげる

34

1　花を　見る　まえに　　　2　花を　見るより

3　花を　見た　あとで　　　4　花を　見るのも

문제해결 키워드

- **~ようだ**^{N4 090} ~인 듯하다, ~인 것 같다
  日本のように 일본처럼(02行)
  にぎやかに さわぐ ほうが だいじなようです
  북적거리며 떠드는 것이 중요한 것 같습니다(11行)

- **~について**^{N3 050} ~에 대해서
  「日本の 花見」に ついて
  '일본의 꽃놀이'에 대해서(제시글)

- **~と いう**^{N5 010} ~라고 하는
  花見と いう しゅうかんです
  꽃놀이라는 풍습입니다(01行)
  さくらと いう 特別な 花
  벚꽃이라는 특별한 꽃(03行)

- **~ための**^{N4 047} ~위한
  特別な 花の ための 特別な しゅうかん
  특별한 꽃을 위한 특별한 풍습(03行)

- **~や**^{N5 020} ~이나, ~이랑
  天気よほうや ニュースでも
  일기예보나 뉴스에서도(06行)

- **~て くれる**^{N4 061} ~해 주다
  おしえて くれる ことです
  가르쳐 주는 것입니다(08行)

- **~たり~たり(する)**^{N5 034} ~하기도 하고 ~하기도 (하다)
  みんなで 食べたり 飲んだり して
  모두 함께 먹거나 마시거나 해서(10行)

49　～なくても いい [075] ~하지 않아도 좋다[된다]

「～なくても いい」는 어떤 동작이나 행위의 불필요함을 나타낸다. 즉 「～なければ ならない」와는 정반대의 의미로 일종의 허가 표현이다.

급소 찌르기
- 行かなくても いい 가지 않아도 된다
- 書かなくても いい 쓰지 않아도 된다
- かえさなくても いい 돌려주지 않아도 된다
- もって こなくても いい 가져오지 않아도 좋다

- 日曜日は 会社へ 行かなくても いいです。
  일요일에는 회사에 가지 않아도 됩니다.

- わからなければ 書かなくても いいです。
  모르면 쓰지 않아도 됩니다.

- 時間が あるから、いそがなくても いいですよ。
  시간이 있으니까 서두르지 않아도 돼요.

50　～なくても かまわない [076] ~하지 않아도 상관없다[괜찮다]

「～なくても かまわない」는「～なくても いい」와 거의 흡사한 표현이다. 어떤 동작이나 행위의 불필요함을 나타낸다.

급소 찌르기
- てつだいに こなくても かまわない 도와주러 오지 않아도 괜찮다
- もって こなくても かまわない 가져오지 않아도 상관없다
- らいしゅうの かいぎには 出なくても かまいませんか
  다음 주 회의에는 출석하지 않아도 상관없습니까?

- この 部屋は そうじを しなくても かまいません。
  이 방은 청소를 하지 않아도 괜찮습니다.

N4 문법 05 표현 의도

51　～かた(方) ⁰²⁶ ~하는 방법

「～かた」는 동사의 연용형(ます형)에 접속하여「~하는 방법」이라는 뜻을 나타낸다.

- きっぷの 買い方 표 사는 법
- おはしの つかいかた 젓가락 사용법
- 漢字の じしょの つかいかた 한자 사전 사용법
- りょうりの つくりかた 요리 만드는 법
- 漢字の 読み方 한자의 읽는 법

- この コンピューターの 使い方を 教えて ください。
  이 컴퓨터 사용법을 가르쳐 주세요.
- この 漢字の 読み方が むずかしいです。
  이 한자의 읽는 법이 어렵습니다.

52　동사의 명령형 ⁰⁹⁷ ~해라

「~해라」의 명령형은 우리말과 달리 일본어에서는 실제 회화에서 거의 찾아볼 수가 없다. 이는 직접적인 표현을 꺼리는 일본인들의 언어 습관에 기인하는 것으로 우리가 특히 주의해야 할 점이다. 이 표현은 인용문 등에서 종종 볼 수 있으며, 대표적인 명령형으로「しろ(해라)」「こい(와라)」「みろ(봐라)」「いけ(가라)」등이 있다. 또한 출제기준 외로「がんばれ(힘내라)」와 같이 상대방을 격려할 때 극히 제한적으로 쓰이는 경우도 있다.

- しっかり しろ 똑바로 해라
- いそげ 서둘러

- 善は 急げ。 좋은 일은 서둘러라.
- はやく おきろ、がっこうに おくれるよ。 빨리 일어나, 학교 늦는다

53　～なさい ~하시오, ~해라

「～なさい」는 일종의 명령 표현이므로 사용에 제한이 많다. 어머니가 아이들에게 쓰는 정도라고 익혀 두면 된다. 그리고 「**おやすみなさい・おかえりなさい**」 등과 같이 굳혀진 인사말 표현도 있다. 동사의 연용형(ます형)에 접속한다.

> **급소 찌르기**
> - あるき**なさい** 걸으시오
> - ここに き**なさい** 여기로 와라
> - これから どうするのか ゆっくり かんがえ**なさい** 앞으로 어떻게 할지 천천히 생각하시오

- 食後に この くすりを 飲み**なさい**。
  식후에 이 약을 먹어라.

54　～ために / ～ため ~하기 위해서 / ~(을) 위함

「～ために」는 동작의 목적을 나타내므로, 「～」 부분에는 「**先生に なる**(선생님이 되다)・**しけんを うける**(시험을 보다)・**けんきゅうする**(연구하다)・**しあいに かつ**(시합에 이기다)・**くつを かう**(신발을 사다)」 등의 동사 사전형이 온다.

> **급소 찌르기**
> - せんせいに なる **ために** 선생님이 되기 위해서
> - 家を 建てる **ために** 집을 짓기 위해서
> - しけんを うける **ために** 시험을 보기 위해서
> - しあいに かつ **ために** 시합에 이기기 위해서
> - いい くつを 買う **ために** 좋은 신발을 사기 위해서
> - 日本で 働く **ために** 일본에서 일하기 위해서
> - 日本文学を 研究する **ために** 일본 문학을 연구하기 위해서

- 彼は 大学に はいる **ために** いっしょうけんめい 勉強して います。
  그는 대학에 들어가기 위해서 열심히 공부하고 있습니다.

- きつい ことは 言いたく ないが、かれ 本人の ためです。
  심한 말은 하고 싶지 않지만, 그 사람 본인을 위해서입니다.

- この 本は 初心者の ための 英会話の 本です。
  이 책은 초보자를 위한 영어회화 책입니다.

55 〜そうだ ⁰⁴² ~한 듯하다, ~할 것 같다

「〜そうだ」는 「동사 연용형, い형용사·な형용사의 어간」에 접속하여 주관적으로 판단한 모양과 상태를 나타낸다. 특히 い형용사 「ない・よい」는 「**なさそうだ**(없을 것 같다)・**よさそうだ**(좋을 것 같다)」가 된다. 전문(伝聞)을 나타낼 때와 구별하자.

급소 찌르기

- はずかしそうな 부끄러운 듯한
- おいしそうな 맛있을 것 같은
- たのしそうに 즐거운 듯이
- おそく なりそうだ 늦어질 것 같다
- さいふが おちそうだ 지갑이 떨어질 것 같다
- むずかしそうな 어려운 듯한
- たかそうな 비싼 듯한
- ねむそうだ 졸린 듯하다
- がくせいでは なさそうだ 학생이 아닌 듯하다

- 子どもたちは たのしそうに あそんで います。
  아이들은 즐거운 듯이 놀고 있습니다.

- 今日は 風が 強いし 寒そうだから 出かけたくない。
  오늘은 바람이 강하고 추울 것 같으니까 외출하고 싶지 않다.

- 今にも ガソリンが なくなりそうだ。
  당장이라도 기름이 떨어질 것 같다.

56 〜ので 〜이므로, 〜이어서

「〜ので」앞에는 명사와 な형용사의 연체형이 온다. 즉「きれいなので・しけんなので・かんたんなので」등이다. 객관적인 이유를 말할 때 주로 쓰며,「〜ので+だ」라는 표현은 없으므로 주의하자.

> **급소 찌르기**
> - あったので 있었으므로
> - わるかったので 나빴으므로
> - しけんなので 시험이라서
> - べんりなので 편리해서
> - きれいなので 예뻐서
> - かんたんなので 간단하므로

- あすは しけんなので、今日は 早く ねます。
  내일은 시험이라서 오늘은 일찍 잡니다.

57 〜ため(に) 〜때문에

「〜ため(に)」는 이유를 나타내는 뜻으로는 4회 출제되었고,「동작의 목적(~하기 위해서)」을 나타내는 뜻으로는 8회 출제되었다.「〜ため」는 명사이므로 명사끼리의 접속은 조사「の」로 연결해 준다는 점을 잊어서는 안 된다. 동사의 경우는 대개 과거형(た형)에 접속한다.

> **급소 찌르기**
> - ゆきが たくさん ふった ため 눈이 많이 내렸기 때문에
> - じこが あった ために 사고가 났기 때문에
> - けいたい電話を わすれた ために 휴대전화를 두고 왔기 때문에

- 病気の ため(に) 会社を やめました。
  아파서 회사를 그만두었습니다.

- けいたい電話を わすれた ために、れんらくできませんでした。
  휴대전화를 두고 왔기 때문에 연락을 못했습니다.

58 〜が する ~이 나다

「〜が する」의 「〜」 부분에는 「音(소리)・におい(냄새)・味(맛)・こえ(목소리)」 등이 오는데, 「音」가 5회, 「におい」가 2회, 「あじ」가 1회 출제되었다. 「する」를 타동사라고 생각해서 조사 「を」를 취할 것 같지만 그렇지 않음에 주의해야 한다.

급소 찌르기

- 音が する 소리가 나다
- へんな においが する 이상한 냄새가 난다
- あじが する 맛이 나다
- だんせいの こえが した 남자 목소리가 났다

- この 花は いい においが します。
  이 꽃은 좋은 냄새가 납니다.

- A 「なにか 音が しなかった？」
  뭔가 소리가 나지 않았어?

  B 「べつに なにも 聞こえなかったけど。」
  딱히 아무것도 들리지 않았는데.

- この もちは なんの 味も しません。
  이 떡은 아무 맛도 안 납니다.

콕콕 실전문제 10

もんだい1 （　）に 何を 入れますか。1・2・3・4から いちばん いい ものを 一つ えらんで ください。

① （　　）。まだ 話が ある。
1 待たず　　2 待つな　　3 待てる　　4 待って

② きっぷを 買って（　　）いいですか。
1 おかなくては　2 おかなくても　3 おかないなら　4 おかないでは

③ 乗車カードの（　　）かたを 教えて ください。
1 つかい　　2 つかえ　　3 つかう　　4 つかって

④ そつぎょうした あと、どう するのか ゆっくり（　　）。
1 考えようだ　2 考えなさい　3 考えみたい　4 考えところだ

⑤ その かさは きょう（　　）いいです。
1 かえさないでは　2 かえさないなら　3 かえさなくては　4 かえさなくても

⑥ 「ゆき」と いう 漢字の 書き（　　）を 知って いますか。
1 こと　　2 ところ　　3 かた　　4 ひと

⑦ ねつが ある（　　）、病院へ 行きました。
1 ので　　2 まで　　3 にも　　4 でも

⑧ A「なまえは（　　）いいですか。」
B「いいえ、おねがいします。」
1 書かない　2 書かないでは　3 書かなくても　4 書かなくては

9　この おかしは、チーズの 味（　　）します。 025
　　1　が　　　　2　を　　　　3　で　　　　4　の

10　その こうえんは しずかで（　　）ので、よく さんぽに 行きます。 012
　　1　きれい　　2　きれいな　　3　きれいで　　4　きれいだ

11　テーブルの 上に（　　）そうな りんごが あります。 042
　　1　おいし　　2　おいしい　　3　おいしく　　4　おいしくて

12　病気の（　　）、りゅうがくを やめます。 047
　　1　ため　　2　わけ　　3　こと　　4　よう

13　きのう はしった（　　）、きょうは 足が いたいです。 012
　　1　にも　　2　でも　　3　ので　　4　まで

14　日本語の 先生に なる（　　）、大学に 入りました。 047
　　1　ように　　2　ために　　3　からに　　4　ことに

15　仕事が いそがしかったら あしたは 手つだいに（　　）と 言われました。 076
　　1　来なくても かまわない　　　2　来ないでは ない
　　3　来ないほども ない　　　　　4　来なくては かまわない

16　ヤンさん、何か しけんを（　　）べんきょうして いるんですか。 047
　　1　うける ように　　　　2　うけさせる ために
　　3　うけさせる ように　　4　うける ために

もんだい2 ＿＿★＿＿に 入る ものは どれですか。1・2・3・4から いちばん いい ものを 一つ えらんで ください。

17 ＿＿＿ ★ ＿＿＿ ＿＿＿ に さわっては いけません。 012・063
 1 きけんな 2 その 3 ので 4 きかい

18 はを ＿＿＿ ＿＿＿ ★ ＿＿＿ 。 077
 1 から 2 みがいて 3 なさい 4 ね

19 カメラ ＿＿＿ ＿＿＿ ★ ＿＿＿ かまいません。 076
 1 持って 2 来なくて 3 も 4 は

20 彼が ＿＿＿ ＿＿＿ ★ ＿＿＿ わかるように なりました。 047
 1 ために 2 くれた 3 助けて 4 物理が

21 じゅぎょうで 手紙 ＿＿＿ ＿＿＿ ★ ＿＿＿ 習いました。 026
 1 を 2 の 3 方 4 書き

N4 문법 05 표현 의도

もんだい3 　　22 から 26 に 何を 入れますか。文章の 意味を 考えて、1・2・3・4から いちばん いい ものを 一つ えらんで ください。

つぎの 文章は ヤンさんが「きのうの こと」に ついて 書いた 作文です。

　　きのう わたしは タローを びょういん 22 つれて 行きました。タローは きょねん わたしが 友だちから 23 かわいい こいぬです。数日前から タローは げんきが なく、食べ物も ほとんど 食べなく なりました。 24 しんぱいだったので 近くの どうぶつびょういんへ つれて 行ったのです。びょういんで タローは ちゅうしゃを 25 いたそうに ないて いました。毎日 くすりも 飲ませなければ ならないそうです。いしゃは、そう すれば 1週間ぐらいで よく なるだろうと 言いました。タローは ちゅうしゃも くすりも いやがって いましたが、わたしは いしゃの ことばを 聞いて 少し 26 。

22
1　で　　　　2　から　　　　3　ので　　　　4　へ

23
1　あげた　　2　くれた　　　3　もらった　　 4　やった

24
1　それで　　2　しかし　　　3　それから　　 4　たとえば

25

1 して　　　2 されて　　　3 させて　　　4 なさって

26

1 ちゅういしました　　　2 さんぽしました
3 あんしんしました　　　4 あんないしました

📝 문제해결 키워드

□ **〜そうだ** N4 042　~인 듯하다〈양태〉, ~라고 한다〈전문〉
いたそうに ないて いました
아픈 듯이 울고 있었습니다(05行)
飲ませなければ ならないそうです
먹여야 한다고 합니다(06行)

□ **〜く なる** N5 029　~해지다, ~하게 되다
食べ物も ほとんど 食べなく なりました
밥도 거의 먹지 않게 되었습니다(03行)

□ **〜ので** N4 012　~이어서, ~때문에
しんぱいだったので 걱정이 되기 때문에(04行)

□ **〜なければ ならない** N4 074　~해야 한다
毎日 くすりも 飲ませなければ ならない
매일 약도 먹어야 한다(06行)

□ **〜ぐらい** N3 011　~정도
1週間ぐらいで よく なるだろう
일주일 정도면 좋아질 것이다(07行)

□ **〜がっている** N4 027　~하고 있다
ちゅうしゃも くすりも いやがって いました
주사도 약도 싫어하고 있었습니다(07行)

59 〜ことが ある ⁰³¹ ~할 때가 있다

「〜ことが ある」의 「〜」부분에는 「동사 사전형」이 온다. 주의해야 할 것은 「〜ことが ときどき ある」와 같이 「ときどき(때때로, 가끔)」를 넣어 출제하는 경향이 있다. 이 표현과 혼동하기 쉬운 것으로 「〜(た)ことが ある(~한 적이 있다)」가 있는데, 이 표현은 동사 과거형(た형)에 접속하여 경험의 유무를 나타낸다.

> - ふじさんが 見える ことが ある 후지산이 보일 때가 있다
> - にほんの うたを うたう ことが ある 일본 노래를 부를 때가 있다
> - だんぼうを 使わない ことが ときどき ある 난방을 사용하지 않을 때가 가끔 있다
> - なまえが おもいだせない ことが ときどき ある 이름이 생각나지 않을 때가 가끔 있다

- あの 人は ときどき 会社を 休む ことが あります。
  저 사람은 가끔 회사를 쉴 때가 있습니다.
- 冬、だんぼうを 使わない ことが ときどき あります。
  겨울에 난방을 사용하지 않을 때가 가끔 있습니다.
- 仕事の ときは スーツを 着ませんが、パーティーなどに 行く ときは、着る ことが あります。
  일할 때에는 양복을 입지 않지만, 파티 등에 갈 때는 입을 때가 있습니다.

60 〜ことに なる ⁰³⁴ ~하게 되다 / 〜ことに なって いる ⁰³⁴ ~하기로 되어 있다

「〜ことに なる」는 「동사 사전형」에 접속하여 자신의 의지와는 관계없이 집단이나 조직의 결정 또는 자연의 섭리를 나타내고, 〈표현 의도 4〉의 「〜ことに する(~하기로 하다)」는 자신의 의지로 결정하는 것에 사용한다. 그리고 「〜ことに なった(확정)・〜ことに なって いる(기정 사실)」의 형태로 시험에 자주 출제된다.

확정
- かえる ことに なった 돌아가게 되었다
- はたらく ことに なった 일하게 되었다
- する ことに なった 하게 되었다
- 行く ことに なった 가게 되었다

기정사실
- お金を はらう ことに なって いる 돈을 지불하기로 되어 있다
- あつまる ことに なって いる 모이기로 되어 있다

- 来月から 銀行で はたらく ことに なりました。 [확정]
  다음 달부터 은행에서 일하게 되었습니다.

- 今日は 6時に 中野駅で 友だちと 会う ことに なって いるので、5時に 会社を 出ます。 [기정사실]
  오늘은 6시에 나카노역에서 친구와 만나기로 되어 있기 때문에, 5시에 회사를 나갑니다.

61 〜のだ ~인 것이다

「〜のだ」는 회화체에서는 「〜んだ」로 사용되며, 명사·な형용사·조사「から」등에 접속할 때는 「〜なのだ」의 형태가 된다. 구체적인 사정·이유, 해석, 귀결, 발견, 설명, 단정, 결의 등을 설명할 때 쓰이며, 회화체에서 많이 사용된다.

- くる よていなんです 올 예정입니다
- どこで とったんですか 어디서 찍은 겁니까?
- ほんとうに がくせいなのですか 정말로 학생인 것입니까?
- じつは、こどもが びょうきなんです 실은 아이가 아픕니다

- あなたは ゆうべ どこへ 行って いたのですか。
  당신은 어젯밤에 어디에 가 있었어요?

- たしか「わかる」という ような 意味だったと 思うんですけど。
  아마도 '이해하다' 라는 (듯한) 의미였다고 생각합니다만.

62 〜か ~하는지

어떤 사항에 대해 알고 싶거나 확인해볼 필요가 있을 때 의문사가 제시되고 뒤에 「〜か」의 형태가 온다. 끝말에는 주로 「知って いますか・わかりますか・教えて ください」 등이 온다.

급소 피르기

- いつから はじまる**か** 언제부터 시작되는지
- 父が いつ くる**か** 아버지가 언제 오는지
- だれの**か** わからない 누구 것인지 모르겠다
- バスが なんじに くる**か** 버스가 몇 시에 올지
- この 字は だれが 書いた**か** 이 글자는 누가 썼는지
- じゅぎょうは なんじに はじまる**か** 수업은 몇 시에 시작되는지
- どこへ いった**か** わかりません 어디에 갔는지 모르겠습니다
- どこに いる**か** わかりません 어디에 있는지 모르겠습니다
- どこで 買う**か** おしえて ください 어디서 사는지 가르쳐 주세요

- パーティーは 何時から 始まる**か** 教えて ください。
  파티는 몇 시부터 시작되는지 가르쳐 주세요.

- その 本を どこで 買った**か** おぼえて いますか。
  그 책을 어디서 샀는지 기억하고 있습니까?

- A 「その 本は だれのですか。」 그 책은 누구 것입니까?
  B 「さあ、だれの**か** わかりません。」 글쎄요, 누구 것인지 모르겠습니다.

- この 公園は、昔、来た ことが あると 思うんだけど、いつ 来た**か** 忘れたよ。
  이 공원은 옛날에 온 적이 있다고 생각하는데, 언제 왔는지 잊어버렸어.

- あの 本屋は 何時まで 開いて いる**か** 教えて くださいませんか。
  저 서점은 몇 시까지 열려 있는지 가르쳐 주시지 않겠습니까?

- いつ ひまに なる**か** 彼女に 聞いて みるよ。
  언제 시간이 나는지 그녀에게 물어 볼게.

63 〜か どうか ~는지 어떤지
〜か〜(ない)か 028 ~할지 ~(하지 않을)지

「〜か どうか」는 「~는지 어떤지」라는 뜻으로, 「〜」 부분에는 「よろこぶ(기뻐하다)・くる(오다)・ある(있다)・あいている(열려 있다)」 등의 동사가 오며, 끝말에는 주로 「知って いますか・わかりません・教えて ください」 등이 온다. 또한 「〜か ないか」의 형태로 같은 동사를 중복하여 「~할지 ~하지 않을지」라는 표현도 쓴다. 같은 동사가 쓰이지 않는 경우(〜か 〜か)도 있다.

급소 찌르기

- そつぎょうできた**か どうか** 졸업할 수 있었는지 어떤지
- としょかんが あいて いる**か どうか** 도서관이 열려 있을지 어떨지
- パーティーが ある**か どうか** 파티가 있을지 어떨지
- これから する**か しないか** 앞으로 할지 안 할지
- ここに くる**か 来ないか** 이곳에 올지 안 올지

- あした 図書館が 開いて いる**か どうか** 知って いますか。
  내일 도서관이 열려 있을지 어떨지 알고 있습니까?
- 来週 会議が 開かれる**か どうか**は まだ 決まって いません。
  다음 주 회의가 열릴지 어떨지는 아직 정해지지 않았습니다.
- その 日の 天気を 見て、ぼうしを かぶる**か** かぶら**ないか** 決めて います。
  그 날의 날씨를 보고 모자를 쓸지 안 쓸지 정하고 있습니다.
- その 本が おもしろい**か** つまらない**か**は 読んで みないと わからない。
  그 책이 재미있는지 지루한지는 읽어보지 않으면 모른다.

64 〜ように いう ⁰⁹¹ ~하도록 말하다

「〜ように いう」는 「~하도록 말하다」란 뜻으로 동사의 사전형이 온다. 「〜ないように いう(~하지 말라고 말하다)」라는 표현도 가능하다.

> **급소 찌르기**
> - 私の へやへ くるように いって ください 내 방으로 오도록 말해 주세요
> - おさけを あまり 飲まないように いって ください
>   술을 너무 많이 마시지 말라고 말해 주세요

- ものを たいせつに するように いつも いって います。
  물건을 소중히 여기도록 언제나 말하고 있습니다.
- 山田さんに あまり 心配しないように 言って ください。
  야마다 씨에게 너무 걱정하지 말라고 말해 주세요.

65 〜ように する ⁰⁹² ~하도록 (노력)하다

「〜ように する」는 「~하도록 (노력)하다」라는 의미로, 대개 계속적인 노력을 요청하는 표현이 된다. 「〜ないように する(~하지 않도록 하다)」는 부정적인 내용의 충고나 권고를 나타내는 경우가 많다. 또한 「〜ように 〜する(~하도록 ~하다)」의 꼴로도 사용된다. 이와 유사 표현인 N3문법의 「〜ように(~하도록)」, 응용 표현인 「〜ように して いる(~하도록 노력하고 있다)」도 함께 익혀두자.

> **급소 찌르기**
> - 上手に 話せるように 何度も れんしゅうします 능숙하게 말할 수 있도록 몇 번이고 연습합니다
> - きょうは 運動を しないように して ください 오늘은 운동을 하지 않도록 해 주세요

- カメラを 忘れないように して ください。
  카메라를 잊지 않도록 해 주세요.
- 夜は あまい ものを 食べないように して います。
  밤에는 단 것을 먹지 않도록 하고 있습니다.

- じしょを もって くるのを わすれないように して ください。
  사전을 들고 오는 것을 잊지 않도록 해 주세요.

66 〜ように なる ⁰⁹² ~하게[끔] 되다

「〜ように なる」는 상태나 습성 등의 변화를 나타낸다. 대체로 가능동사나 「わかる」와 같은 상태동사와 결합할 때는 상태 변화를, 동작동사에 붙을 때는 습성·습관의 변화를 나타낸다. 「〜」의 부분에는 주로 「食べられる・運転できる」와 같이 가능동사의 형태가 많이 온다.

> **급소 찌르기**
> - およげるように なった 수영할 수 있게 되었다
> - 運転できるように なった 운전할 수 있게 되었다
> - 食べられるように なった 먹을 수 있게 되었다

- 日本語が 少し わかるように なりました。
  일본어를 조금 알게 되었습니다.

- 日本に 来てから、料理を するように なりました。
  일본에 오고 나서 요리를 하게 되었습니다.

- 早く 病気を なおして 元気に 働けるように なって くださいね。
  빨리 병을 고쳐서 건강하게 일할 수 있게 되어 주세요.

- はじめは 下手でも れんしゅうすれば きっと きれいな 字が 書けるように なります。
  처음에는 서툴러도 연습하면 분명 예쁜 글씨를 쓸 수 있게 됩니다.

- むかしは 大阪まで 汽車で 10時間も かかりましたが、今では 飛行機で 1時間で 行けるように なりました。
  옛날에는 오사카까지 기차로 10시간이나 걸렸지만, 지금은 비행기로 1시간이면 갈 수 있게 되었습니다.

67 〜ところだ 072 (지금부터) ~하려는[할] 참이다

「〜ところだ」의 「〜」 부분에는 「동사 사전형」이 온다는 점에 주의하자. 그리고 「いまから・これから(앞으로, 지금부터)」 등이 앞에 오는 경우가 많다.

급소 찌르기
- これから しょくじに 行く ところなんですが 지금부터 식사하러 갈 참입니다만
- いまから ははに でんわを かける ところです 지금부터 어머니에게 전화를 걸려는 참입니다

- 私は いまから 図書館へ 行く ところです。
  나는 지금부터 도서관에 가려는 참입니다.

- 今、出かける ところですから 用事は あとに して ください。
  지금 외출하려는 참이니까, 볼일은 나중에 해 주세요.

68 〜て いる ところだ 057 [지금] ~하고 있는 중이다

「〜ところだ」의 「〜」 부분에 「동사 진행형(ている형)」이 오면 「[지금] ~하고 있는 중이다」라는 현재 진행을 나타내게 된다. 「いま(지금)」 등이 앞에 오는 경우가 많다.

급소 찌르기
- いま かいて いる ところだ 지금 쓰고 있는 중이다
- いま やって いる ところだ 지금 하고 있는 중이다

- 私は 今、日本の まんがを 読んで いる ところです。
  나는 지금 일본 만화를 읽고 있는 중입니다.

- A「じしょ、持って いるの?」 사전 갖고 있어?
  B「あ、今 使って いる ところなんだ。」 아, 지금 쓰고 있는 중이야.

- 今 地図で しらべて いる ところなんだ。
  지금 지도에서 찾고 있는 중이야.

69　～(た)ところだ [045] 지금[마침] 막 ~한 참이다

「～ところだ」의「～」부분에「동사 과거형(た형)」이 오면「지금 막 ~한 참이다」란 뜻이 된다. 비슷한 표현에「～(た)ばかりだ(갓~하다)」가 있으며「いま(ちょうど) 지금(마침)」등이 앞에 오는 경우가 많다.

급소 따르기

- おちゃを いれた ところなんです 막 차를 끓인 참입니다.
- いま ちょうど かえって きた ところです 지금 마침 막 돌아온 참입니다
- いま 出かけた ところです 지금 막 외출했습니다
- ちょうど いま 読みおわった ところですから 마침 지금 다 읽은 참이니까

- 山田「田中さん、これから 食事でも どうですか。」
  다나카 씨, 지금부터 식사라도 어때요?
  田中「すみません。ちょうど 今 食べた ところなんです。」
  미안해요. 마침 지금 막 먹은 참이에요.

- A「おそく なって すみません。」 늦어서 죄송합니다.
  B「いいえ、私も 今 来た ところです。」 아니요, 저도 지금 막 온 참입니다.

70　どんなに ～ても [073] 아무리 ~해도

「どんなに ～ても」는「いくら ～ても」와 같은 표현으로, 시험에서는 특히「～ても」를 넣는 것으로 종종 출제된다. 즉「いそがしい・かける」는「いそがしくても・かけても」와 같이 활용한다.

급소 따르기

- どんなに いそがしくても 아무리 바빠도　・どんなに べんきょうしても 아무리 공부해도
- どんなに れんしゅうしても 아무리 연습해도　・どんなに さがしても 아무리 찾아봐도

- どんなに 練習しても 発音が うまく なりません。
  아무리 연습해도 발음이 잘 되지 않습니다.

もんだい1 （　）に 何を 入れますか。1・2・3・4から いちばん いい ものを 一つ えらんで ください。

1　あの 人は ほんとうに（　　）のですか。
　1　先生　　　2　先生な　　　3　先生と　　　4　先生だ

2　冬、ストーブを 使わない（　　）が ときどき あります。
　1　こと　　　2　の　　　3　もの　　　4　ほう

3　じゅぎょうは 何時から 始まる（　　）教えて ください。
　1　の　　　2　が　　　3　を　　　4　か

4　先生が この プレゼントを よろこぶ（　　）わかりません。
　1　ように　　　2　かを　　　3　のに　　　4　か どうか

5　あした テストが ある（　　）どうか 教えて ください。
　1　か　　　2　は　　　3　を　　　4　が

6　体が よわくて ときどき 学校を 休む ことが（　　）。
　1　います　　　2　あります　　　3　します　　　4　なります

7　この えは だれが かいた（　　）わかりますか。
　1　が　　　2　か　　　3　と　　　4　を

8　A「きのうは 雨で たいへんだったらしいですね。」
　　B「そう（　　）。」
　1　から　　　2　からです　　　3　なんです　　　4　なんですから

9 お母さんは 今 でかけた（　　）です。045
　1　こと　　　　2　ところ　　　　3　とき　　　　4　ほう

10 山田さんに あまり お酒を 飲まない（　　）言って ください。091
　1　ようだ　　　2　ように　　　　3　ような　　　4　ようで

11 一週間 練習して 少し 運転（　　）なりました。092
　1　できるように　　　　　　　　2　できたように
　3　できるようで　　　　　　　　4　できたようで

12 母は 今 おれいの 手紙を 書いて いる（　　）です。057
　1　かた　　　　2　こと　　　　3　ところ　　　4　つもり

13 あした かならず 持って くる（　　）言って ください。091
　1　そうに　　　2　ように　　　3　はずに　　　4　ことに

14 かさを 忘れない（　　）して ください。092
　1　ように　　　2　ことに　　　3　はずに　　　4　そうに

15 学生は しょくどうに（　　）ように 言われました。091
　1　あつまれ　　2　あつまって　3　あつまる　　4　あつまった

16 （　　）さがしても わたしの さいふは みつかりませんでした。073
　1　どうして　　2　どのぐらい　3　どんなに　　4　どこでも

もんだい2 ＿＿★＿＿に 入る ものは どれですか。1・2・3・4から いちばん いい ものを 一つ えらんで ください。

17 かおは 思い出しても、名前が 思い出せない ＿＿＿ ＿＿＿ ＿★＿ ＿＿＿ 。
031・096

    1 が   2 こと   3 あります   4 ときどき

18 山田みか 「もしもし、山田みかですが、マリアさん、おねがいします。」
    マリアの母「ああ、みかさん。マリアは ＿＿＿ ＿★＿ ＿＿＿ ＿＿＿ から、
       あとで 電話させますね。」045・041

    1 入った   2 ところだ   3 今   4 おふろに

19 この バスは おりる ときに ＿＿＿ ＿★＿ ＿＿＿ ＿＿＿ います。 034

    1 ことに   2 お金を   3 はらう   4 なって

20 その 本を どこで ＿＿＿ ＿＿＿ ＿★＿ ＿＿＿ 。 001

    1 いますか   2 おぼえて   3 か   4 買った

21 先生「本山くん、先週の レポートは 終わったかい。」
    本山「ぼくは、＿＿＿ ＿＿＿ ＿★＿ ＿＿＿ ですが、田中くんは 終わった
       そうです。」057

    1 今   2 やって   3 ところ   4 いる

もんだい3　[22] から [26] に 何を 入れますか。文章の 意味を 考えて、1・2・3・4から いちばん いい ものを 一つ えらんで ください。

つぎの 文章は 大学の 先生が 書いた 作文です。

　わたしは、大学で 社会学を 教えて います。教える とき、学生を よく [22] 。いろいろな ことが わかるからです。[23] 、あくびを する 学生が 多い ときは、わたしの 話は おもしろく ないのでしょう。「あ〜！」と いう 声が 聞こえた ときは、こくばんの 字を 早く けしすぎたのでしょう。学生は わたしに じゅぎょうが いいか どうか、よく [24] 。

　また、わたしは じゅぎょうちゅうに ぜんぜん わらわない 学生の 名前を ノートに 書いて おきます。わらわない 学生に わるい 成績を つける ためでは ありません。一年に 一度も わらわなかった 学生は 病気だったり、大学を やめたり する ことが 多いのです。

　わらわない 学生 [25] 心が 休む ときが ないでしょう。だから、わたしは いつも 学生に 「 [26] 」と 言うのです。

[22]
1　見て ください　　　2　見ましょうか
3　見て みませんか　　4　見ます

[23]
1　たとえば　　2　しかし　　3　それから　　4　それで

24

1 教えて あげます 2 教えて やります
3 教えて くれます 4 教えさせます

25

1 や   2 は   3 も   4 に

26

1 わらいなさい
2 いい 成績を とりましょう
3 先生の 話を よく 聞いて ください
4 じゅぎょうを 休んでも いいです

문제해결 키워드

□ **〜か どうか** N4 028 ~는지 어떤지
学生は わたしに じゅぎょうが いいか どうか
학생은 나에게 수업이 좋은지 어떤지(05行)

□ **〜と いう** N5 010 ~라는
「あ〜!」と いう 声が 聞こえた ときは
'아~'라는 소리가 들렸을 때는(03行)

□ **〜すぎる** N4 037 너무 ~하다
こくばんの 字を 早く けしすぎた
칠판 글씨를 너무 빨리 지웠다(04行)

□ **〜て くれる** N4 061 ~해 주다
よく 教えて くれます 잘 가르쳐 줍니다(05行)

□ **〜ちゅう** N5 031 ~중
じゅぎょうちゅうに 수업 중에(06行)

□ **〜て おく** N4 058 ~해 두다
ノートに 書いて おきます
노트에 써 둡니다(07行)

□ **〜たり〜たり(する)** N5 034
~하기도 하고 ~하기도 (하다)
病気だったり、大学を やめたり する
아프거나 대학을 그만두거나 한다(08行)

□ **〜なさい** N4 077 ~해라
学生に「わらいなさい」と 言うのです
학생에게 '웃어라'하고 말하는 것입니다(11行)

06 경어

01 경어 100

번호	분류	단어	해석	출제/미출제
1	존경어	いらっしゃる	가시다·오시다·계시다	2회 출제
2		~て いらっしゃる	~하고 계시다	미출제
3		おいでに なる	가시다·오시다·계시다	1회 출제
4		おっしゃる	말씀하시다	미출제
5		ごぞんじですか	알고 계십니까?	1회 출제
6		ごらんに なる	보시다	1회 출제
7		なさる	하시다	미출제
8		~なさる	~하시다	미출제
9		みえる	오시다	미출제
10		めしあがる	드시다	미출제
11	겸양어	いたす	하다	미출제
12		~いたす	~하다	미출제
13		うかがう	여쭙다·방문하다	미출제
14		おる	있다	미출제
15		~て おる	~하고 있다	1회 출제
16		はいけんする	(삼가) 보다	1회 출제
17		まいる	가다·오다	미출제
18		もうす	말하다	미출제
19		もうしあげる	말씀드리다	미출제
20	정중어	ございます	있습니다	2회 출제(2010 N3 출제)
21		~でございます	~입니다	미출제

※ 경어는 3가지 분류로 정리해 놓았으며 21개 항목 중 7개 항목은 출제되었고, 14개 항목은 아직 출제되지 않았다.

> **급소 찌르기**
>
> - きょうは おがわせんせいが いらっしゃると ききましたよ
>   오늘은 오가와 선생님이 오신다고 들었어요
> - せんせいは としょかんに いらっしゃいます
>   선생님은 도서관에 계십니다
> - まだ (せんせいが) おいでに なるまで すこし じかんが ありますから
>   아직 (선생님이) 오실 때까지 시간이 조금 있으므로
> - やまださんが かいた えを ごらんに なりましたか
>   야마다 씨가 그린 그림을 보셨습니까?

- どなたか 質問の ある 方は いらっしゃいませんか。
  누군가 질문이 있는 분은 안 계십니까?

- 音楽は ふだん どんな ものを 聞いて いらっしゃいますか。
  음악은 평소 어떤 것을 듣고 계십니까?

- 夜遅く なって きっと お母様が 心配なさって いますよ。
  밤이 늦어져서 분명히 어머님께서 걱정하시고 계실 거예요.

- あの 方を ごぞんじですか。
  저 분을 아십니까?

- A「どうぞ ごらんください。」
    아무쪼록 봐 주십시오.
  B「では、はいけんします。」
    그럼 삼가 보겠습니다.

- 社長は 今 電話に 出て おりますので、しばらく お待ちください。
  사장님은 지금 전화를 받고 있으니 잠시 기다려 주십시오.

- 何も なければ あす うかがいます。
  아무 일도 없으면 내일 찾아 뵙겠습니다.

- すぐに 医師が まいりますので、少々 お待ちください。
  바로 의사 선생님이 올테니, 잠시 기다려 주세요.

07 인사말·기본 회화

01 인사말 100

번호	인사말	해석	출제/미출제
1	いって(い)らっしゃい	다녀오십시오	2회 출제
2	いって まいります	다녀오겠습니다	미출제
3	おかえりなさい	잘 다녀오셨습니까?	1회 출제
4	おかげさまで	덕분에요	2회 출제
5	おだいじに	몸조심하세요	1회 출제
6	おまたせしました	오래 기다리셨습니다	2회 출제
7	おめでとうございます	축하합니다	미출제
8	かしこまりました	분부대로 하겠습니다, 알겠습니다	미출제
9	それは いけませんね	그거 안됐군요	1회 출제
10	ただいま	다녀왔습니다	미출제
11	よく いらっしゃいました	잘 오셨습니다	2회 출제

※ 인사말 11개 항목 중 7개 항목은 출제되었고, 4개 항목은 아직 출제되지 않았다. 그리고 인사말 중에는 쌍을 이루는 것이 있으므로 같이 외워 두는 것이 좋다.

예)
- A 「いってきます。」
- B 「いって(い)らっしゃい。」

- A 「ただいま。」
- B 「おかえりなさい。」

- A 「おたんじょうび おめでとうございます。」
- B 「ありがとうございます。」

급소 찌르기

- きを つけて いっていらっしゃい。 조심해서 다녀와.
- あら、おかえりなさい。 어머, 잘 다녀왔니?
- ええ、おかげさまで。 네, 덕분에요.
- もしもし、どうも おまたせしました。やまだです。
  여보세요, 정말 오래 기다리셨습니다. 야마다입니다.

02 おねがいします 100 부탁합니다

「おねがいします」는 「부탁합니다」란 뜻으로 2회 출제되었다.

> **급소 찌르기**
> ・A: わたしも おてつだいしましょうか。 저도 도와 드릴까요?
> B: **おねがいします**。 부탁합니다

- A 「すみません、コーヒーと ケーキを **おねがいします**。」
  여기요, 커피와 케이크를 부탁합니다.

  B 「はい、かしこまりました。」
  네, 알겠습니다.

03 知る 100 알다

「知る」는 시험에 자주 출제되는데, 우리말로 「안다」는 「**知って いる**」를, 「모른다」는 「**知らない**」를 쓴다.

> **급소 찌르기**
> ・A「今日の かいぎは 何人ぐらい あつまるか **知って いますか**。」
> 오늘 회의는 몇 명 정도 모이는지 알고 있습니까?
> B「いいえ、よくは **知りません**。」
> 아니요, 자세히는 모르겠습니다

- A 「こうばんの 電話ばんごうを **知って いますか**。」
  파출소 전화번호를 알고 있습니까?

  B 「いいえ、**知りません**。」
  아니요, 모릅니다.

04 いけない 100 안 된다 / かまわない 100 상관없다

- あしたは 大事な お客様に 会うから、そんな くつでは いけませんよ。
  내일은 중요한 손님을 만나니까 그런 구두로는 안 됩니다.

- 人に お金を 借りるのは いけない ことだと 親に 教えられて きた。
  남에게 돈을 빌리는 것은 안 되는 거라고 부모에게 배워왔다.

- A 「夕食は 何が いい?」 저녁은 뭐가 좋아?

  B 「なんでも かまわないよ。」 뭐든 상관없어.

05 けっこうです 100 괜찮습니다

「けっこうです」는 사양할 때와 '괜찮다'고 받아들이는 두 가지 용법이 있다.

- A 「もう少しいかがですか。」 조금 더 어떠십니까?
  B 「いいえ、けっこうです。」 아니요, 괜찮습니다

- A 「いつなら 都合が いいですか。」
  언제라면 형편이 좋아요?

  B 「来週なら いつでも けっこうです。」
  다음 주라면 언제든지 괜찮습니다.

콕콕 실전문제 12

もんだい1　（　）に 何を 入れますか。1・2・3・4から いちばん いい ものを 一つ えらんで ください。

1　中田は 今 電話に 出て（　　）ので、しばらく お待ちください。
　1　いたします　　2　なさいます　　3　おります　　4　さしあげます

2　先生は 授業以外にも いろいろな 仕事を（　　）いる。
　1　いたして　　2　なさって　　3　はいけんして　　4　うかがって

3　佐藤さんの じゅうしょが わかりません。だれか（　　）人は いませんか。
　1　知って　　2　知る　　3　知るの　　4　知って いる

4　先生の おくさまは いつも この ばんぐみを（　　）そうです。
　1　はいけんする　　2　めしあがる　　3　もうしあげる　　4　ごらんに なる

5　来週 パーティーが ある ことを（　　）ですか。
　1　おあり　　2　おみえ　　3　ごぞんじ　　4　ごはいけん

6　今日は 本田先生が（　　）と 聞きましたよ。
　1　まいる　　2　いらっしゃる　　3　うかがう　　4　いたす

7　A「もしもし。」
　B「もしもし、どうも（　　）。田中です。」
　1　おまちします　　　　　　2　おまたせしました
　3　おまちしました　　　　　4　おまたせします

8 A「おかあさん、ただいま。」
B「あら、(　　　)。」
1 ただいま　　2 おだいじに　　3 おかえりなさい　　4 ごめんなさい

9 A「先生、ちょっと そうだんしたい ことが ありますが、何時(なんじ)まで 大学に いらっしゃいますか。」
B「5時半(じはん)まで(　　　)よ。」
1 います
2 まいります
3 あります
4 いらっしゃいます

10 わたしが その ことを 社長(しゃちょう)に(　　　)ましょう。
1 もうしあげ
2 めしあがり
3 ごらんに なり
4 おいでに なり

11 田中(たなか)さんが かいた えを(　　　)か。
1 おみえしました
2 おみに なりました
3 ごらんいたしました
4 ごらんに なりました

12 山田(やまだ)先生は 今日(きょう)は ずっと 研究室(けんきゅうしつ)に(　　　)。
1 ごらんに なります
2 おいでに なります
3 おっしゃいます
4 おいで いらっしゃいます

13 A「どうしましょうか。」
B「先生に うかがって(　　　)どうですか。」
1 みたら　　2 みても　　3 みると　　4 みるなら

14 A「わたしも おてつだい しましょうか。」
　　B「(　　　)。」
　　1 そうします　　　　　　　　2 こちらこそ
　　3 どういたしまして　　　　　4 おねがいします

15 A「今日の パーティーは 何人ぐらい あつまるか 知って いますか。」
　　B「いいえ、よくは (　　　)。」
　　1 知って います　　　　　　2 知りません
　　3 知らないで います　　　　4 知って ありません

16 A「かぜは なおりましたか。」
　　B「(　　　)。」
　　1 ええ、すみません　　　　　2 いいえ、ありがとう
　　3 ええ、おかげさまで　　　　4 いいえ、どういたしまして

17 A「もう 8時だ。バスに まにあうかな。」
　　B「気を つけて (　　　)。」
　　1 いってまいります　　　　　2 しつれいします
　　3 いってらっしゃい　　　　　4 かしこまりました

18 A「先生は 今 どちらですか。」
　　B「先生は 教室に (　　　)。」
　　1 なさいます　　　　　　　　2 いらっしゃいます
　　3 ございます　　　　　　　　4 おっしゃいます

もんだい2 ＿＿★＿＿に 入る ものは どれですか。1・2・3・4から いちばん いい ものを 一つ えらんで ください。

19 A「ゆうびんきょくの 電話ばんごう ＿＿＿ ＿＿＿ ＿★＿ ＿＿＿。」
　 B「いいえ、知りません。」
　 1 か　　　　2 知って　　　3 を　　　　4 います

20 A「きのうから 少し ＿＿＿ ＿★＿ ＿＿＿ ＿＿＿ です。」
　 B「それは いけませんね。」
　 1 あって　　2 あたまが　　3 いたい　　4 ねつが

21 きゃく「すみません、＿＿＿ ＿＿＿ ＿★＿ ＿＿＿。」
　 店員　「はい、かしこまりました。」
　 1 サンドイッチを　2 コーヒーと　3 おねがい　4 します

22 A「すみません。おなかが ＿＿＿ ＿★＿ ＿＿＿ ＿＿＿。」
　 B「そうですか。おだいじに。」
　 1 いたい　　2 ので　　　3 先に　　　4 帰ります

23 A「先生は いつ みえますか。」
　 B「＿＿＿ ＿＿＿ ＿★＿ ＿＿＿ が ありますから、そこで 待って いて ください。」
　 1 まで　　　2 まだ 少し　3 時間　　　4 おいでに なる

もんだい3　24 から 28 に 何を 入れますか。文章の 意味を 考えて、1・2・3・4から いちばん いい ものを 一つ えらんで ください。

つぎの 文章は 一郎くんが 駅で お父さんの 友だちの 山田さんに 会った ときの 会話です。

一郎　「おじさん、こんにちは。」
山田　「 24 、一郎くん。あっ そうそう、先日 お父さんが おっしゃった ことに ついて、お会いしたいのですが、お父さん 25 」。
一郎　「いいえ、今は 会社です。おいそぎでしたら、父の 会社に お電話 26 。」
山田　「ああ、そう。それほど いそぐ ことも ないから、つぎの 日よう日に わたしの 家に おいで いただく ことに しましょう。 27 ように つたえて ください。」
一郎　「はい。 28 。それでは、さようなら。」

24
1　おげんきですか　　　2　おだいじに
3　こんにちは　　　　　4　こんばんは

25
1　いらっしゃる　　　　2　おっしゃる
3　おせわに なる　　　 4　おしらせする

26
1 なさっても いいですか 2 なさって ください
3 させても いいですか 4 させて ください

27
1 どんな 2 そんな 3 どの 4 その

28
1 こちらこそ 2 そうです
3 おねがいします 4 わかりました

문제해결 키워드

- こんにちは^{N4 100} 안녕하세요
  おじさん、こんにちは 아저씨 안녕하세요(01行)

- おっしゃる^{N4 100} 말씀하시다
  お父さんが おっしゃった こと
  아버지가 말씀하신 것(02行)

- いらっしゃる^{N4 100} 계시다
  お父さん いらっしゃる? 아버지 계시니?(03行)

- ～に ついて^{N3 050} ~에 대해서
  おっしゃった ことに ついて
  말씀하신 것에 대해서(02行)

- お+동사 연용형+する^{N4 022} ~하다
  お会いしたいのですが 만나뵙고 싶은데요(03行)

- お+동사 연용형+です^{N4 100} ~하시다
  おいそぎでしたら 급하시다면(04行)

- ～て ください^{N5 036} ~해 주세요
  お電話 なさって ください 전화해 주세요(04行)
  その ように つたえて ください
  그렇게 전해 주세요(07行)

- ～ことに する^{N4 033} ~하기로 하다
  わたしの 家に おいで いただく ことに
  しましょう
  우리집에 와주시는 것으로 하자(07行)

308

부록

» N4·5 필수 접속사 24 / 부사 56

» N5 파이널 테스트 1~4회

» N4 파이널 테스트 1~4회

» JLPT N5·N4 문법 출제표

» 콕콕 실전 문제 및 파이널 테스트 정답

N4·N5 필수 접속사 24

1 それで ▶ 그래서

朝から 雨が ふって います。それで 遠足は 中止に なりました。
아침부터 비가 내리고 있습니다. 그래서 소풍은 취소되었습니다.

電車が 遅れました。それで 今朝は ちこくしました。
전철이 늦어졌습니다. 그래서 오늘 아침에는 지각했습니다.

2 では ▶ 그럼

では、さっそく 会議を はじめます。
그럼, 바로 회의를 시작하겠습니다.

3 だから ▶ 그래서

だから、コインロッカーに 入れて おきなさいって 言ったでしょう。
그래서, 코인 로커(대여 로커)에 넣어두라고 했잖아요.

4 ですから ▶ 그래서

日本の 料理は、私の 国の 料理と 味が ぜんぜん ちがいます。ですから、最初は びっくりして おいしく ないと 思いました。
일본의 음식은 우리 나라의 음식과 맛이 전혀 틀립니다. 그래서 처음에는 놀라서 맛있지 않다고 생각했습니다.

5 そして ▶ 그리고

リカさんは 頭が よくて、そして きれいな 人です。
리카 씨는 머리가 좋고, 그리고 예쁜 사람입니다.

6 それから ▶ 그리고 나서

夕食を 食べて、それから しゅくだいを しました。
저녁을 먹고, 그리고 나서 숙제를 했습니다.

7 すると ▶ 그러자

階段を かけあがった。すると そこで 彼女が 待って いた。
계단을 뛰어 올라갔다. 그러자 거기에서 그녀가 기다리고 있었다.

8 それでも ▶ 그래도

難しい 仕事なのに、それでも あの人は やり続けて いる。
어려운 일인데, 그래도 저 사람은 계속해서 하고 있다.

9 でも ▶ 하지만

きのうは ならへ 行きました。ならも おてらが 多いですね。でも、きょうとより しずかでした。
어제는 나라에 갔습니다. 나라도 절이 많네요. 하지만 교토보다 조용했습니다.

今夜 電話して。でも 8時 以降にね。
오늘밤에 전화해. 하지만 8시 이후로 해줘.

10 が ▶ 그러나, 하지만

私は 一生けんめいに べんきょうしました。が、試験には 落ちて しまいました。
나는 열심히 공부했습니다. 하지만, 시험에는 떨어지고 말았습니다.

11 しかし ▶ 그러나, 하지만

彼女は 必死で 勉強を した。しかし 試験には 通らなかった。
그녀는 필사적으로 공부를 했다. 하지만 시험에는 통과되지 않았다.

雨が はげしく 降って いる。しかし 私たちは もう 出発しなければ ならない。
비가 심하게 내리고 있다. 하지만 우리들은 이제 출발하지 않으면 안 된다.

12 および ▶ 및, 과

東京 および 大阪は、日本の 2大都市です。
도쿄 및 오사카는 일본의 2대 도시입니다.

13 また ▶ 또, 게다가

木村さんは やさしいし、また 仕事も よく できる。
기무라 씨는 상냥하고, 또 일도 잘 한다.

14 さらに ▶ 더욱더, 더 한층

これから 日本語能力試験は さらに むずかしく なるようです。
앞으로 일본어 능력시험은 더욱더 어려워질 것 같습니다.

15 しかも ▶ 게다가, 그 위에

家賃は やすくて、しかも 駅から 近い 部屋が いいです。
집세는 싸고 게다가 역에서 가까운 방이 좋습니다.

16 それに ▶ 게다가

朝から ねつが 高い。それに、せきも 出はじめた。
아침부터 열이 높다. 게다가 기침도 나기 시작했다.

17 それから ▶ 그리고 나서

シャワーを あびた。それから つめたい ビールを 飲んだ。
샤워를 했다. 그리고 나서 찬 맥주를 마셨다.

18	**そのうえ** ▶ 게다가, 그 위에	

彼女は お金を とられ、そのうえ きっぷまで なくして しまった。
그녀는 돈을 빼앗기고, 게다가 표까지 잃어버리고 말았다.

| 19 | **または** ▶ 또는, 혹은 |

えんぴつ または ペンで お書きください。
연필 또는 펜으로 써주세요.

| 20 | **さて** ▶ 그건 그렇고, 각설하고 |

さて、今度の 社員りょこうは どこに しましょうか。
그건 그렇고 이번 사원여행은 어디로 할까요?

| 21 | **ところが** ▶ 그러나 |

思い切って 彼女に 告白した。ところが ふられて しまった。
큰맘 먹고 그녀에게 고백했다. 그러나 차이고 말았다.

| 22 | **ところで** ▶ 그건 그렇고 |

もうすぐ 今年も 終わりますね。ところで、正月は いなかへ 帰りますか。
머지 않아 올해도 끝나는군요. 그건 그렇고 설에는 시골에 갑니까?

| 23 | **つまり** ▶ 즉, 요컨대 |

彼は 来年 高3、つまり 受験生に なる。
그는 내년에 고3, 즉 수험생이 된다.

| 24 | **いっぽう** ▶ 한편 |

いっぽう、海の 向こうには こんなに うつくしい ところも ある。
한편, 바다 저편에는 이렇게 아름다운 곳도 있다.

N4·N5 필수 부사 56

1　あまり ▶ 그다지(부정), 너무(긍정)

きょうは あまり 暑(あつ)く ないですね。
오늘은 그다지 덥지 않네요.

あまり 飲(の)みすぎると、つぎの 日(ひ) 大変(たいへん)な ことに なりますよ。
너무 과음하면 다음 날 힘들어져요.

2　いかが ▶ 어떻게

ずいぶん 久(ひさ)しぶりですが、いかが お過(す)ごしですか。
상당히 오랜만인데요, 어떻게 지내십니까?

3　いちばん ▶ 가장, 제일

今年(ことし) いちばん 人気(にんき)の あった 人(ひと)は ウォンビンだった。
올해 가장 인기가 있었던 사람은 원빈이었다.

4　いっぱい ▶ 가득

あまり いっぱい 水(みず)を 入(い)れすぎると、あふれて しまうよ。
너무 지나치게 물을 가득 넣으면 넘쳐 버려.

5　いつも ▶ 항상

この 時間(じかん)の 電車(でんしゃ)は いつも こんで います。
이 시간의 전철은 항상 붐빕니다.

私(わたし)は いつも バスで 学校(がっこう)に 行(い)きます。
나는 항상 버스로 학교에 갑니다.

6　かならず ▶ 꼭, 반드시

いつか かならず 帰(かえ)って くると やくそくしたのに…。
언젠가 반드시 돌아온다고 약속했는데…….

彼女(かのじょ)は ほしい ものは かならず 手(て)に 入(い)れると いう タイプだ。
그녀는 갖고 싶은 것은 반드시 손에 넣는 타입이다.

7　代(か)わりに ▶ 대신에

急(きゅう)な 出張(しゅっちょう)が 入(はい)っちゃって、代(か)わりに 出席(しゅっせき)して くれない?
갑작스런 출장이 들어와서, 대신 참석해 주지 않을래?

8	**簡単に** ▶ 간단히, 쉽게
	きょうは、簡単に できる おもちの 作り方を ごしょうかいしましょう。
	오늘은 간단히 할 수 있는 떡 만드는 법을 소개하겠습니다.

9	**けっして** ▶ 결코
	この ご恩は けっして 忘れません。
	이 은혜는 결코 잊지 않겠습니다.

10	**さいきん** ▶ 최근, 요즘
	さいきん この あたりに スーパーが 続々と 開店して いる。
	최근 이 부근에 슈퍼마켓이 속속 개점하고 있다.

11	**しっかり** ▶ 꽉, 단단히
	ひもを しっかりと 結びなさい。
	끈을 꽉 매세요.

12	**しばらく** ▶ 잠시, 잠깐
	すみませんが、しばらく ここで 待って ください。
	죄송하지만, 잠시 이곳에서 기다려 주세요.

13	**ずいぶん** ▶ 꽤, 상당히
	ずいぶん やせましたね。とうとう ダイエットの 成功ですか。
	꽤 말랐군요. 드디어 다이어트 성공인가요?

14	**すぐ** ▶ 금방, 쉬이
	彼女は 体が よわいのか、すぐ 風邪を ひいて しまう。
	그녀는 몸이 약한지, 쉬이 감기에 걸려버린다.

15	**少し** ▶ 좀, 약간
	疲れましたね。この へんで 少し 休みましょう。
	피곤하네요. 이쯤에서 좀 쉽시다.

16	**すっかり** ▶ 완전히, 매우
	映画の ことを すっかり 忘れて いました。
	영화에 관한 것을 완전히 잊고 있었습니다.

17	**ずっと** ▶ 죽, 계속
	息子が もどって くるのを ずっと 待って いた。
	아들이 돌아오기를 계속 기다리고 있었다.

18 ぜったい(に) ▶ 절대로

彼の 計画には ぜったい 反対です。
그의 계획에는 절대로 반대입니다.

この 本は ぜったいに なくさないでね。
이 책은 절대로 잃어버리지 말아 줘.

19 ぜひ ▶ 꼭, 반드시

今度、ぜひ あなたに お会いしたいです。
다음에는 꼭 당신을 만나뵙고 싶습니다.

20 ぜんぜん ▶ 전혀, 조금도

キムチを 作って みたけれど、ぜんぜん 辛く なかった。
김치를 만들어 봤지만, 전혀 맵지 않았다.

21 そろそろ ▶ 이제 슬슬

2時から 会議だから、そろそろ 行きましょうか。
2시부터 회의니까, 이제 슬슬 갈까요?

山田さんも そろそろ 来るでしょう。
야마다 씨도 이제 슬슬 오겠지요.

22 だいたい ▶ 대개, 대략

引っこしの じゅんびは もう だいたい 終わった。
이사 준비는 이제 대략 끝났다.

学校までは バスで だいたい 10分ぐらいです。
학교까지는 버스로 대략 10분 정도입니다.

23 たいてい ▶ 대부분, 대체로

週末は たいてい 家で 本を 読んだり そうじを したり します。
주말에는 대개 집에서 책을 읽거나 청소를 하거나 합니다.

私は たいてい 夕食前に しゅくだいを 終わらせます。
나는 대체로 저녁식사 전에 숙제를 끝냅니다.

24 だいぶ ▶ 상당히, 꽤

ちゅうしゃを 打ったら、ねつも だいぶ 下がった。
주사를 맞았더니, 열도 꽤 내려갔다.

気分は だいぶ よく なりました。
기분은 꽤 좋아졌습니다.

だいぶ 待ったが、けっきょく 彼女は 来なかった。
상당히 기다렸지만, 결국 그녀는 오지 않았다.

25 たいへん ▶ 대단히, 몹시
今度の コンサートは たいへん すばらしかった。
이번 콘서트는 대단히 멋있었다.

26 たしか ▶ 아마, 틀림없이
たしか あの 辺に パン屋が あったと 思うんだけど。
틀림없이 그 주변에 빵집이 있었다고 생각하는데.

27 たとえば ▶ 예를 들면
最近は ハ虫類、たとえば ワニや イグアナを ペットとして 飼う 人も いる。
요즘에는 파충류, 예를 들면 악어나 이구아나를 애완동물로서 키우는 사람도 있다.

28 たぶん ▶ 아마, 대개
たぶん、あと 5分ぐらい 待てば 来るでしょう。
아마, 앞으로 5분 정도 기다리면 올 것입니다.

A「かれは もう ソウルに 着いただろうか。」
그는 벌써 서울에 도착했을까?
B「たぶんね。」
아마 그럴 거야.

たぶん 彼は きょう 学校に くるでしょう。
아마 그는 오늘 학교에 올 것입니다.

29 たまに ▶ 가끔, 어쩌다
油っこい フライドチキンも、たまに 食べると とても おいしい。
기름진 후라이드 치킨도 가끔 먹으면 아주 맛있다.

30 ちゃんと ▶ 확실히, 제대로
朝ごはん、ちゃんと 食べた?
아침, 제대로 먹었어?

その ことは 山田さんに ちゃんと つたえました。
그 일은 야마다 씨에게 확실히 전했습니다..

31 ちょうど ▶ 꼭, 정확히
彼女と 別れて ちょうど 3年に なります。
그녀와 헤어진지 꼭 3년이 됩니다.

32 ちょっと ▶ 좀, 약간, 잠시
ちょっと 値段が 高いですね。もう 少し 安く して ください。
좀 가격이 비싸군요. 좀더 싸게 해 주세요.

33 ついに ▶ 결국
ついに ここまで やって きた。後 もう 少しで ちょうじょうだ。
결국 여기까지 왔다. 앞으로 조금 더 가면 정상이다.

34 とうとう ▶ 결국, 드디어

無理しすぎて、とうとう 入院して しまった。
너무 무리해서 결국 입원하고 말았다.

35 どうやって ▶ 어떻게

この 問題は どうやって 解けば いいのですか。
이 문제는 어떻게 풀면 좋습니까?

A「きょうは どうやって ここまで 来ましたか。」
오늘은 어떻게 여기까지 왔습니까?

B「家から 徒歩で、その後は 山手線を 利用して まいりました。」
집에서 걸어서, 그 후에는 야마노테선을 이용해서 왔습니다.

36 ときどき ▶ 때때로, 가끔

くもり ときどき 雨が 降るでしょう。
흐리고 때때로 비가 오겠습니다.

となりの ねこが ときどき あそびに やって きます。
옆집 고양이가 가끔 놀러 옵니다.

ときどきは お酒を 飲みますが、それも たいてい ビール 1ぽんくらいです。
가끔은 술을 마시지만, 그것도 대개 맥주 1병 정도입니다..

37 とくに ▶ 특히

とくに、ナムルは 傷みが 早いので、すぐに 食べて ください。
특히 나물은 금세 상하니, 바로 드세요.

くだものが 好きです。とくに バナナが 好きです。
과일을 좋아합니다. 특히 바나나를 좋아합니다.

38 とにかく ▶ 어쨌든

とにかく、ケガしなくて よかったよ。スリに あったのは 気のどくだけど。
어쨌든 다치지 않아서 다행이야. 소매치기를 당한 것은 안 됐지만.

39 なかなか ▶ 좀처럼(부정), 상당히(긍정)

ジャムの ビンが なかなか 開かなくて、10分間も 苦労した。
잼이 든 병이 좀처럼 열리지 않아서, 10분이나 고생했다.

きのう 見た 映画は なかなか おもしろかった。
어제 본 영화는 상당히 재미있었다.

部屋を かたづけたいと 思っても なかなか かたづける 時間が ない。
방을 치우고 싶다고 생각해도 좀처럼 치울 시간이 없다.

40 なぜ ▶ 왜, 어째서

なぜ こんなに 汗が 出るんだろう。どこか 悪いのだろうか。
왜 이렇게 땀이 나는 걸까? 어딘가 안 좋은 걸까?

41 はじめて ▶ (경험상) 처음으로
はじめて ハンドルを 握った 日の ことを、私は 今も はっきり 覚えて いる。
처음으로 핸들을 쥔 날의 일을, 나는 지금도 확실히 기억하고 있다.

はじめて 彼女に 会ったのは 3年前でした。
처음으로 그녀를 만난 것은 3년전이었습니다.

私は はじめて テニスで かれに かちました。
나는 처음으로 테니스에서 그를 이겼습니다.

42 はっきり ▶ 확실히, 분명하게
悪い ところが あったら、はっきり 言って ください。
나쁜 곳이 있으면, 확실히 말해 주세요.

43 ひじょうに ▶ 대단히, 몹시
彼が 出席できないなんて ひじょうに 残念です。
그가 참석할 수 없다니 몹시 유감입니다.

44 ほとんど ▶ 거의, 대부분
コンサート会場の 中の 人々は ほとんど 高校生だった。
콘서트장 안에 있는 사람들은 대부분 고등학생이었다.

45 本当に ▶ 정말로
車に ひかれたなんて 本当に 気の どくです。
차에 치였다니 정말로 안 됐습니다.

きょうとの もみじは 本当に すばらしいですね。
교토의 단풍은 정말로 멋지네요.

子どもは 本当に 成長するのが 早いですね。
아이는 정말로 성장하는 것이 빠르네요.

46 まず ▶ 우선
その ことを 始めるには まず お金が 必要です。
그 일을 시작하려면 우선 돈이 필요합니다.

47 まだ ▶ 아직
もう 11時なのに まだ 寝て いるの?
벌써 11시인데 아직 자고 있어?

48 まっすぐ ▶ 곧장, 똑바로
ここから まっすぐ 5分ほど 歩けば、駅に つきますよ。
여기서 곧장 5분 정도 걸으면 역에 도착해요.

49	**もう** ▶ 이미, 벌써
	もう こんな 時間か。では、そろそろ 失礼いたします。
	벌써 이런 시간이네(시간이 이렇게 됐네). 그럼, 슬슬 실례하겠습니다.

50	**もうすぐ** ▶ 이제 곧
	もうすぐ 夏やすみなので 子どもたちは うきうきして いる。
	이제 곧 여름방학이라서 아이들은 들떠 있다.

51	**もし** ▶ 만약
	もし 宝くじに あたったら、何に 使いますか。
	만약 복권에 당첨된다면 무엇에 쓰겠습니까?

52	**もちろん** ▶ 물론
	山田くんは 英語は **もちろん**、日本語も 話せます。
	야마다는 영어는 물론 일본어도 말할 수 있습니다.

53	**もっと** ▶ 더, 더욱
	もっと 大きな 字で、はっきりと 書いて ください。
	더 큰 글씨로 똑똑히 써 주세요.

54	**やっと** ▶ 겨우, 가까스로
	5年も かかって **やっと** 車の ローンが 終わった。
	5년이나 걸려서 겨우 자동차 론이 끝났다.

55	**やはり** ▶ 역시, 마찬가지로
	あの 二人が 結婚する という うわさは **やはり** デマだった。
	그 두 사람이 결혼한다는 소문은 역시 헛소문이었다.

56	**ゆっくり** ▶ 천천히, 느긋이
	意味が わかりません。もっと **ゆっくり** 話して ください。
	의미를 모르겠습니다. 좀더 천천히 말해 주세요.

JLPT N5 파이널 테스트 ①

もんだい1　(　　)に 何を 入れますか。1・2・3・4から いちばん いい
　　　　　ものを 一つ えらんで ください。

① この スカート(　　)先週 デパートで 買いました。
　　1　に　　　　2　で　　　　3　の　　　　4　は

② (山下さんの 家で)
　山下「コーヒーに さとうを 入れますか。」
　中村「あ、ありがとうございます。さとう(　　)いりません。」
　　1　に　　　　2　は　　　　3　へ　　　　4　を

③ 山田「すみません。あの りんごを ください。」
　店員「はい、(　　)ですか。」
　　1　いくら　　2　なんじ　　3　いくつ　　4　なんにん

④ 今日は(　　)から 銀行は 休みですよ。
　　1　土よう日　2　土よう日な　3　土よう日の　4　土よう日だ

⑤ A「かわいい にんぎょうですねえ。」
　B「ええ、ぜんぶ 紙(　　)作りました。」
　　1　で　　　　2　に　　　　3　を　　　　4　へ

⑥ あさ 9時から ゆうがた 6時(　　)働きます。
　　1　だけ　　　2　まで　　　3　ぐらい　　4　ごろ

7 A「ハワイへ（　　　）ことが ありますか。」
　　B「いいえ、まだなんです。」
　　1 行く　　　　2 行きます　　　3 行くの　　　　4 行った

8 A「部屋を 借りたいんですが。」
　　B「こちらは どうですか。（　　　）広いですよ。」
　　1 新しいで　　2 新しいくて　　3 新しくて　　　4 新しいと

9 A「かぜは なおりましたか。」
　　B「いいえ、（　　　）です。」
　　1 まだ　　　　2 もう　　　　　3 ずっと　　　　4 ちょっと

10 A「ワインは（　　　）作られて いますか。」
　　B「ぶどうです。」
　　1 何か　　　　2 何も　　　　　3 何でも　　　　4 何で

11 A「大きいのと 小さいのと どちらの コップで 飲みますか。」
　　B「（　　　）ください。」
　　1 小さい ほうが　　　　　　　2 大きい ほうへ
　　3 小さい ほうで　　　　　　　4 大きい ほうも

12 A「体の ぐあいは いかがですか。」
　　B「ありがとう。おかげさまで（　　　）なりました。」
　　1 いい　　　　2 よく　　　　　3 いいに　　　　4 よくに

13 A「きのう（　　　）休んだんですか。」
　　B「あたまが 痛かったんです。」
　　1 どうして　　2 どちら　　　　3 いくつ　　　　4 いかが

14 (　　) まえに 福岡の 会社に つとめて いました。
　　1 結婚して　　2 結婚する　　3 結婚した　　4 結婚しない

15 さかなりょうりの 上手な 作り方を (　　) 読みました。
　　1 なにに　　2 なにも　　3 なにかで　　4 なにかへ

16 A「こんどの パーティーでは みんなで 歌を 歌います。」
　　B「何を (　　) んですか。」
　　1 歌う　　2 歌い　　3 歌って　　4 歌った

もんだい2 ___★___ に 入る ものは どれですか。1・2・3・4から いちばん いい ものを 一つ えらんで ください。

17 つかれて いる ときは、_____ _★_ _____ _____ と おもいます。
　　1 むりを　　　　2 いい　　　　3 ほうが　　　　4 しない

18 学校の _____ _____ _★_ _____ に さくらが さいて います。
　　1 の　　　　　2 そば　　　　3 こうえん　　　4 大きな

19 山田「上野さんは なんにんかぞくですか。」
　　上野「よにんかぞくです。りょうしん _____ _____ _★_ _____ です。」
　　1 と　　　　　2 が　　　　　3 あね　　　　　4 ひとり

20 A「すみません。駅 _____ _____ _★_ _____ 、道を 教えて くださいませんか。」
　　B「駅ですか。駅は……。」
　　1 んです　　　2 行きたい　　3 へ　　　　　　4 が

21 A「日よう日に うちで _____ _____ _★_ _____ 、来ませんか。」
　　B「いいですね。ぜひ 行きます。」
　　1 んだ　　　　2 パーティーを　3 する　　　　4 けど

もんだい3 22 から 26 に 何を 入れますか。ぶんしょうの いみを かんがえて、1・2・3・4から いちばん いい ものを 一つ えらんで ください。

3にんの 人に 「どんな 仕事を して いますか。」と いう 質問を しました。

Aさん
　コンピューターの 会社に つとめて います。ずっと パソコンを 使って います 22 、目が つかれます。

Bさん
　パン屋です。 23 パンを つくって 売って います。自分 24 新しい パンを かんがえて つくります。

Cさん
　タクシーの 運転手です。一日じゅう 車を 25 。たいてい 昼に 仕事を して いますが、 26 夜も します。

22
1 けど　　　　2 し　　　　　3 から　　　　　4 が

23
1 いろいろに　2 いろいろな　3 いろいろで　4 いろいろく

24
1 でも　　　　2 も　　　　　3 は　　　　　　4 で

25
1 運転して います　　　　2 作って います
3 操作して います　　　　4 運んで います

26
1 いつも　　　2 はじめて　　3 ときどき　　　4 だいたい

JLPT N5 파이널 테스트 ②

もんだい1　（　）に　何を　入れますか。1・2・3・4から　いちばん　いい
　　　　　 ものを　一つ　えらんで　ください。

① A「この　ケーキは　おいしいですね。」
　 B「ありがとうございます。りょうりがっこうの　先生（　）ならいました。」
　 1　に　　　　　　2　で　　　　　　3　を　　　　　　4　が

② この　スカートは　紙（　）できて　います。
　 1　が　　　　　　2　で　　　　　　3　を　　　　　　4　に

③ 日本に（　）とき、たくさん　おみやげを　買いました。
　 1　行った　　　　2　行って　　　　3　行くの　　　　4　行かない

④ 病院（　）先生から　退院しても　いいと　いわれました。
　 1　に　　　　　　2　へ　　　　　　3　の　　　　　　4　が

⑤ A「試験は（　）。」
　 B「とても　むずかしかったです。」
　 1　どうしましたか　　　　　　　　2　どうでしょうか
　 3　どうですか　　　　　　　　　　4　どうでしたか

⑥ あたたかいから　ストーブ（　）。
　 1　が　きえましょう　　　　　　　2　を　けしましょう
　 3　を　きえましょう　　　　　　　4　が　けしましょう

7 A「ごしゅじんは まいばん 家で ごはんを 食べますか。」
　　B「ええ、家に（　　）こどもと いっしょに 食べます。」
　　1 かえる　　　2 かえて　　　3 かえった　　　4 かえって

8 A「クラシック音楽を 聞きますか。」
　　B「いいえ、（　　）聞きません。」
　　1 ぜんぜん　　2 ときどき　　3 たぶん　　　4 ちょうど

9 A「どこか 痛いですか。」
　　B「いいえ、（　　）痛く ないです。」
　　1 どこで　　　2 どこも　　　3 どこに　　　4 どこが

10 （教室で）
　　上野「山田さん、いっしょに しゅくだいを やりませんか。」
　　山田「すみません。わたしは 家に 帰ってから（　　）。」
　　1 います　　　2 あります　　3 します　　　4 おわります

11 この ビデオ、あなたが（　　）あとで、わたしにも かして ください。
　　1 見る　　　　2 見ます　　　3 見て いる　　4 見た

12 わたしは たんじょうびには いつも 友だち（　　）よんで パーティーを 開きます。
　　1 を　　　　　2 で　　　　　3 に　　　　　4 へ

13 ひとりで いるより あなたと いっしょの ほうが（　　）たのしい。
　　1 もう　　　　2 まだ　　　　3 ずっと　　　4 ちょっと

14 A「(　　) ぐあいが わるいんですか。」
B「ええ、ちょっと はが 痛いんです。」
1 なにか　　2 どこか　　3 なにが　　4 どこが

15 あさ 会った ときに「おはようございます。」(　　) 言います。
1 に　　2 が　　3 と　　4 の

16 A「山田さん (　　) 鈴木さん (　　) どちらが テニスが じょうず?」
B「山田さんの ほうが じょうずかな。」
1 も / も　　2 や / や　　3 が / が　　4 と / と

もんだい2 ___ ★ ___ に 入る ものは どれですか。1・2・3・4から いちばん いい ものを 一つ えらんで ください。

17 A「この くすりは いつ 飲みますか。」
B「_____ ★ _____ _____ ください。」
1 ごはんを　　2 食べる　　3 飲んで　　4 まえに

18 A「これから 山田さん _____ _____ ★ _____ 行きます。キムさんも いっしょに どうですか。」
B「えっ、いいですか。おねがいします。」
1 お店へ　　2 飲みに　　3 近くの　　4 と

19 わたしの 旅行中、_____ _____ ★ _____ を 忘れないでね。
1 の　　2 やる　　3 花に　　4 水を

20 山田「キムさん、この 本は おもしろいですか。」
キム「_____ _____ ★ _____ わかりませんでした。」
1 たくさん あって　　2 知らない
3 ことばが　　4 ぜんぜん いみが

21 A「今日 _____ _____ ★ _____ でしたか。」
B「午前は いそがしかったですが、午後は ひまでした。」
1 の　　2 どう　　3 は　　4 仕事

もんだい3　　22 から 26 に 何を 入れますか。ぶんしょうの いみを
　　　　　　かんがえて、1・2・3・4から いちばん いい ものを 一つ
　　　　　　えらんで ください。

　わたしの 趣味は いろいろな ところへ 行って しゃしんを 22 。とった
しゃしんを ベトナムの かぞく 23 おくります。 24 日本の しゃしんを
見るのが すきです。わたしは いま 日本語学校で べんきょうして います。
しゅくだいが たくさん ありますから、土よう日も 日よう日も 25 。
　しゃしんを とる じかんが なくて ざんねんです。なつやすみに なったら
きょうとを りょこうして たくさん しゃしんを とって かぞくに 見せて
あげたいです。とても 26 。

22
1 とるのです　　2 とります　　3 とるんです　　4 とる　ことです

23
1 を　　　　2 に　　　　3 は　　　　4 から

24
1 ちゃんと　　2 たぶん　　3 だいぶ　　4 みんな

25
1 べんきょうしない　ほうが　いいです
2 べんきょうしなくても　いいです
3 べんきょうしなければ　なりません
4 べんきょうしないで　ください

26
1 たのしみです　　　　　　2 たのしみでした
3 たのしいです　　　　　　4 たのしいでした

JLPT N5 파이널 테스트 ❸

もんだい1 （　）に 何を 入れますか。1・2・3・4から いちばん いい ものを 一つ えらんで ください。

1　上野「ゆうびんきょくは この 近くに ありますか。」
　　山下「ええ。ほら、（　）に あります。」
　　1　あの ひと　　2　あそこ　　3　あの　　4　あれ

2　A「おととい どこ（　）に 行きましたか。」
　　B「いいえ、天気が わるかったので、うちに いました。」
　　1　が　　2　を　　3　に　　4　か

3　わたしの クラスに めがねを かけた 人は だれ（　）いません。
　　1　も　　2　へ　　3　は　　4　か

4　もう 1時間（　）待って いるんですが、まだ 来ません。
　　1　ごろ　　2　ぐらい　　3　ずつ　　4　だけ

5　じゅぎょうは できるだけ（　）ください。
　　1　ちこくしなくて　　　　2　ちこくなくて
　　3　ちこくしないで　　　　4　ちこくないで

6　天気が いい ときに、この こうえん（　）さんぽするのが すきです。
　　1　で　　2　が　　3　と　　4　を

7 お父さんが 子ども（　　）ときは コンピューターは ありませんでした。
1　が　　　　2　の　　　　3　も　　　　4　と

8 あしたは 仕事の あと、（　　）病院へ 行きます。
1　すぐに　　2　よく　　3　だんだん　　4　もう

9 あさ 早く 家を（　　）よかったです。30ぷん あとだったら 道が こんで たいへんでした。
1　でたり　　2　でて　　3　でる　　4　でた

10 A「あしたも こなければ なりませんか。」
B「いいえ、きょうは 仕事が ぜんぶ できたから、あしたは こなくて （　　）いいですよ。」
1　は　　2　も　　3　に　　4　が

11 きのうは 3時間（　　）ねませんでした。
1　しか　　2　だけ　　3　を　　4　に

12 バイオリンは（　　）じゃ なくて 毎日 れんしゅうしないと じょうずに なりません。
1　あまり　　2　ときどき　　3　ちょうど　　4　とても

13 A「お子さんは（　　）に なりましたか。」
B「10さいに なりました。」
1　なんど　　2　なんじ　　3　いくら　　4　いくつ

14 A「なにか 飲みますか。」
B「いいえ、なにも（　　）です。」
1　飲みたい
2　飲みたく ない
3　飲みほしい
4　飲みほしく ない

15 (食堂で)
山田「ラーメンは ありますか。」
食堂の 人「ええ、ありますよ。しょうゆラーメンと しおラーメンが あります。」
山田「じゃあ、しおラーメン(　　)。」

1 に して ください
2 が おねがいです
3 に ください
4 が おねがいします

16 A「コーヒーは いかがですか。」
B「今は(　　)。さっき 飲みましたから。」

1 ちがいます
2 飲んで ください
3 けっこうです
4 飲みましょう

もんだい2 ___★___ に 入る ものは どれですか。1・2・3・4から いちばん いい ものを 一つ えらんで ください。

17 きょねんの _____ _____ ★ _____ 毎日 かぶって います。
   1 誕生日に   2 ぼうしを   3 兄に   4 もらった

18 A「あの _____ _____ ★ _____ 人は どなたですか。」
   B「ああ、あの 赤い シャツを 着た 人ね、あれは 山田さんですよ。」
   1 いる   2 かけて   3 を   4 サングラス

19 あぶないですから、この ボタンには _____ _____ ★ _____ 。
   1 は   2 ぜったい   3 いけません   4 さわって

20 (デパートで)
   A「こちらの かばんは いかがですか。」
   B「もっと 小さくて _____ ★ _____ _____ は ありませんか。」
   1 明るい   2 の   3 が   4 色

21 今日は りんごが 安かったです。いつもは ひとつ _____ _____ ★ _____ でした。
   1 200円   2 りんごが   3 100円の   4 みっつで

もんだい3　[22]から[26]に　何を　入れますか。ぶんしょうの　いみを　かんがえて、1・2・3・4から　いちばん　いい　ものを　一つ　えらんで　ください。

　きのうは　かぞくと　海に[22]行きました。午前に　いく　よていが、妹が　なかなか　じゅんびが[23]午後の　1時に　しゅっぱつしました。電車に　乗って　いたら、いつもの　ように　おなかが　すきました。わたしは　お母さんに「[24]おかし　ある？」と　聞くと、妹が　バックから　ミニトマトを　出しました。午前中　れいぞうこの　前で　バックの　中に　入れて　いたのが　ミニトマトだと　わかり、わらいました。[25]電車に　乗ると　わたしが　おなかが　すくから　持って　来たんです。ほんとうは　おかしの　ほうが　よかったけれど、わたしの　ために　ミニトマトを　持って　来て[26]。

22
1 あそびに 2 あそびで 3 あそびへ 4 あそびを

23
1 終わらない 2 終わらなくて
3 終わってから 4 終わった あとで

24
1 どこか 2 どこも 3 なにか 4 なにも

25
1 ぜんぜん 2 だから 3 でも 4 いつも

26
1 うれしかったです 2 たのしかったです
3 うれしさでした 4 たのしみでした

JLPT N5 파이널 테스트 ④

もんだい1　（　　）に 何を 入れますか。1・2・3・4から いちばん いい ものを 一つ えらんで ください。

1　わたしは 絵や 音楽（　　）に あまり 興味が ありません。
　　1　から　　　　2　など　　　　3　も　　　　　4　や

2　かいぎ（　　）ですので この 部屋には 入れません。
　　1　ちゅう　　　2　なか　　　　3　とちゅう　　4　まんなか

3　わたしは まいにち 1時間、かんじ（　　）べんきょうを します。
　　1　に　　　　　2　と　　　　　3　の　　　　　4　が

4　新宿（　　）渋谷まで 160円です。
　　1　で　　　　　2　へ　　　　　3　にも　　　　4　から

5　A「メーカーに 電話しましたか。」
　　B「ええ。2、3度 かけたんです（　　）、つながらないんです。」
　　1　から　　　　2　の　　　　　3　が　　　　　4　か

6　担当の 山田さんは いつも げんき（　　）おもしろい 人です。
　　1　に　　　　　2　で　　　　　3　へ　　　　　4　と

7　仕事で いそがしくて べんきょうする 時間（　　）ありません。
　　1　か　　　　　2　を　　　　　3　が　　　　　4　の

8 パソコンの( )方を 知りません。
1 使い　　　2 使って　　　3 使う　　　4 使った

9 こどもの ころ、サッカーを( )魚を とったり して、よく 外で あそびました。
1 したり　　　2 しったり　　　3 して　　　4 しいて

10 すみません。あの 本( ) ほしいのですが、ひらがなで 「あいさつ」と 書いて ある 本です。
1 と　　　2 が　　　3 の　　　4 に

11 A「りゅうがくせいは ( ) 来ますか。」
B「ふたりです。」
1 なんさい　　　2 なんにん　　　3 なんこ　　　4 なんで

12 ちょっと さびしい 部屋ですねえ。( ) かざったら どうですか。
1 だれも　　　2 だれか　　　3 なにも　　　4 なにか

13 みせの ひとに おもちゃ売り場が どこ( ) 聞きました。
1 の　　　2 を　　　3 か　　　4 が

14 A「しゅっぱつの 時間まで ( ) ありますか。」
B「20分くらいです。」
1 何時ごろ　　　2 何回ぐらい　　　3 いつごろ　　　4 どのぐらい

15 (電話で)
中村「もしもし、山田さんですか。」
山田「はい、そうですが、( ) ですか。」
中村「中村です。」
1 だれが　　　2 どの 人　　　3 どなた　　　4 なにか

16 A「このごろ、スマートフォンを 持って いる 人が ふえましたね。」
　　B「そうですね。いま 韓国でも (　　) 人が けいたいを 持って います。」
　　1 多くの　　　　2 多いの　　　　3 多い　　　　4 多く

もんだい2 ＿＿★＿＿に 入る ものは どれですか。1・2・3・4から いちばん いい ものを 一つ えらんで ください。

17 キムさんは この くつを ＿＿＿ ＿＿＿ ＿★＿ ＿＿＿ よ。
　　1 で　　　　2 んです　　　　3 1000円　　　　4 買った

18 パスターが 有名な ＿＿＿ ＿★＿ ＿＿＿ ＿＿＿ 食べました。
　　1 ばんごはんを　　2 近くの　　3 レストランで　　4 銀行の

19 A「＿＿＿ ＿＿＿ ＿★＿ ＿＿＿ ですか。」
　　B「すしと てんぷらです。」
　　1 は　　　　2 すきな　　　　3 食べ物　　　　4 なん

20 ここは だれ ＿＿＿ ＿★＿ ＿＿＿ ＿＿＿ 。
　　1 でも　　　　2 できます　　　　3 入る　　　　4 ことが

21 その はしを わたって、＿＿＿ ＿＿＿ ＿★＿ ＿＿＿ と、こうえんに 着きます。
　　1 5分　　　　2 歩いて　　　　3 いく　　　　4 ぐらい

もんだい3 22 から 26 に 何を 入れますか。ぶんしょうの いみを
かんがえて、1・2・3・4から いちばん いい ものを 一つ
えらんで ください。

　　赤い くつは 22 赤いのでしょうか。
　　青い ハンカチは なぜ 青いのでしょうか。
　　赤い くつが 赤い 23 は、赤い 光を わたしたちの 目に おくるからです。
　　暗闇では、赤い くつ 24-a 青い ハンカチ 24-b ぜんぜん 見えません。暗闇には、赤い 光も 青い 光も ないからです。
　　 25 、そらが 青いのは なぜでしょうか。それは 青い 光を、わたしたちの 目に おくるからです。
　　では、そらには どんな ものが あって、青い 光を おくるのでしょうか。みずの 中に あわが ある ように、空気の 中にも 26 ものが あります。

22
1 まだ　　　2 もし　　　3 なぜ　　　4 もう

23
1 へ　　　2 に　　　3 と　　　4 の

24
1 a も / b も　　　2 a や / b や
3 a と / b と　　　4 a か / b か

25
1 でも　　　2 では　　　3 それから　　　4 だから

26
1 そらの ように　　　2 あわの ように
3 そらの ような　　　4 あわの ような

JLPT N4 파이널 테스트 ①

もんだい1　(　　)に　何を　入れますか。1・2・3・4から　いちばん　いい　ものを　一つ　えらんで　ください。

[1]　仕事が(　　)、プールへ　泳ぎに　行こう。
　　　1　終わると　　2　終わるのに　　3　終わったら　　4　終わったり

[2]　A「10時から　会議だから、(　　)行きましょうか。」
　　　B「そうですね。」
　　　1　なかなか　　2　そろそろ　　3　だんだん　　4　だいたい

[3]　「トイレは　どこですか。」と　外国人(　　)聞かれたので、トイレまで　一緒に　行きました。
　　　1　へ　　2　を　　3　か　　4　に

[4]　A「青と　黒と　どちらが　いいですか。」
　　　B「青い　ほうが　いいですね。よく　似合いますよ。」
　　　A「そうですか。じゃあ、これ(　　)します。」
　　　1　に　　2　を　　3　が　　4　へ

[5]　山田さんは　熱が　あると　言って　いたから、家で　寝て　いる(　　)だ。
　　　1　ばかり　　2　こと　　3　ため　　4　はず

[6]　(ケーキ屋で)
　　　客「すみません。いちごの　ケーキと　チョコレートの　ケーキを　ふたつ
　　　　　(　　)ください。」
　　　1　ずつ　　2　など　　3　が　　4　と

7 インターネットを 使えば、(　　) 買い物が できて 便利です。

1　ここで　　　2　どこから　　　3　いつでも　　　4　どこにも

8 A「夏休みに 国へ 帰りますか。」
B「いいえ、今年は (　　) です。」

1　帰る　　　　　　　　　　2　帰らない つもり
3　帰りましょう　　　　　　4　帰らないだろう

9 一日も 早く あなたに (　　)。

1　会いたかった　　　　　　2　会いにくかった
3　会いそうだった　　　　　4　会うらしかった

10 退院した ばかりなんだから、あまり 無理を しない (　　) いいと 思うよ。

1　だから　　　2　ながら　　　3　までに　　　4　ほうが

11 びんには 「日本製」の ラベルが はって (　　)。

1　いました　　2　ありました　3　おきました　4　みました

12 A「すみません、この コピー機の 使い方を 教えて ください。」
B「ええと、ちょっと いま いそがしいので、ほかの 人に (　　)。」
A「わかりました。では、そう します。」

1　聞いて みたのですか　　　　2　聞きたいんですが
3　聞いて もらえますか　　　　4　聞こうと 思いますが

13 (車の 中で)
A「ホテル、どの へんかな。」
B「ちょっと 待って、いま 地図で (　　)。」

1　書いて いるんだ　　　　　2　書いた ままなんだ
3　調べた ばかりなんだ　　　4　調べて いる ところなんだ

14 せっかく、いろいろ（　　）のに、だめに　なって　しまって　もうしわけ　ございません。
1　計画して　なさいました　　　　2　ご計画　なりました
3　計画して　くださいました　　　4　ご計画　しました

15　(会社の　説明会で)
会社の　人「これで　わたしからの　説明は　おわりますが、しつもんが　ある　人は　いますか。」
学生　「はい、ふたつ　しつもん（　　）ください。」
1　して　　　　2　させて　　　　3　やって　　　　4　されて

もんだい2 ＿＿★＿＿に 入る ものは どれですか。1・2・3・4から いちばん いい ものを 一つ えらんで ください。

16　A「ケーキ、どうぞ。」
　　B「さっき ＿＿＿＿ ＿★＿ ＿＿＿＿ ＿＿＿＿、あとで いただきます。」
　　1 昼ごはんを　　2 ばかり　　3 食べた　　4 なので

17　この 公園は、むかし 来た ことが あると 思うんだけど、＿＿＿＿ ＿＿＿＿ ＿★＿ ＿＿＿＿ よ。
　　1 か　　2 来た　　3 いつ　　4 忘れた

18　A「急いだら つぎの 電車に 間に合う?」
　　B「ううん。＿＿＿＿ ＿＿＿＿ ＿★＿ ＿＿＿＿ 思う。」
　　1 走っても　　2 無理だ　　3 と　　4 今から

19　急いで いたので ＿＿＿＿ ＿＿＿＿ ＿★＿ ＿＿＿＿、帰って しまった。
　　1 言わない　　2 まま　　3 さよなら　　4 も

20　中村「山下さん、駅から ホテルまで 行き方が わかりますか。」
　　山下「いいえ、わかりません。＿＿＿＿ ＿★＿ ＿＿＿＿ ＿＿＿＿ に 聞きましょう。」
　　1 か　　2 駅　　3 だれ　　4 で

もんだい3　 21 から 25 に 何を 入れますか。ぶんしょうの いみを かんがえて、1・2・3・4から いちばん いい ものを 一つ えらんで ください。

　わたしたち 21 、毎日の 生活の 中で、たくさんの ごみを 出します。 22 、ごみにも、もやせる ごみや もやせない ごみ、かんや ペットボトル などの ように しげんと なる しげんごみなど、さまざまな しゅるいが あります。
　今、わたしたちの まわりでは、ごみを 少しでも へらそうと、さまざまな 取り組みが 23 。
　たとえば、買い物を した ときに ふくろを もらわなかったり、使える ものは すてずに 何回も 使ったり、ごみを きちんと しゅるいべつに 分け たり する ことです。これだけ 24 、ごみを へらす ことが できるのです。 大切なのは、わたしたち ひとりひとりが、ごみの ことを しんけんに 考え、 へらすために できる ことから 25 なのです。

(中林　英純『くらしと　ごみ』に　よる)

21

1 に 2 は 3 へ 4 を

22

1 それで 2 それなら 3 また 4 しかし

23

1 行われて います 2 行って みます
3 行われて あります 4 行って おきます

24

1 は 2 も 3 では 4 でも

25

1 おわる もの 2 はじまる もの
3 おえる こと 4 はじめる こと

JLPT N4 파이널 테스트 ②

もんだい1　（　　）に 何を 入れますか。1・2・3・4から いちばん いい
　　　　　ものを 一つ えらんで ください。

1　ワインは　ぶどう（　　）作られます。
　　1　が　　　　2　から　　　　3　に　　　　4　まで

2　デパートが　もうすぐ　タイムサービスを（　　）。
　　1　始めます　　2　始めました　　3　始まります　　4　始まりました

3　テレビの　ニュース（　　）インドで　地震が　あったそうです。
　　1　だったら　　2　だから　　3　に よると　　4　に なると

4　学校が　休み（　　）、毎日　友だちと　サッカーを　しました。
　　1　あいだ　　2　あいだで　　3　の あいだ　　4　の あいだで

5　A「水色と　いうのは　どんな　色ですか。」
　　B「いま、わたしが　着て　いる　ワイシャツの　ような（　　）色です。」
　　1　どの　　2　その　　3　あんな　　4　こんな

6　A「この　書類は　いつ　発送しますか。」
　　B「そうですね。今月の　末（　　）とどく　ように　出して　ください。」
　　1　までに　　2　までも　　3　までで　　4　まで

7　かのじょの　こころは　氷の（　　）つめたい。
　　1　らしい　　2　そうに　　3　ぐらい　　4　ように

8 (教室で)

山田「先生、すみません。テキストを　忘れました。」
先生「じゃあ、中村さん、テキストを　山田さんに（　　　）ください。」
中村「はい、わかりました。」

1　見て　くれて　　　　　　　　2　見せて　くれて
3　見て　あげて　　　　　　　　4　見せて　あげて

9 最近、いろんな　しゅるいの　チョコレートが　スーパーで（　　　）。

1　売ります　　　　　　　　　　2　売られて　います
3　売らせます　　　　　　　　　4　売って　いきます

10 A「わたしが　ごちそうしますよ。」
B「いや、いつも　ごちそうに　なって　ばかりですので、ここは　わたしに（　　　）。」

1　払いましょう　　　　　　　　2　払いませんか
3　払わせて　ください　　　　　4　払って　ください

11 田中「鈴木さん、この　仕事が　できますか。」
鈴木「そうですねえ。わたしに　できるかどうか　やって　みないと　わかりませんが、（　　　）。」

1　やって　くださいませんか　　2　やって　みます
3　やって　もらえませんか　　　4　やって　あります

12 山田「上野さん、きょうの　夕食は　何に　するんですか。」
上野「これから　買い物に　行って、カレーを（　　　）と　思います。」

1　作った　　　2　作ります　　　3　作ろう　　　4　作って　います

[13] A「これから 博物館へ（　　　）か。」
B「ええ、その つもりです。」
1　いらっしゃいます　　　　2　まいります
3　うかがいます　　　　　　4　おじゃまします

[14] A「きのうの 試験、（　　　）?」
B「ちょっと むずかしかったけど、まあまあ できたよ。」
1　どうしたい　　　　　　　2　どうしたら いい
3　どうしようか　　　　　　4　どうだった

[15] 私の むすめは、小さい ときは 体が よわかったが、小学校に 入学した ころからは だんだん 風邪を ひいたり 熱を 出したり（　　　）。
1　しない ように なった　　2　しない ことに なった
3　しない ように した　　　4　しない ことに した

もんだい2　__★__に 入る ものは どれですか。1・2・3・4から いちばん いい ものを 一つ えらんで ください。

16　おとといの テレビ番組で 兄＿＿＿ ＿＿＿ ★ ＿＿＿紹介されました。
　　1　の　　　　　2　会社　　　　　3　が　　　　　4　働いて いる

17　きょうは おいしい カレーが＿＿＿ ★ ＿＿＿ ＿＿＿5時間 かかりました。
　　1　けれど　　　2　作る　　　　　3　できた　　　4　のに

18　どうしたら いいのか、＿＿＿ ＿＿＿ ★ ＿＿＿わからなく なってしまった。
　　1　ほど　　　　2　ば　　　　　　3　考えれ　　　4　考える

19　くつを 買う まえに、＿＿＿ ＿＿＿ ★ ＿＿＿はいて みます。
　　1　かどうか　　2　合う　　　　　3　が　　　　　4　サイズ

20　A「今度の 土曜日、美術館に 行きませんか。」
　　B「すみません。今週は 友だち＿＿＿ ＿＿＿ ★ ＿＿＿約束が あるんです。」
　　1　と　　　　　2　卓球の　　　　3　練習を　　　4　する

もんだい3　[21]から[25]に　何を　入れますか。ぶんしょうの　いみを　かんがえて、1・2・3・4から　いちばん　いい　ものを　一つ　えらんで　ください。

　最近、犬や　ねこなどの　ペットと　一緒に　住める　マンションが　ふえて　きて　います。10年前、この　町には　ペットと　住める　マンションが　ほとんど　ありませんでしたが、去年は　全部の　マンションの　半分以上に　なりました。そして、今も [21] そうです。
　先月、米倉さんと　おくさんが　この　町の　マンションに [22]。ひっこして　から　犬　2匹と　一緒に　住んで　います。米倉さんは　65さいで　仕事を　やめてから　元気が　ありませんでしたが、犬と　一緒に　いて [23]。おくさんは　体が　じょうぶに　なりました。ひっこす　前は　足が　わるくて　ほとんど　家の　中に　いましたが、今は　犬と　一緒に　散歩して　います。ふたりは　いやな　ことが　あっても、かわいい　2匹を　見ると　気持ちが　やさしく　なって、毎日　楽しく [24] と　言って　います。私は　今まで　ペットが　ほしいと　思った　ことが　ありませんでした。
　ペットは　毎日　世話が　たいへんです。食べ物や　トイレの　世話が　あるし、病気の　ときは　病院に　つれて [25]。でも、米倉さんの　話を　聞いて　私も　ペットと　住んで　見たいと　思いました。

21
1 ふえはじめて いる　　2 ふやしはじめて いる
3 ふえつづけて いる　　4 ふやしつづけて いる

22
1 ひっこして しまいました　　2 ひっこして いきました
3 ひっこして もらいました　　4 ひっこして きました

23
1 気持ちが 明るく なりそうです
2 気持ちを 明るく しそうです
3 気持ちが 明るく なったそうです
4 気持ちを 明るく したそうです

24
1 生活できる　　2 生活される　　3 生活させる　　4 生活させられる

25
1 行かなくても いいです　　2 行かなければ なりません
3 行っても いいです　　4 行くと おもいます

정답과 해석 QR코드로 바로 확인!

JLPT N4 파이널 테스트 ❸

もんだい1 （　　）に 何を 入れますか。1・2・3・4から いちばん いい ものを 一つ えらんで ください。

1　この 図書館では 本を ２週間（　　）ことが できます。
　　1 借ります　　　2 貸せる　　　3 借りる　　　4 借りられる

2　コンサートは 何時から はじまる（　　）おしえて ください。
　　1 は　　　　　　2 を　　　　　3 か　　　　　4 で

3　わたしの アパートは 駅（　　）近いです。
　　1 と　　　　　　2 に　　　　　3 ので　　　　4 より

4　小林さんは パソコンの ことなら（　　）わかります。
　　1 なんで　　　　2 なにで　　　3 なにも　　　4 なんでも

5　こども「ごはん、まだ？」
　　はは　「うん。今から（　　）だよ。」
　　1 作る ところ　　　　　　　　2 作って いる ところ
　　3 作る とき　　　　　　　　　4 作って いる とき

6　あ、家の まえに 車が 止まって（　　）。
　　1 ある　　　　　2 いる　　　　3 みる　　　　4 おく

7　さっきまで あんなに 機嫌が よかったのに、急に（　　）だして びっくりしました。
　　1 怒る　　　　　2 怒って　　　3 怒れ　　　　4 怒り

8 あすの 運動会は 中止だと だれかが (　　) を 聞きました。
1　言って いる の
2　言って いる
3　言って いる もの
4　言って いる こと

9 内田さん (　　) いう 人から 電話が ありました。
1　で　　2　か　　3　と　　4　を

10 (ケーキ屋で)
A「おいしそうですね。」
B「ぼくは いちごの ケーキが いいです。」
A「じゃあ、わたしは チョコレートの ケーキ (　　)。」
1　に あります　2　に します　3　が あります　4　を します

11 旅行の 日程が きまったら、(　　)。
1　お連絡に なります
2　ご連絡します
3　お連絡くださいます
4　ご連絡いただきます

12 中村「小林さん、荷物が 重そうだね。(　　)。」
小林「ありがとうございます。」
1　手伝おうか
2　手伝いたいんですか
3　手伝ったよ
4　手伝って くださいよ

13 会社員じゃ ないので、仕事の ときは スーツを 着ませんが、パーティーなどに 行く ときは (　　) ことが あります。
1　着るの　　2　着ますの　　3　着る　　4　着ます

14 A「来週の 天気は (　　)。」
B「たぶん、いい 天気が つづくと 思います。」
1　どうしましたか
2　どうしますか
3　どうしましょうか
4　どうでしょうか

15 中村「わたしは　つめたい　ものは　飲まないんです。」
   山下「そうですか。中村さんは　つめたい　ものは（　　　）んですか。」
   1　お飲みに　ならない　　　　2　いただかない
   3　飲んで　いらっしゃる　　　4　飲んで　いただける

もんだい2　___★___に　入る　ものは　どれですか。1・2・3・4から　いちばん　いい　ものを　一つ　えらんで　ください。

16 夏休み＿＿＿　★　＿＿＿　＿＿＿なので、楽しみに　して　います。
   1　予定　　　　2　が　来る　　　3　に　なったら　4　家族

17 かのじょは　朝から＿＿＿　＿＿＿　★　＿＿＿で、ぜんぜん　仕事を　して　いない。
   1　となりの　人　2　ばかり　　3　話して　　4　と

18 あしたは　大事な　会議が　あるので＿＿＿　＿＿＿　★　＿＿＿に　行きます。
   1　より　　　　2　会社　　　3　いつも　　4　早く

19 田中「木村さん、寮＿＿＿　＿＿＿　★　＿＿＿でしょうか。」
   木村「だいじょうぶです。どうぞ　電話して　ください。」
   1　に　　　　　2　も　　　　3　電話して　　4　かまわない

20 A「高橋さんに＿＿＿　＿＿＿　★　＿＿＿ですか。」
   B「はい、知って　います。」
   1　を　　　　　2　赤ちゃんが　3　生まれたの　4　ごぞんじ

もんだい3　21 から 25 に 何を 入れますか。ぶんしょうの いみを
　　　　　かんがえて、1・2・3・4から いちばん いい ものを 一つ
　　　　　えらんで ください。

今日は、お父さん 21 やまのぼりに 行きました。朝、6時に 起きました。お母さんに お弁当を 22 、お父さんと 2人で 車に 乗って 山の 入り口まで 行きました。早起きを したので、車の 中で 23 。

わたしは やまのぼりが はじめてでした。最後まで 24 不安でしたが、お父さんと 一緒だったので 楽しく のぼる ことが できました。頂上に 着くと、お母さんが 作って くれた お弁当を 食べました。たまごやきや からあげ、えんどう豆など わたしが 好きな ものばかり 入って いて、とても おいしかったです。

わたしは はじめて やまのぼりを したけれど、やまのぼりが とても 好きに なりました。今度は、家族 みんなで 25 。

21

　　1　と　　　　　2　で　　　　　3　を　　　　　4　も

22

　　1　作って　あげ　　　　　　2　作らせて　やり
　　3　作って　もらい　　　　　4　作らせて　さしあげ

23

　　1　ねむって　しまいました　　2　ねむって　おきました
　　3　ねむって　ありました　　　4　ねむって　みました

24

　　1　のぼりたいか　　　　　　2　のぼれるか
　　3　のぼりたいのに　　　　　4　のぼれるのに

25

　　1　行っても　いいですか　　2　行っても　かまいません
　　3　行って　みたいです　　　4　行ったか　わかりません

JLPT N4 파이널 테스트 ❹

もんだい1　(　　)に　何を　入れますか。1・2・3・4から　いちばん　いい　ものを　一つ　えらんで　ください。

1　この　きっさてんは(　　)ので、よく　ここで　本を　読みます。
　　1　しずかだ　　　2　しずかで　　　3　しずかに　　　4　しずかな

2　美術館は　タクシーを　利用すれば(　　)行けます。
　　1　5、6分　　　2　5、6分に　　　3　5、6分で　　　4　5、6分も

3　祖父は(　　)90さいです。
　　1　ずっと　　　2　もうすぐ　　　3　いつか　　　4　なかなか

4　この　町は　今も　人が　多いが、むかしほど(　　)。
　　1　にぎやかだろう　　　　　　2　にぎやかだった
　　3　にぎやかだ　　　　　　　　4　にぎやかではない

5　「地震の　とき、エレベーターに(　　)な。」と　書いて　あります。
　　1　乗る　　　2　乗れ　　　3　乗ります　　　4　乗らない

6　試験の(　　)で　消しゴムが　ない　ことに　気が　つきました。
　　1　なか　　　2　ところ　　　3　うえ　　　4　とちゅう

7 わたし（　　）できる　ことが　あれば　なんでも　しますよ。
1　へ　　　　　2　と　　　　　3　に　　　　　4　の

8 あの　人は（　　）に　毎日　お酒ばかり　飲んで　います。
1　働かなかった　2　働かなく　3　働かない　4　働かず

9 A「ご返事を　まだ（　　）が……。」
B「あっ、すみません。すぐ　返事します。」
1　いただいて　います　　　　2　いただきます
3　いただいて　いません　　　4　いただきました

10 その　日の　天気を　見て、散歩に　行くか（　　）決めて　います。
1　行かないか　2　行かない　3　行かないが　4　行かなくて

11 部屋が（　　）ば、わたしは　勉強できません。
1　しずかでなく　　　　　　　2　しずかでなけれ
3　しずかじゃない　　　　　　4　しずかでなかった

12 A「ここで　タバコを（　　）。」
B「すみません、ここは　ちょっと……。」
1　吸いたいですか　　　　　　2　吸って　ください
3　吸うでしょうか　　　　　　4　吸っても　いいでしょうか

13 A「いい　仕事が　あったら　アルバイトを　しますか。」
B「いいえ、勉強が　たいへんなので、いい　仕事が（　　）アルバイトは　しません。」
1　あっても　2　あったら　3　あるので　4　あったか

14 わたしの ジュースを 妹に 全部(　　)。
1 飲んで みました　　　　2 飲みそうです
3 飲まれて しまいました　　4 飲むでしょう

15 A「何回も 電話(　　)、どうして 出て くれなかったんですか。」
B「すみません。」
1 したので　　2 したのに　　3 したら　　4 すれば

もんだい2 ___★___ に 入る ものは どれですか。1・2・3・4から いちばん いい ものを 一つ えらんで ください。

16 意味 _____ ___★___ _____ _____ が あるから 質問したいです。
　1 ところ　　　2 よく　　　　3 わからない　　4 の

17 きのう アニメの 映画を 見に 行きました。_____ _____ ___★___ _____ が、弟が 見たいと 言ったので、見たんです。
　1 なかった　　2 みたく　　　3 んです　　　　4 あまり

18 (学校で)
　先生「ろうかが ぬれて います。歩く _____ _____ ___★___ _____ ください。」
　1 すべらない　2 ときは　　　3 ように　　　　4 注意して

19 A「すみません。日曜日は 図書館は 何時まで _____ _____ ___★___ _____ 。」
　B「日曜日は 5時までです。」
　1 開いて　　　2 教えて　　　3 くださいませんか　4 いるか

20 かれに お金を 貸すと、けっきょく 返して _____ _____ ___★___ _____ ので、貸したく ない。
　1 なる　　　　2 こと　　　　3 もらえない　　4 に

もんだい3　　21　から　25　に　何を　入れますか。文章の　意味を　考えて、1・2・3・4から　いちばん　いい　ものを　一つ　えらんで　ください。

　きのう、日本の　友だちと　ケーキを　21　行きました。友だちの　話　22　、その　ケーキ屋は　とても　おいしくて、テレビ番組に　出た　ことも　あるそうです。わたしは　ケーキが　好きですから　楽しみでした。
　店に　23　、店の　まえに　お客さんが　たくさん　ならんで　いました。わたしたちも　ならびましたが、10分　待っても　20分　待っても　店の　中に　入れませんでした。あしが　いたく　なって　いましたが、がんばって　待ちました。1時間後、やっと　店の　中に　入って　食べる　ことが　できました。
　おいしかったけど、ケーキを　食べる　ために、1時間　24　待つのは　たいへんだと　思いました。日本では　おいしい　食べ物の　店が　あると、その　店の　まえに　たくさんの　人が　ならびます。日本人は　いつも　いそがしいと　言って　いるけど、本当は　25　かも　しれませんね。

21

1 食べて　　　　　　　　　　2 食べないで
3 食べに　　　　　　　　　　4 食べずに

22

1 に ついて　　2 に よると　　3 に よって　　4 に よる

23

1 着くなら　　2 着けば　　　3 着いたり　　4 着くと

24

1 も　　　　　2 が　　　　　3 に　　　　　4 で

25

1 ひまだ　　　2 ひまで　　　3 ひまなの　　4 ひまに

JLPT N5 문법 출제표

1. 조사

	기능어[→ 유사항목]	의 미	용 례	페이지
001	〜か〈부정(不定)의 뜻〉	〜인지	どこに あるか 어디에 있는 지	▶ p.32
	〜か〈선택〉	〜이나	あしたか あさって あいます 내일이나 모레 만납니다	▶ p.32
	〜か〈의문사 의문문〉	〜까?	だれが 来ましたか 누가 왔습니까?	▶ p.35
002	〜が〈주어〉	〜이/가	みせが しまって いる 가게가 닫혀 있다	▶ p.14
	〜が〈희망·능력 등의 대상〉	〜을/를	どんな いろが すきですか 어떤 색을 좋아합니까?	▶ p.14
	〜が〈의문사+が〉	〜가	だれが きましたか 누가 왔습니까?	▶ p.14
	〜が〈단순 접속〉	〜만	山田ですが 야마다입니다만	▶ p.35
	〜が〈역접〉	〜만	この 本は いいですが、たかいです 이 책은 좋습니다만 비쌉니다	▶ p.117
	〜が ほしい〈희망〉	〜을 갖고 싶다	とけいが ほしいです 시계를 갖고 싶습니다	▶ p.114
003	〜か〜か〈선택 의문문〉	〜까? 〜까?	レストランの 右ですか、左ですか 레스토랑의 오른쪽입니까? 왼쪽입니까?	▶ p.35
004	〜か〜ないか	〜할지 안 할지	出かけるか 出かけないか わかりません 외출할지 외출하지 않을지 모르겠습니다	▶ p.32
005	〜から〈장소〉	〜에서	外国から てがみが 来ました 외국에서 편지가 왔습니다	▶ p.20
	〜から〈시간〉	〜부터	げつよう日から きんよう日まで 월요일부터 금요일까지	▶ p.20
	〜から〈동작주〉	〜한테	あねから セーターを もらいました 누나(언니)한테 스웨터를 받았습니다	▶ p.20
	〜から〈이유〉	〜하니까, 〜해서	しゅくだいが あるから 숙제가 있어서	▶ p.130
006	〜ぐらい〈수량의 어림〉	〜정도	1500円ぐらい ある 1,500엔 정도 있다	▶ p.31
	〜ぐらい〈시간의 어림〉	〜정도	1時間ぐらい かかる 1시간 정도 걸린다	▶ p.31
007	〜しかありません	〜밖에 없습니다	ここには えんぴつしか ありません 여기에는 연필밖에 없습니다	▶ p.33
	〜しか〜ません	〜밖에 〜않습니다	コーヒーしか のみませんでした 커피밖에 마시지 않았습니다	▶ p.33

008	~だけ〈한정·최저 한도〉	~만, ~뿐	ふるく なった ものだけ すてた 오래된 것만 버렸다	▶p.33
009	~で〈장소〉	~에서	デパートで はたらいて いる 백화점에서 일하고 있다	▶p.18
	~で〈방법·도구·재료〉	~으로	えいがかんまで バスで 行く 영화관까지 버스로 간다	▶p.18
	~で〈이유〉	~때문에	かぜで かいしゃを やすむ 감기 때문에 회사를 쉬다	▶p.18
	~で〈수량+で+수량〉	~에	12こで 250円 12개에 250엔	▶p.18
	~で〈기타〉	~로	これで じゅぎょうを おわりましょう 이것으로 수업을 마칩시다	▶p.18
010	~と〈명사의 대등 접속〉	~와/과	なまえと でんわばんごう 이름과 전화번호	▶p.19
	~と〈동작의 공동〉	~와 (같이)	りょうしんと 山に のぼる 부모님과 같이 산에 오르다	▶p.19
	~と〈동작의 상대〉	~와/과	だれと あそびましたか 누구와 놀았습니까?	▶p.19
	~と(って) 言う〈인용〉	~라고 (말)하다	「おはよう」と 言いました '안녕하세요'라고 말했습니다	▶p.19
011	~など〈예시적 병렬〉	~등, ~따위	こうえんや デパートなど 공원이랑 백화점 등	▶p.31
012	~に〈대상〉	~에게	ははに てがみを かく 어머니께 편지를 쓰다	▶p.16
	~に〈목적(동사 연용형+に)〉	~하러	シャツを 買いに 行く 셔츠를 사러 가다	▶p.16
	~に〈목적(목적 명사+に)〉	~을/를	東京へ りょこうに 行く 도쿄에 여행을 가다	▶p.16
	~に〈시간〉	~에	なんじに おきますか 몇 시에 일어납니까?	▶p.16
	~に〈기간+に+횟수〉	~에	1か月に 3かい 한 달에 3회	▶p.16
	~に〈장소〉	~에	そこに おいて ください 거기에 놓아 주세요	▶p.16
	~に〈~にのる〉	~을/를	じてんしゃに のる 자전거를 타다	▶p.16
	~に〈~にあう〉	~을/를	だれにも あいません 아무도 만나지 않습니다	▶p.16
013	격조사 に+は	~는	山田さんには おととい あいました 야마다 씨는 그저께 만났습니다	▶p.30
	격조사 に+も	~에게도	ごりょうしんにも 부모님에게도	▶p.30
	격조사 と+も	~와도	だれとも あそびませんでした 누구와도 놀지 않았습니다	▶p.30
	격조사 と+の	~와의	友だちとの やくそく 친구와의 약속	▶p.30

014	~ね〈동의를 구함〉	~군요	きょうは いい てんきですね 오늘은 날씨가 좋군요	▶p.36
	~ね〈관용적인 용법〉	~요	そうですね 글쎄요	▶p.36
015	~の〈명사의 대용〉	~(의) 것	あの あかいのは どうですか 저 빨간 것은 어때요?	▶p.22
	~の〈명사+の+명사〉	해석 무	かんじの べんきょう 한자 공부	▶p.22
	~の〈연체수식절 내에서의 が→の의 교체〉	~이/가	山田さんの 来る 日は 야마다 씨가 오는 날은	▶p.22
016	~は〈서술상의 주제〉	~은/는	ははは いま しょくどうに いる 어머니는 지금 식당에 있다	▶p.28
	~は〈목적어에 붙는 は〉	~은/는	この ワイシャツは きのう かった 이 와이셔츠는 어제 샀다	▶p.28
	~は〈대비〉	~은/는	あには 車を もって います。 いもうとは もって いません 형은 차를 갖고 있습니다. 여동생은 갖고 있지 않습니다	▶p.28
017	~へ〈동작이 향하는 방향, 장소〉	~에, ~로	らいしゅう にほんへ 行く 다음 주에 일본에 간다	▶p.17
018	~まで〈장소〉	~까지	うちから がっこうまで 집에서 학교까지	▶p.21
	~まで〈시간〉	~까지	12時から 2時まで 12시부터 2시까지	▶p.21
019	~も〈병렬〉	~도	せんたくを しました。そうじも おわりました 빨래를 했습니다. 청소도 끝났습니다	▶p.29
	~も〈~も~も+긍정·부정〉	~도 ~도	しんぶんも ざっしも ある 신문도 잡지도 있다	▶p.29
	~も〈의문사+も+부정〉	~도	だれも いません 아무도 없습니다	▶p.29
020	~や〈나열〉	~이랑, ~이나	やさいや りんごなど 채소랑 사과 등	▶p.21
021	~を〈타동사의 목적어〉	~을/를	なにを のみますか 무엇을 마십니까?	▶p.15
	~を〈기점·경로·경유지 등〉	~을/를	あの かどを まがる 저 모퉁이를 돌다	▶p.15

2. い형용사

	기능어[→ 유사항목]	의 미	용 례	페이지
022-1	~いです	~습니다	この 本は おもしろいです 이 책은 재미있습니다	▶p.42
	~くないです ＝~くありません	~하지 않습니다	おもしろく ないです 재미있지 않습니다 ＝おもしろく ありません	▶p.42

022-2	~かったです	~웠습니다	あつかったです 더웠습니다	▶ p.43
	~くなかったです ＝~くありませんでした	~하지 않았습니다	あつく なかったです 덥지 않았습니다 ＝あつく ありませんでした	▶ p.43
022-3	~い	~하다	この 本は おもしろい 이 책은 재미있다	▶ p.44
	~くない	~하지 않다	この へやは ひろく ない 이 방은 넓지 않다	▶ p.44
022-4	~かった	~했다	きのうは あたたかかった 어제는 따뜻했다	▶ p.44
	~くなかった	~하지 않았다	きのうは さむく なかった 어제는 춥지 않았다	▶ p.44
022-5	~くて〈단순 연결〉	~하고	やすくて おいしいです 싸고 맛있습니다	▶ p.45
	~くて〈원인·이유〉	~해서	いえが なくて 집이 없어서	▶ p.45
022-6	~く+동사	~하게 ~하다	おそく ねました 늦게 잤습니다	▶ p.45
022-7	~い+명사	~한	あぶない ところです 위험한 곳입니다	▶ p.46
	~かった+명사	~했던	一番 よかった とき 가장 좋았던 때	▶ p.46
022-8	~い＋の	~한 것	おおきいのは いくらですか 큰 것은 얼마입니까?	▶ p.46

3. な형용사

	기능어[➡ 유사항목]	의 미	용 례	페이지
023-1	~です	~합니다	この へやは しずかです 이 방은 조용합니다	▶ p.52
	~では(じゃ) ありません	~하지 않습니다	ゆうめいでは ありません 유명하지 않습니다	▶ p.52
023-2	~でした	~했습니다	こうえんは きれいでした 공원은 깨끗했습니다	▶ p.53
	~では(じゃ) ありませんでした	~하지 않았습니다	じょうぶでは ありませんでした 튼튼하지 않았습니다	▶ p.53
023-3	~だ	~하다	この へやは しずかだ 이 방은 조용하다	▶ p.54
	~では(じゃ)ない	~하지 않다	あの 人は ゆうめいでは ない 저 사람은 유명하지 않다	▶ p.54
023-4	~だった	~했다	こうえんは きれいだった 공원은 깨끗했다	▶ p.54
	~では(じゃ)なかった	~하지 않았다	あの 人は げんきでは なかった 저 사람은 건강하지 않았다	▶ p.54
023-5	~で	~하고, ~해서	きれいで ひろいです 깨끗하고 넓습니다	▶ p.55
023-6	~に+동사	~하게 (~하다)	えを じょうずに かく 그림을 능숙하게 그리다	▶ p.55

	기능어[→ 유사항목]	의미	용례	페이지
023-7	～な+명사	～한	この きれいな かさは 이 예쁜 우산은	▶p.56
	～だった+명사	～했던	しずかだった 学校も 조용했던 학교도	▶p.56
023-8	～な＋の	～한 것	きれいなのを かいました 예쁜 것을 샀습니다	▶p.56

4. 동사

	기능어[→ 유사항목]	의미	용례	페이지
024-1	～ます	～합니다	はい、行きます 네, 가겠습니다	▶p.62
	～ません	～하지 않습니다	毎日は つくりません 매일은 만들지 않습니다	▶p.62
024-2	～ました	～했습니다	わたしは 花を かいました	▶p.63
	～ませんでした	～하지 않았습니다	なにも たべませんでした 아무것도 먹지 않았습니다	▶p.63
024-3	현재형 보통체	～하다	わたしは 毎日 新聞を よむ 나는 매일 신문을 읽는다	▶p.63
	～ない	～하지 않는다	ごはんは たべない 밥은 먹지 않는다	▶p.63
024-4	～た(과거형 보통체)	～했다	わたしは ノートを かった 나는 노트를 샀다	▶p.64
	～なかった	～하지 않았다	けさ わたしは ごはんを たべなかった 오늘 아침에 나는 밥을 먹지 않았다	▶p.64
024-5	자동사	되다 등	3ねんせいが あつまる 3학년이 모이다	▶p.65
	타동사	하다 등	ドアを あける 문을 열다	▶p.65
024-6	～て〈단순 접속〉	～하고, ～하며	じゅぎょうは 8時に はじまって 수업은 8시에 시작되어	▶p.34. 65
	～て〈방법〉	～하고, ～해서	この じしょを つかって 이 사전을 사용해서	▶p.34. 65
	～て〈원인·이유〉	～해서	かぜを ひいて 学校を やすむ 감기에 걸려서 학교를 쉬다	▶p.129
024-7	타동사 + てある	～해져 있다	はなが かざって あります 꽃이 장식되어 있습니다	▶p.66
024-8	자동사 + ている〈상태〉	～해져 있다	まだ しまって います 아직 닫혀 있습니다	▶p.66
	타동사 + ている〈진행〉	～하고 있다	まだ 読んで います 아직 읽고 있습니다	▶p.66
024-9	～ないで	～하지 않고	はを みがかないで ねました 이를 닦지 않고 잤습니다	▶p.67

5. 명사

	기능어[➜ 유사항목]	의미	용례	페이지
025-1	~です	~입니다	わたしは 学生です 나는 학생입니다	▶ p.74
	~では(じゃ) ありません	~이 아닙니다	先生では ありません 선생님이 아닙니다	▶ p.74
025-2	~でした	~이었습니다	きのうは 月よう日でした 어제는 월요일이었습니다	▶ p.74
	~では(じゃ) ありませんでした	~이 아니었습니다	きのうは 休みでは ありませんでした 어제는 휴일이 아니었습니다	▶ p.74
025-3	~だ	~이다	わたしは 学生だ 나는 학생이다	▶ p.75
	~では(じゃ) ない	~이 아니다	わたしは 日本人では ない 나는 일본인이 아니다	▶ p.75
025-4	~だった	~이었다	きのうは 土よう日だった 어제는 토요일이었다	▶ p.75
	~では(じゃ) なかった	~이 아니었다	きのうは 休みでは なかった 어제는 휴일이 아니었다	▶ p.75
025-5	~で 〈명사술어문의 で형〉	~이고, ~로	これは りんごで 이것은 사과이고	▶ p.76

6. 표현 의도 등

	기능어[➜ 유사항목]	의미	용례	페이지
026	あまり~ない	별로 ~지 않다	おさけは あまり すきでは ありません 술은 별로 좋아하지 않습니다	▶ p.93
027	~がた	~들	あなたがたの へやです 당신들의 방입니다	▶ p.92
	~たち		あの 人たちは みんな 저 사람들은 모두	▶ p.92
028	~く する	~하게 하다	すこし みじかく しました 조금 짧게 했습니다	▶ p.127
029	~く なる	~해지다, ~하게 되다	おもく なりました 무거워졌습니다	▶ p.126
030	~ごろ	~쯤, ~경	11時ごろ しごとが おわる 11시쯤 일이 끝나다	▶ p.92
031	~じゅう(中)	~내내, ~동안	1日じゅう べんきょうを する 하루 종일 공부를 하다	▶ p.93
	~ちゅう(中)	~중	いま やすみちゅうです 지금 쉬는 중입니다	▶ p.93
032	~た あとで	~한 뒤에, ~한 후에	えいがが おわった あとで 영화가 끝난 뒤에	▶ p.124
	~の あとで		じゅぎょうの あとで 수업이 끝난 후에	▶ p.124

033	～たい	～하고 싶다	せんせいに なりたいです 선생님이 되고 싶습니다	▶p.114
034	～たり～たり(する)	～하기도 하고, ～하기도 (하다)	ゆきが ふったり かぜが ふいたり しました 눈이 내리기도 하고 바람이 불기도 했습니다	▶p.125
035	～てから	～하고 나서	手を あらってから つくります 손을 씻고 나서 만듭니다	▶p.116
036	～て ください	～해 주세요	りんごを 半分に きって ください 사과를 반으로 잘라 주세요	▶p.111
037	～て くださいませんか	～해 주시지 않겠습니까?	あなたの 本を かして くださいませんか 당신 책을 빌려 주시지 않겠습니까?	▶p.112
038	～て くる	～하고 오다	1時間も あるいて 来ました 1시간이나 걸어서 왔습니다	▶p.130
039	～でしょう	～이겠지요	もうすぐ くるでしょう 이제 곧 오겠지요	▶p.125
040	～と いう+명사	～라는 (명사)	なんと いう 花ですか 뭐라는 꽃입니까?	▶p.129, 212
041	～とき〈동사 현재형+とき〉	～(할) 때	うちへ 帰る とき 집에 돌아갈 때	▶p.115
	～とき〈동사 과거형+とき〉	～(했을) 때	いもうとが うまれた とき 여동생이 태어났을 때	▶p.115
042	～ないで ください	～하지 마세요	ここで およがないで ください 여기서 수영하지 마세요	▶p.112
	～ないでね	～하지 말아 줘	花に 水を やるのを 忘れないでね 꽃에 물 주는 것을 잊지 말아 줘.	▶p.112
043	～ながら	～하면서	おんがくを ききながら 음악을 들으면서	▶p.116
044	～に する〈な형용사+にする〉	～하게 하다	にわを きれいに します 정원을 깨끗하게 합니다	▶p.127
	～に する〈명사+にする〉	～로 만들다	いちごを ジャムに しました 딸기를 잼으로 만들었습니다	▶p.127
045	～に なる〈な형용사+になる〉	～해지다	きれいに なりました 예뻐졌습니다	▶p.126
	～に なる〈명사+になる〉	～이 되다	せんせいに なる 선생님이 되다	▶p.126
046	～まえに	～하기 전에	がっこうへ 行く まえに 학교에 가기 전에	▶p.124
047	～ましょう	～합시다	えいがを 見に 行きましょう 영화를 보러 갑시다	▶p.113
	～ましょうか	～할까요?	ちずを かきましょうか 지도를 그릴까요?	▶p.113
048	～ませんか	～하지 않겠습니까?	いっしょに しょくじを しませんか 같이 식사를 하지 않겠습니까?	▶p.113

049	まだ+긍정	아직 (~하다)	まだ 時間が あります 아직 시간이 있습니다	▶ p.128
	まだ+부정	아직 (~하지 않았다)	いいえ、まだ 書いて いません 아니요, 아직 쓰지 않았습니다	▶ p.128
	まだです	아직입니다	いいえ、まだです 아니요, 아직입니다	▶ p.128
050	もう+긍정	벌써 ~	山田さんは もう 家に 帰りました 야마다 씨는 벌써 집에 돌아갔습니다	▶ p.128
	もう+부정	이제 ~	おかねは もう ありません 돈은 이제 없습니다	▶ p.128
051	연체수식절+명사 〈동사 과거형+명사〉	~한	きのう 買った めがね 어제 산 안경	▶ p.76
	연체수식절+명사 〈동사 현재형+명사〉	~할	あした こうえんで たべる おべんとう 내일 공원에서 먹을 도시락	▶ p.76
052	~を ください	~을 주세요	えんぴつを ふたつ ください 연필을 2개 주세요	▶ p.111

7. 지시어

	기능어[➡ 유사항목]	의 미	용 례	페이지
053-7	ここ/そこ	여기/거기	ここに ノートが あります 여기에 노트가 있습니다	▶ p.77
	あそこ/どこ	저기/어디	あそこは ゆうびんきょくです 저기는 우체국입니다	▶ p.77
053-8	こちら/そちら	이쪽/그쪽	そちらまで どれぐらい かかりますか 그쪽(거기)까지 얼마나 걸립니까?	▶ p.78
	あちら/どちら	저쪽/어느 쪽	いりぐちは どちらですか 입구는 어느 쪽입니까?	▶ p.78
053-9	この/その	이/그	その 本は 先生のです 그 책은 선생님 것입니다	▶ p.78
	あの/どの	저/어느	どの かばんが 田中さんのですか 어느 가방이 다나카 씨의 것입니까?	▶ p.78
053-10	これ/それ	이것/그것	これは みかんです 이것은 귤입니다	▶ p.79
	あれ/どれ	저것/어느 것	水原さんの かさは どれですか 미즈하라 씨의 우산은 어느 것입니까?	▶ p.79

8. 의문사

	기능어[→ 유사항목]	의미	용례	페이지
053-1	いくつ	몇 개, 몇 살	いくつですか 몇 살입니까?	▶p.84
053-2	いくら	얼마	いくらですか 얼마입니까?	▶p.84
053-3	いつ	언제	いつ この とけいを かいましたか 언제 이 시계를 샀습니까?	▶p.85
053-4	だれ/どなた	누구/어느 분	どなたですか 누구십니까?	▶p.85
	だれか	누군가	だれか 来ましたか 누군가 왔습니까?	▶p.85
	だれにも	아무에게도	だれにも あいませんでした 아무도 만나지 않았습니다	▶p.86
	だれも	아무도	だれも 来ませんでした 아무도 오지 않았습니다	▶p.86
053-5	どう	어떻게	どうですか 어떻습니까?	▶p.87
	いかが	어떻게	いかがですか 어떠십니까?	▶p.87
053-6	どうして	어째서, 왜	どうして くすりを のみましたか 어째서 약을 먹었습니까?	▶p.87
	なぜ	어째서, 왜	なぜ がっこうを 休みましたか 왜 학교를 쉬었습니까?	▶p.87
053-7	どこかへ・どこかに	어딘가에	どこかへ 行きますか 어딘가에 갑니까?	▶p.88
	どこで	어디서	どこで えいがを 見ますか 어디서 영화를 봅니까?	▶p.77
	どこにも	어디에도, 아무데도	どこにも ありませんでした 어디에도 없었습니다	▶p.88
	どこの	어느	どこの くにの カメラですか 어느 나라의 카메라입니까?	▶p.77
	どこへも	아무데도	どこへも 行きませんでした 아무데도 가지 않았습니다	▶p.89
053-9	どのぐらい・どれぐらい	어느 정도, 얼마나	うちから えきまで どのぐらい かかりますか 집에서 역까지 얼마나 걸립니까?	▶p.89
053-11	どんな	어떤	どんな ところへ 行きたいですか 어떤 곳에 가고 싶습니까?	▶p.90
053-12	なに	무엇	なにを たべましたか 무엇을 먹었습니까?	▶p.90
	なん	무엇	それは なんですか 그것은 무엇입니까?	▶p.90

	기능어[→ 유사항목]	의미	용례	페이지
053-12	なんの	무슨	それは なんの ざっしですか 그것은 무슨 잡지입니까?	▶ p.90
	なにか	뭔가	なにか のみませんか 뭔가 마시지 않겠습니까?	▶ p.91
	なにも	아무것도	なにも かいませんでした 아무것도 사지 않았습니다	▶ p.91

9. 인사말·초급 회화

	기능어[→ 유사항목]	의미	용례	페이지
054	인사말		どういたしまして 천만에요	▶ p.136
	초급 회화		いいえ、ちがいます 아니요, 아닙니다	▶ p.137

10. 기타

	기능어[→ 유사항목]	의미	용례	페이지
055	～よ〈종조사〉	～어요	この 本は おもしろいですよ 이 책은 재미있어요	▶ p.36
056	～わ〈종조사〉	～게요	わたしも いっしょに 行くわ 나도 같이 갈게요	▶ p.36
057	ふたつ〈숫자〉	두 살, 두 개	ふたつです 두 살입니다	▶ p.100
058	～かい〈조수사〉	～층	きょうしつは さんがいに ある 교실은 3층에 있다	▶ p.102
	～はい〈조수사〉	～잔	コーヒーを いっぱい いかがですか 커피 한 잔 어떠십니까?	▶ p.103
	～ほん〈조수사〉	～자루	えんぴつが いっぽん おいて ある 연필이 1자루 놓여 있다	▶ p.103
	～まい〈조수사〉	～장	シャツを 2まい かいました 셔츠를 2장 샀습니다	▶ p.102
059	월·일·요일 표현		六月 六日 金曜日です 6월 6일 금요일입니다	▶ p.104
060	시·분 표현		いま 八時 五分です 지금 8시 5분입니다	▶ p.105

JLPT N4 문법 출제표

1. 조사

	기능어[→ 유사항목]	의 미	용 례	페이지
001	~か〈의문사+か〉	~하는지	何時(なんじ)から 始(はじ)まるか 몇 시부터 시작되는지 どこで 買(か)ったか 어디서 샀는지	▶ p.287
002	~が〈주어〉	~이/가	スポーツが さかんだ 스포츠가 성행하다	▶ p.154
	~が〈희망·기호의 대상〉	~을/를	とけいが ほしい 시계를 갖고 싶다	▶ p.154
	~が(できる)〈기타〉	~이 (생기다)	新(あたら)しい 友(とも)だちが できた 새로운 친구가 생겼다	▶ p.154
003	~から〈동작주〉	~로부터	校長先生(こうちょうせんせい)から 교장 선생님으로부터	▶ p.156
	~から〈재료〉	~으로	こめから 作(つく)られる 쌀로 만들어진다	▶ p.156
	~から〈이유〉	~하기 때문에	やすくて じょうぶだから 싸고 튼튼하니까	▶ p.161
004	~ぐらい	~정도, ~가량	1時間(じかん)ぐらい 1시간 정도	▶ p.157
005	~だけ	~만, ~뿐	いらない ものだけ 필요하지 않은 것만	▶ p.157
	~だけに する	~만으로 정하다	コーヒーだけに する 커피만으로 정하다	▶ p.157
006	~で〈원인·이유〉	~때문에	仕事(しごと)で 일 때문에	▶ p.155
	~で〈기타〉	~이면	10分(ぷん)で 行(い)ける 10분이면 갈 수 있다	▶ p.155
007	~でも〈예시〉	~라도	おちゃでも 차라도	▶ p.198
	~でも〈전면적 긍정〉	~든지	いつでも 언제든지	▶ p.198
008	~とか	~라든지	シャツとか ネクタイとか 셔츠라든지 넥타이라든지	▶ p.201
009	~な〈강한 금지〉	~하지 마라	ゴミを すてるな 쓰레기를 버리지 마라	▶ p.232
010	~に〈장소〉	~에	こちらに 着(つ)く 이쪽에 도착하다	▶ p.153
	~に〈출처〉	~에게	あねに もらった 本(ほん) 누나(언니)에게 받은 책	▶ p.153
	~に〈대상〉	~한테	わたしに せつめいさせて ください 저한테 설명하게 해 주세요(제가 설명할게요)	▶ p.153
	~に〈능력〉	~가	わたしに できる ことは 내가 할 수 있는 일은	▶ p.153

010	～に〈기간+に+횟수〉	～에	1週間に 2かいぐらい 일주일에 2회 정도	▶p.153
	～に〈사역문의 동작주〉	～에게	こどもに てを あらわせる 아이에게 손을 씻게 하다	▶p.153
	～に〈수동문의 동작주〉	～에게	父に しかられる 아버지에게 꾸중을 듣다	▶p.153
	～に〈기타〉	～으로	病気の おみまいに 병문안으로	▶p.153
011	～の〈명사의 대응〉	～의 것	どれが あなたのですか 어느 것이 당신 것입니까?	▶p.156
	～の〈명사+の+명사〉	해석 없음	駅の 近くに 역 근처에	▶p.156
	～の〈연체수식절 내 が→の〉	～이/가	山田さんの 来る 日は 야마다 씨가 오는 날은	▶p.156
	～の〈형식명사〉	～것	うたを 歌って いるのが 聞こえる 노래를 부르고 있는 것이 들리다	▶p.179
	～の〈가벼운 질문〉	～니?, ～어?	どうして おくれたの 어째서 늦었니?	▶p.202
012	～ので	～이므로, ～이어서	とても きれいなので 무척 깨끗하기 때문에	▶p.278
013	～のに〈실망·유감·후회〉	～인데도	かぜを ひいて いるのに 감기에 걸렸는데도	▶p.225
	～のに〈목적·용도·경우〉	～하는 데	この はしを つくるのに 이 다리를 만드는 데	▶p.225
014	～ばかり	～만	あそんでばかり いる 놀고만 있다	▶p.199
		～뿐	たいせつな ことばかり 중요한 것뿐	
015	～までに	～까지	6時までに 6시까지	▶p.199
016	～も〈예측 이상〉	～이나	まんがを 10さつも 만화를 10권이나	▶p.200
017	～を〈통과하는 장소〉	～을/를	その かどを まがる 그 모퉁이를 돌다	▶p.155
	～を〈수동문의 동작주〉	～을/를	足を ふまれる 발을 밟히다	▶p.155
	～を〈타동사의 목적어〉	～을/를	私を 車に のせる 나를 차에 태우다	▶p.155
	～を(ぞんじる)〈기타〉	～을 (알고 있다)	あの人を ごぞんじですか 저 사람을 알고 계십니까?	▶p.155

N4 문법 출제표 **377**

2. 표현 의도

	기능어[→ 유사항목]	의 미	용 례	페이지
018	いくら〜ても	아무리 〜해도	いくら 待っても 아무리 기다려도	▶ p.267
019	〜(よ)う 〈권유, 의지 표현〉	〜하자, 〜해야지	急行に のりかえよう 급행으로 갈아 타자	▶ p.207
	〜(よ)うと 思う 〈의지 표현〉	〜하려고 (생각)하다	この 仕事を やめようと 思う 이 일을 그만두려고 생각하다	▶ p.207
	〜(だろう)と 思う 〈추측〉	〜(할 것이)라고 생각하다	むずかしいと 思います 어려울 것이라고 생각합니다	▶ p.252
020	〜(よ)うと する	〜하려고 하다	家を 出ようと した とき 집을 나가려고 했을 때	▶ p.208
021	お+동사 연용형+ください	〜하십시오	お使いください 사용하십시오	▶ p.210
	ご+한자+ください		ご注意ください 주의하십시오	▶ p.210
022	お+동사 연용형+する	〜하다, 〜해 드리다	おつつみします 포장해 드리겠습니다	▶ p.175
	ご+한자+する 〈겸양 표현〉		ご連絡します 연락 드리겠습니다	▶ p.175
	お+동사 연용형+いたす		お待ちいたします 기다리겠습니다	▶ p.176
	ご+한자+いたす 〈겸양 표현〉		ご説明いたします 설명해 드리겠습니다	▶ p.176
023	お+동사 연용형+に なる	〜하시다	お答えになる 대답하시다	▶ p.173
	ご+한자어+に なる 〈존경 표현〉		ご心配になる 걱정하시다	▶ p.173
024	〜おわる	다 〜하다	あさごはんを 食べおわる 아침밥을 다 먹다	▶ p.234
025	〜が する	〜이 나다	チーズの 味が します 치즈 맛이 납니다	▶ p.279
026	〜かた(方)	〜하는 방법	漢字の 書きかた 한자 쓰는 법	▶ p.275
027	〜がる 〈본인의 습성〉	〜하다	さびしがる 외로워하다	▶ p.193
	〜がって いる 〈제3자의 감정〉	〜하고 있다	さむがって いる 추워하고 있다	▶ p.193
	〜たがる	〜하고 싶어 하다	こわい 話を 聞きたがる 무서운 이야기를 듣고 싶어 하다	▶ p.222
	〜たがらない	〜하고 싶어 하지 않다	子どもは 野菜を 食べたがらない 아이들은 채소를 먹고 싶어 하지 않는다	▶ p.222
	〜たがって いる	〜하고 싶어 하고 있다	父は 日本に 行きたがって いる 아버지는 일본에 가고 싶어 하고 있다	▶ p.222
028	〜か どうか	〜는지 어떤지	こんばん パーティーが あるか どうか 오늘밤 파티가 있는지 어떤지	▶ p.288

	~か (ない)か	~할지 ~(하지 않을)지	ぼうしを かぶるか かぶらないか 모자를 쓸지 쓰지 않을지	▶p.288
029	~かも しれない	~지도 모른다	しずかかも しれません 조용할지도 모릅니다	▶p.253
030	~こと 〈형식명사〉	~것	テストが ある ことを 테스트가 있는 것을	▶p.180
		~일	どんな ことを しますか 어떤 일을 합니까?	
	~という こと 〈기타〉	~라는 것	電気が ついて いると いう ことは 불이 켜져 있다는 것은	▶p.181
031	~ことが ある	~할 때가 있다	学校を 休む ことが あります 학교를 쉴 때가 있습니다	▶p.285
032	~ことが できる	~할 수(가) 있다	日本語で 手紙を 書く ことが できる 일본어로 편지를 쓸 수가 있다	▶p.220
033	~ことに する	~하기로 하다	国へ 帰る ことに した 귀국하기로 했다	▶p.208
034	~ことに なる 〈확정〉	~하게 되다	病院で はたらく ことに なりました 병원에서 일하게 되었습니다	▶p.285
	~ことに なって いる 〈기정 사실〉	~하기로 되어 있다	6時半に つく ことに なって いる 6시 반에 도착하기로 되어 있다	▶p.285
035	~さ	~움	かるさ 가벼움	▶p.192
036	~し	~하고	空気も きれいだし 공기도 깨끗하고	▶p.201
037	~すぎる	너무 ~하다	おさけを 飲みすぎる 술을 과음하다	▶p.220
038	~ず(に)	~하지 않고	ご飯を 食べずに 밥을 먹지 않고	▶p.178
039	~(さ)せて ください	~하게 해 주세요	学校を 休ませて ください 학교를 쉬게 해 주세요	▶p.211
040	~(さ)せられる	억지로 ~하다	医者に すぐ 入院させられる 의사에 의해 억지로 바로 입원하다	▶p.178
041	~(さ)せる	~하게 하다	先生を 長く 待たせる 선생님을 오래 기다리게 하다	▶p.177
042	~そうだ 〈전문〉	~라고 한다	あした ふじ山に のぼるそうだ 내일 후지산에 오른다고 하다	▶p.261
	~そうだ 〈양태〉	~한 듯하다	はずかしそうな かお 부끄러운 듯한 표정	▶p.277
043	~(た)ことが ある	~한 적이 있다	一度 会った ことが ある 한 번 만난 적이 있다	▶p.233
	~(た)ことが ない	~한 적이 없다	まだ お会いした ことが ない 아직 만나뵌 적이 없다	▶p.233
044	~だす	~하기 시작하다	急に なきだす 갑자기 울기 시작하다	▶p.213

N4 문법 출제표 **379**

번호	문형	의미	예문	페이지
045	～(た)ところだ	막 ～한 참이다	今 うちへ 帰った ところです 지금 막 집에 돌아온 참입니다	▶p.292
046	～(た)まま	～한 채로	さようならも 言わない まま 안녕이란 말도 못한 채로 くつを はいた まま 신을 신은 채로	▶p.250
047	～ため(に)〈이유〉	～때문에	じこの ため 사고 때문에	▶p.278
	～ために〈동작의 목적〉	～하기 위해서	しけんを うける ために 시험을 치기 위해서	▶p.276
048	～たら	～한다면, ～하니까	しゅくだいが おわったら 숙제가 끝나면	▶p.247
	～たら どうですか	～하면 어떨까요?	この 本を 読んでみたら どうですか 이 책을 읽어 보면 어떨까요?	▶p.247
049	～だろう	～일 것이다	あすは あめだろう 내일은 비가 올 것이다	▶p.251
	～でしょう	～일 것입니다	きょうの 気分は どうでしょうか 오늘 기분은 어떻습니까?	▶p.251
050	～ちゃ(←～ては)	～해서는	部屋へ 入っちゃ いけない 방에 들어가서는 안 된다	▶p.191
051	～つづける	계속 ～하다	本を 読みつづける 책을 계속 읽다	▶p.234
052	～つもりだ	～할 생각(작정)이다	先生に なる つもりです 선생님이 될 작정입니다	▶p.209
053	あげる	드리다	山田さんに 何を あげましたか 야마다 씨에게 무엇을 드렸습니까?	▶p.236
	～て あげる	～해 드리다	母に 写真を おくって あげる 어머니께 사진을 보내 드리다	▶p.236
	さしあげる	드리다	田中先生に さしあげる 다나카 선생님께 드리다	▶p.237
	～て さしあげる	～해 드리다	ちずを かいて さしあげる 지도를 그려 드리다	▶p.237
054	～て あります〈인위적 행위의 결과〉	～해져 있습니다	さとうが 入れて あります 설탕이 넣어져 있습니다	▶p.150
	～て います〈상태〉	～해져 있습니다	入って います 들어 있습니다	▶p.150
055	～て いく〈行く(가다)의 뜻〉	～해 가다	駅まで 走って 行く 역까지 달려가다	▶p.181
	～て いく〈변화〉	～해 나가다	そつぎょうごも 続けて いく 졸업 후에도 계속해 나가다	▶p.181
056	いただく	받다	おてがみを いただいた ことが ある 편지를 받은 적이 있다	▶p.239

	(~に)~て いただく	(~에게) ~해 받다	水原先生に 日本語を 教えて いただきました 미즈하라 선생님께 일본어를 가르쳐 받았습니다(배웠습니다)	▶p.239
057	~て いる ところだ	~하고 있는 중이다	今、本を 読んで いる ところです 지금 책을 읽고 있는 중입니다	▶p.291
058	~て おく	~해 놓다, ~해 두다	じゅんびを して おく 준비를 해 두다	▶p.174
059	くださる	주시다	山田さんが くださる 야마다 씨가 주시다	▶p.238
	(~が)~て くださる	(~가) ~해 주시다	田中さんが 東京を あんないして くださいました 다나카 씨가 도쿄를 안내해 주셨습니다	▶p.238
060	~て くる〈来る(오다)의 뜻〉	~하고 오다	はがきを 買って くる 엽서를 사 오다	▶p.182
	~て くる〈변화〉	~하기 시작하다	あつく なって きました 더워지기 시작했습니다	▶p.182
061	くれる	주다	父が くれる 아버지가 주다	▶p.237
	(~が)~て くれる	(~가) ~해 주다	妹が りょうりを 作って くれる 여동생이 음식을 만들어 주다	▶p.237
062	~て しまう	~하고 말다	かぜを ひいて しまう 감기에 걸려 버리다	▶p.183
063	~ては いけない〈강한 금지〉	~해서는 안 된다	しゃしんを とっては いけません 사진을 찍어서는 안 됩니다	▶p.232
064	~て みる	(시험 삼아 한번) ~해 보다	一度 はいて みる 한번 입어(신어) 보다	▶p.182
065	~ても〈역설〉	~하더라도	もし 雨が ふっても 만일 비가 내려도	▶p.250
	~でも		あしたは 雨でも 내일은 비가 오더라도	▶p.250
066	~ても いい	~해도 좋다(된다)	試験が 終わった 人は 帰っても いい 시험이 끝난 사람은 돌아가도 좋다	▶p.224
067	~ても かまわない	~해도 상관없다	たばこを すっても かまいません 담배를 피워도 상관없습니다	▶p.224
			おそくても かまわないので 늦어도 상관없으니까	
068	もらう	받다	どんな ものを もらいましたか 어떤 것을 받았습니까?	▶p.239
	(~に)~て もらう	(~에게) ~해 받다	先生に 教えて もらう 선생님께 가르쳐 받다(배우다)	▶p.239
069	やる	주다	たんじょうびに 時計を やる 생일 때 시계를 주다	▶p.235
	(~が)~て やる	(~가) ~해 주다	ぼくが 教えて やる 내가 가르쳐 주다	▶p.235

번호	표현	뜻	예문	페이지
070	～と〈확정 사실〉	～면	この道を まっすぐ 行くと 이 길을 곧장 가면	▶p.249
	～と〈가정〉	～면	おじいさんが 元気だと いい 할아버지가 건강하면 좋다	▶p.249
	～と〈발견의 と〉	～하니까	まどを 開けると 창문을 여니까	▶p.249
071	～と～と どちら	～와 ～중 어느 쪽	英語と 日本語と どちらが 영어와 일본어 중 어느 쪽이	▶p.264
072	～ところだ	～하려는(할) 참이다	今から むすめに 電話を かける ところです 지금부터 딸에게 전화를 걸 참입니다	▶p.291
073	どんなに～ても	아무리 ～해도	どんなに いそがしくても 아무리 바빠도	▶p.292
074	～なくては いけない	～하지 않으면 안 된다	しなくては いけません 하지 않으면 안 됩니다	▶p.223
	～なければ ならない		新しい 仕事を さがさなければ ならない 새로운 일을 찾지 않으면 안 된다	▶p.223
075	～なくても いい	～하지 않아도 좋다(된다)	きょう かえさなくても いい 오늘 돌려주지 않아도 된다	▶p.274
076	～なくても かまわない	～하지 않아도 상관없다	かいぎには 出なくても かまいません 회의에는 참석하지 않아도 상관없습니다	▶p.274
077	～なさい	～하시오, ～해라	ゆっくり 考えなさい 천천히 생각해라	▶p.276
078	～なら〈가정〉	～거면	りょこうに 行くなら 여행을 갈거면	▶p.248
	～なら〈토픽〉	～라면	韓国料理なら 한국 요리라면	▶p.248
079	～にくい	～하기 어렵다	読みにくい 읽기 어렵다	▶p.262
080	～に する〈의지〉	～로 정하다	わたしは カレーライスに します 나는 카레라이스로 하겠습니다	▶p.209
081	～のだ	～인 것이다	ほんとうに 先生なのです 정말로 선생님인 것입니다	▶p.286
082	～ば	～하면	どういけば 어떻게 가면	▶p.246
	～ば～ほど	～하면 ～할수록	強ければ 強いほど 강하면 강할수록	▶p.246
083	～はじめる	～하기 시작하다	雪が ふりはじめる 눈이 내리기 시작하다	▶p.212
084	～はずが ない	～할 리가 없다	こんな ひどい ことを する はずが ない 이렇게 심한 짓을 할 리가 없다	▶p.260
085	～はずだ	～일 터이다	山田さんは 来る はずです 야마다 씨는 올 것입니다	▶p.254

086	～は～より	～은 ～보다	きょうは きのうより 오늘은 어제보다	▶ p.263
087	～(た)ほうが いい	～하는 것이 좋다	少し 休んだ ほうが いいですよ 좀 쉬는 것이 좋아요	▶ p.221
	～(ない)ほうが いい	～하지 않는 것이 좋다	たばこは すわない ほうが いいですよ 담배를 피우지 않는 것이 좋아요	▶ p.221
	～(ない)ほうが	～하지 않는 것이	外に 出ない ほうが あんぜんだ 밖에 나가지 않는 것이 안전하다	▶ p.221
088	～ほど～ない	～만큼 ～하지 않다	きのうほど あつく ありません 어제만큼 덥지 않습니다	▶ p.265
089	～やすい	～하기 쉽다	かぜを ひきやすい 감기에 걸리기 쉽다	▶ p.262
090	～ようだ〈불확실한 단정〉	～인 것 같다	ちょっと まずいようです 좀 맛없는 것 같습니다	▶ p.260
	～ようだ〈비유·예시〉	～와 같다	ゆめのような 話 꿈 같은 이야기	▶ p.266
	～ような〈취지 등〉	해석 안됨	金が ほしいと いう ような メール 돈이 필요하다는 메일	▶ p.266
091	～ように いう	～하도록 말하다	かならず 持って くるように 言って ください 반드시 가져오도록 말해 주세요	▶ p.289
092	～ように する	～하도록 하다	かさを 忘れないように して ください 우산을 두고 오지 않도록 해 주세요	▶ p.289
	～ように して いる	～하도록 하고 있다	あまい ものを 食べない ように して いる 단 것을 먹지 않도록 하고 있다	▶ p.289
	～ように なる	～하게[끔] 되다	運転が できるように なりました 운전을 할 수 있게 되었습니다	▶ p.290
093	～より(～ほうが)	～보다(～쪽이)	いつもより 여느 때보다 りんごより なしの ほうが 사과보다 배 쪽이(배가)	▶ p.263
094	～らしい〈접미사〉	～답다	男らしい 人 남자다운 사람	▶ p.192
	～らしい〈추측〉	～인 것 같다	ゆきが ふるらしいです 눈이 내릴 것 같습니다	▶ p.252
095	～(ら)れる〈수동태〉	～되다, ～함을 당하다	かぞくに はんたいされる 가족에게 반대 당하다	▶ p.172
	～(ら)れる〈경어〉	～하시다	来られる 오시다	▶ p.174
096	가능동사 – 5단동사	～할 수 있다	日本の お金が 使えますか 일본 돈을 사용할 수 있습니까?	▶ p.221
	～(ら)れる〈가능〉 – 1단동사		漢字の 読みかたが しらべられる 한자 읽는 법을 찾을 수 있다	▶ p.221

	기능어[➡ 유사항목]	의미	용례	페이지
097	동사의 명령형	~해라	早く 起きろ 빨리 일어나	▶p.275
098	こんな/そんな	이런/그런	こんな スカートを はくのは 이런 치마를 입는 것은	▶p.189
	あんな/どんな〈연체사〉	저런/어떤	あんな 人は きらいです 저런 사람은 싫습니다	▶p.189
	こう/そう	이렇게/그렇게	そうは 見えない 그렇게는 보이지 않는다	▶p.190
	ああ/どう〈부사〉	저렇게/어떻게	どう 読みますか 어떻게 읽습니까?	▶p.190
	こんなに/そんなに	이렇게/그렇게	こんなに 高い コートを 買う 人が 이렇게 비싼 코트를 사는 사람이	▶p.191
	あんなに/どんなに〈연체사〉	저렇게/아무리	どんなに 言われても だめです 아무리 말씀하셔도 안 됩니다.	▶p.191
099	(お)+い형용사+ございます	~ㅂ니다	お高うございます 비쌉니다	▶p.176

3. 경어 · 인사말 · 기본 회화

	기능어[➡ 유사항목]	의미	용례	페이지
100	なさる〈존경어〉	하시다	仕事を なさって いる 일을 하시고 있다	▶p.298
	~て おります〈겸양어〉	~하고 있습니다	今 電話に 出て おります 지금 전화를 받고 있습니다	▶p.298
	ございます〈정중어〉	있습니다	社長の めがねは あそこに ございます 사장님 안경은 저기에 있습니다	▶p.298
	명사・な형용사+でございます 〈정중어〉	~입니다	この いすは イタリア製でございます 이 의자는 이탈리아제입니다	▶p.177
	おまたせしました〈인사말〉	오래 기다리셨습니다	どうも おまたせしました 정말로 오래 기다리셨습니다	▶p.300
	おねがいします〈기본 회화〉	부탁합니다	どうぞ よろしく おねがいします 아무쪼록 잘 부탁합니다	▶p.300

콕콕 실전 문제 및 파이널 테스트 정답

Part 1 JLPT N5 문법

01 ▶ p.23-27
1. ①   2. ②   3. ③   4. ②   5. ④   6. ①   7. ③
8. ②   9. ③   10. ③   11. ②   12. ④   13. ②   14. ①
15. ②   16. ③   17. ④(3142)   18. ③(4231)   19. ②(3214)   20. ③(2314)   21. ②(1423)
22. ④   23. ①   24. ②   25. ③   26. ②

02 ▶ p.37-41
1. ④   2. ②   3. ④   4. ③   5. ①   6. ②   7. ③
8. ③   9. ③   10. ②   11. ④   12. ①   13. ④   14. ③
15. ①   16. ③   17. ③(4312)   18. ②(3421)   19. ③(1324)   20. ④(2143)   21. ③(4231)
22. ③   23. ④   24. ②   25. ①   26. ④

03 ▶ p.47-51
1. ③   2. ②   3. ③   4. ④   5. ②   6. ④   7. ②
8. ③   9. ③   10. ④   11. ②   12. ③   13. ①   14. ④
15. ②   16. ①   17. ②(3124)   18. ①(2413)   19. ②(3241)   20. ②(4213)   21. ②(1243)
22. ②   23. ①   24. ④   25. ③   26. ①

04 ▶ p.57-61
1. ③   2. ③   3. ②   4. ①   5. ④   6. ④   7. ④
8. ③   9. ①   10. ②   11. ①   12. ②   13. ④   14. ①
15. ③   16. ②   17. ①(3412)   18. ③(2134)   19. ④(2341)   20. ③(4312)   21. ④(1243)
22. ②   23. ①   24. ④   25. ③   26. ②

05 ▶ p.68-73
1. ④   2. ②   3. ②   4. ②   5. ①   6. ④   7. ③
8. ②   9. ②   10. ②   11. ④   12. ①   13. ③   14. ②
15. ④   16. ③   17. ②   18. ③   19. ④   20. ①
21. ②(3124)   22. ④(2143)   23. ②(4321)   24. ②(4231)   25. ③(2431)
26. ①   27. ③   28. ②   29. ④   30. ①

06 ▶ p.80-83
1. ③   2. ④   3. ④   4. ②   5. ②   6. ③   7. ③
8. ②   9. ③(2341)   10. ②(3124)   11. ④(1243)   12. ②(4123)   13. ④(1423)
14. ①   15. ③   16. ④   17. ②   18. ③

07
▶ p.94-99

1. ④ 2. ① 3. ③ 4. ③ 5. ④ 6. ① 7. ②
8. ④ 9. ② 10. ④ 11. ③ 12. ① 13. ④ 14. ①
15. ① 16. ② 17. ① 18. ② 19. ③ 20. ② 21. ④
22. ③ 23. ① 24. ① 25. ④(2431) 26. ①(2413) 27. ②(4123) 28. ①(3412)
29. ③(1432) 30. ② 31. ④ 32. ① 33. ③ 34. ①

08
▶ p.106-110

1. ② 2. ③ 3. ① 4. ② 5. ② 6. ③ 7. ②
8. ① 9. ④ 10. ④ 11. ① 12. ② 13. ③ 14. ④
15. ④(1243) 16. ①(2134) 17. ②(3421) 18. ①(3214) 19. ③(2431)
20. ② 21. ④ 22. ③ 23. ① 24. ①

09
▶ p.118-123

1. ② 2. ② 3. ④ 4. ③ 5. ② 6. ① 7. ④
8. ① 9. ③ 10. ④ 11. ② 12. ① 13. ② 14. ②
15. ④ 16. ② 17. ③ 18. ④ 19. ② 20. ① 21. ②
22. ③ 23. ④ 24. ①
25. ④(1243) 26. ②(3124) 27. ③(1342) 28. ①(2134) 29. ②(4123)
30. ① 31. ② 32. ④ 33. ③ 34. ①

10
▶ p.131-135

1. ③ 2. ③ 3. ④ 4. ③ 5. ④ 6. ① 7. ①
8. ④ 9. ② 10. ④ 11. ② 12. ③ 13. ② 14. ①
15. ③ 16. ④ 17. ②(3124) 18. ①(2413) 19. ④(3241) 20. ③(1234) 21. ③(4312)
22. ① 23. ③ 24. ④ 25. ② 26. ③

11
▶ p.141-145

1. ① 2. ④ 3. ② 4. ④ 5. ① 6. ④ 7. ④
8. ② 9. ④ 10. ① 11. ② 12. ③
13. ④(1342) 14. ①(4312) 15. ④(2341) 16. ④(3142) 17. ①(2134)
18. ④ 19. ① 20. ③ 21. ② 22. ③

Part 2 JLPT N4 문법

01
▶ p.165-171

1. ③ 2. ④ 3. ② 4. ④ 5. ③ 6. ④ 7. ①
8. ② 9. ① 10. ④ 11. ② 12. ③ 13. ③ 14. ②
15. ④ 16. ③ 17. ① 18. ① 19. ② 20. ③ 21. ③
22. ④ 23. ① 24. ④ 25. ① 26. ③ 27. ② 28. ③
29. ④ 30. ② 31. ① 32. ④
33. ①(3124) 34. ④(2143) 35. ①(3142) 36. ③(1342) 37. ②(3214)
38. ④ 39. ③ 40. ① 41. ② 42. ④

02
▶p.184-188

1. ①   2. ①   3. ③   4. ④   5. ①   6. ②   7. ②
8. ②   9. ④   10. ③   11. ③   12. ④   13. ②   14. ③
15. ①   16. ②(4213)   17. ①(3214)   18. ④(1423)   19. ④(1243)   20. ①(4312)
21. ④   22. ①   23. ②   24. ③   25. ②

03
▶p.194-197

1. ③   2. ④   3. ①   4. ②   5. ①   6. ②   7. ④
8. ③   9. ①(4213)   10. ③(1324)   11. ②(3421)   12. ④(2341)   13. ①(3142)
14. ①   15. ③   16. ④   17. ②   18. ③

04
▶p.203-206

1. ③   2. ④   3. ①   4. ②   5. ④   6. ①   7. ③
8. ④   9. ①(2143)   10. ④(3421)   11. ③(1342)   12. ②(4321)   13. ④(2143)
14. ③   15. ④   16. ①   17. ②   18. ④

05
▶p.214-219

1. ④   2. ①   3. ③   4. ②   5. ③   6. ④   7. ①
8. ④   9. ④   10. ①   11. ③   12. ①   13. ③   14. ③
15. ④   16. ②   17. ①   18. ②   19. ①   20. ②   21. ④
22. ①   23. ①   24. ④
25. ①(2143)   26. ④(1432)   27. ④(2143)   28. ③(2314)   29. ②(4213)
30. ①   31. ④   32. ③   33. ②   34. ③

06
▶p.227-231

1. ③   2. ③   3. ④   4. ②   5. ③   6. ④   7. ③
8. ②   9. ①   10. ④   11. ③   12. ②   13. ②   14. ①
15. ④   16. ③   17. ③
18. ③(4132)   19. ①(2413)   20. ②(4231)   21. ②(1324)   22. ④(3421)
23. ①   24. ④   25. ②   26. ③   27. ③

07
▶p.240-245

1. ④   2. ③   3. ①   4. ②   5. ①   6. ④   7. ③
8. ④   9. ④   10. ②   11. ①   12. ②   13. ③   14. ④
15. ②   16. ①   17. ③   18. ②   19. ①   20. ③   21. ②
22. ④   23. ②   24. ③
25. ③(1324)   26. ①(4312)   27. ④(2431)   28. ②(3214)   29. ④(2143)
30. ①   31. ④   32. ②   33. ③   34. ②

08
▶p.255-259

1. ④   2. ②   3. ③   4. ④   5. ①   6. ④   7. ②
8. ①   9. ②   10. ③   11. ①   12. ④   13. ④   14. ③
15. ②   16. ③   17. ④(1423)   18. ③(2314)   19. ①(4132)   20. ②(3124)   21. ①(4312)
22. ③   23. ③   24. ①   25. ④   26. ②

09 ▶ p.268-273

1. ③	2. ④	3. ②	4. ②	5. ④	6. ②	7. ①
8. ①	9. ②	10. ④	11. ③	12. ①	13. ④	14. ②
15. ③	16. ②	17. ①	18. ③	19. ③	20. ④	21. ①
22. ④	23. ②	24. ④				
25. ④(1432)	26. ②(4123)	27. ③(2431)	28. ②(4321)	29. ①(3124)		
30. ④	31. ②	32. ①	33. ③	34. ②		

10 ▶ p.280-284

1. ④	2. ②	3. ①	4. ②	5. ④	6. ③	7. ①
8. ③	9. ①	10. ②	11. ①	12. ①	13. ③	14. ②
15. ①	16. ④	17. ③(1324)	18. ④(2143)	19. ②(4123)	20. ①(3214)	21. ③(2431)
22. ④	23. ③	24. ①	25. ②	26. ③		

11 ▶ p.293-297

1. ②	2. ①	3. ④	4. ④	5. ①	6. ②	7. ②
8. ③	9. ②	10. ②	11. ①	12. ①	13. ②	14. ①
15. ③	16. ③	17. ④(2143)	18. ④(3412)	19. ③(2314)	20. ②(4321)	21. ④(1243)
22. ④	23. ①	24. ③	25. ②	26. ①		

12 ▶ p.303-308

1. ③	2. ②	3. ④	4. ④	5. ③	6. ②	7. ②
8. ③	9. ①	10. ①	11. ④	12. ②	13. ①	14. ④
15. ②	16. ③	17. ③	18. ②			
19. ④(3241)	20. ①(4123)	21. ③(2134)	22. ②(1234)	23. ②(4123)		
24. ③	25. ①	26. ②	27. ④	28. ④		

Part 3 JLPT N4·N5 파이널 테스트

▶ N5

1회 ▶ p.320-325

もんだい1	1. ④	2. ②	3. ③	4. ④	5. ①	6. ②	7. ④	8. ③	9. ①	10. ④
	11. ③	12. ②	13. ①	14. ②	15. ③	16. ①				
もんだい2	17. ④(1432)	18. ④(2143)	19. ②(1324)	20. ①(3214)	21. ①(2314)					
もんだい3	22. ③	23. ②	24. ④	25. ①	26. ③					

2회 ▶ p.326-331

もんだい1	1. ①	2. ②	3. ①	4. ③	5. ④	6. ②	7. ④	8. ①	9. ②	10. ③
	11. ④	12. ①	13. ③	14. ②	15. ③	16. ④				
もんだい2	17. ②(1243)	18. ④(4312)	19. ②(3421)	20. ①(2314)	21. ③(1432)					
もんだい3	22. ④	23. ②	24. ④	25. ③	26. ①					

3회
▶p.332-337

もんだい1	1. ②	2. ④	3. ①	4. ②	5. ③	6. ④	7. ②	8. ①	9. ②	10. ②
	11. ①	12. ②	13. ④	14. ②	15. ①	16. ③				
もんだい2	17. ④(1342)		18. ②(4321)		19. ①(2413)		20. ③(4312)		21. ④(3241)	
もんだい3	22. ①	23. ②	24. ①	25. ④	26. ①					

4회
▶p.338-342

もんだい1	1. ②	2. ①	3. ③	4. ④	5. ③	6. ②	7. ③	8. ①	9. ①	10. ②
	11. ②	12. ④	13. ③	14. ④	15. ③	16. ①				
もんだい2	17. ④(3142)		18. ②(4231)		19. ①(2314)		20. ③(1342)		21. ②(1423)	
もんだい3	22. ③	23. ④	24. ①	25. ②	26. ④					

▶N4

1회
▶p.343-348

もんだい1	1. ③	2. ②	3. ④	4. ①	5. ④	6. ①	7. ③	8. ②	9. ①	10. ④
	11. ②	12. ③	13. ①	14. ③	15. ②					
もんだい2	16. ③(1324)		17. ①(3214)		18. ②(4123)		19. ①(3412)		20. ④(2431)	
もんだい3	21. ①	22. ③	23. ①	24. ④	25. ④					

2회
▶p.349-354

もんだい1	1. ②	2. ①	3. ③	4. ③	5. ④	6. ①	7. ④	8. ④	9. ②	10. ③
	11. ②	12. ③	13. ①	14. ④	15. ①					
もんだい2	16. ②(1423)		17. ①(3124)		18. ④(3241)		19. ②(4321)		20. ③(1234)	
もんだい3	21. ①	22. ④	23. ③	24. ①	25. ②					

3회
▶p.355-359

もんだい1	1. ③	2. ③	3. ②	4. ④	5. ①	6. ②	7. ④	8. ①	9. ③	10. ②
	11. ②	12. ①	13. ③	14. ④	15. ①					
もんだい2	16. ④(3421)		17. ③(1432)		18. ④(3142)		19. ②(1324)		20. ①(2314)	
もんだい3	21. ①	22. ③	23. ①	24. ②	25. ③					

4회
▶p.360-365

もんだい1	1. ④	2. ③	3. ②	4. ④	5. ①	6. ④	7. ③	8. ④	9. ③	10. ①
	11. ②	12. ④	13. ①	14. ③	15. ②					
もんだい2	16. ②(4231)		17. ①(4213)		18. ③(2134)		19. ②(1423)		20. ④(3241)	
もんだい3	21. ③	22. ②	23. ④	24. ①	25. ③					

N5文法 ファイナルテスト 解答用紙

1回

問題1

	①	②	③	④
1	①	②	③	④
2	①	②	③	④
3	①	②	③	④
4	①	②	③	④
5	①	②	③	④
6	①	②	③	④
7	①	②	③	④
8	①	②	③	④
9	①	②	③	④
10	①	②	③	④
11	①	②	③	④
12	①	②	③	④
13	①	②	③	④
14	①	②	③	④
15	①	②	③	④
16	①	②	③	④

問題2

	①	②	③	④
17	①	②	③	④
18	①	②	③	④
19	①	②	③	④
20	①	②	③	④
21	①	②	③	④

問題3

	①	②	③	④
22	①	②	③	④
23	①	②	③	④
24	①	②	③	④
25	①	②	③	④
26	①	②	③	④

2回

問題1

	①	②	③	④
1	①	②	③	④
2	①	②	③	④
3	①	②	③	④
4	①	②	③	④
5	①	②	③	④
6	①	②	③	④
7	①	②	③	④
8	①	②	③	④
9	①	②	③	④
10	①	②	③	④
11	①	②	③	④
12	①	②	③	④
13	①	②	③	④
14	①	②	③	④
15	①	②	③	④
16	①	②	③	④

問題2

	①	②	③	④
17	①	②	③	④
18	①	②	③	④
19	①	②	③	④
20	①	②	③	④
21	①	②	③	④

問題3

	①	②	③	④
22	①	②	③	④
23	①	②	③	④
24	①	②	③	④
25	①	②	③	④
26	①	②	③	④

3回

問題1

	①	②	③	④
1	①	②	③	④
2	①	②	③	④
3	①	②	③	④
4	①	②	③	④
5	①	②	③	④
6	①	②	③	④
7	①	②	③	④
8	①	②	③	④
9	①	②	③	④
10	①	②	③	④
11	①	②	③	④
12	①	②	③	④
13	①	②	③	④
14	①	②	③	④
15	①	②	③	④
16	①	②	③	④

問題2

	①	②	③	④
17	①	②	③	④
18	①	②	③	④
19	①	②	③	④
20	①	②	③	④
21	①	②	③	④

問題3

	①	②	③	④
22	①	②	③	④
23	①	②	③	④
24	①	②	③	④
25	①	②	③	④
26	①	②	③	④

4回

問題1

	①	②	③	④
1	①	②	③	④
2	①	②	③	④
3	①	②	③	④
4	①	②	③	④
5	①	②	③	④
6	①	②	③	④
7	①	②	③	④
8	①	②	③	④
9	①	②	③	④
10	①	②	③	④
11	①	②	③	④
12	①	②	③	④
13	①	②	③	④
14	①	②	③	④
15	①	②	③	④
16	①	②	③	④

問題2

	①	②	③	④
17	①	②	③	④
18	①	②	③	④
19	①	②	③	④
20	①	②	③	④
21	①	②	③	④

問題3

	①	②	③	④
22	①	②	③	④
23	①	②	③	④
24	①	②	③	④
25	①	②	③	④
26	①	②	③	④

N4文法 ファイナルテスト 解答用紙

1回

問題1

	①	②	③	④
1	①	②	③	④
2	①	②	③	④
3	①	②	③	④
4	①	②	③	④
5	①	②	③	④
6	①	②	③	④
7	①	②	③	④
8	①	②	③	④
9	①	②	③	④
10	①	②	③	④
11	①	②	③	④
12	①	②	③	④
13	①	②	③	④
14	①	②	③	④
15	①	②	③	④

問題2

	①	②	③	④
16	①	②	③	④
17	①	②	③	④
18	①	②	③	④
19	①	②	③	④
20	①	②	③	④

問題3

	①	②	③	④
21	①	②	③	④
22	①	②	③	④
23	①	②	③	④
24	①	②	③	④
25	①	②	③	④

2回

問題1

	①	②	③	④
1	①	②	③	④
2	①	②	③	④
3	①	②	③	④
4	①	②	③	④
5	①	②	③	④
6	①	②	③	④
7	①	②	③	④
8	①	②	③	④
9	①	②	③	④
10	①	②	③	④
11	①	②	③	④
12	①	②	③	④
13	①	②	③	④
14	①	②	③	④
15	①	②	③	④

問題2

	①	②	③	④
16	①	②	③	④
17	①	②	③	④
18	①	②	③	④
19	①	②	③	④
20	①	②	③	④

問題3

	①	②	③	④
21	①	②	③	④
22	①	②	③	④
23	①	②	③	④
24	①	②	③	④
25	①	②	③	④

3回

問題1

	①	②	③	④
1	①	②	③	④
2	①	②	③	④
3	①	②	③	④
4	①	②	③	④
5	①	②	③	④
6	①	②	③	④
7	①	②	③	④
8	①	②	③	④
9	①	②	③	④
10	①	②	③	④
11	①	②	③	④
12	①	②	③	④
13	①	②	③	④
14	①	②	③	④
15	①	②	③	④

問題2

	①	②	③	④
16	①	②	③	④
17	①	②	③	④
18	①	②	③	④
19	①	②	③	④
20	①	②	③	④

問題3

	①	②	③	④
21	①	②	③	④
22	①	②	③	④
23	①	②	③	④
24	①	②	③	④
25	①	②	③	④

4回

問題1

	①	②	③	④
1	①	②	③	④
2	①	②	③	④
3	①	②	③	④
4	①	②	③	④
5	①	②	③	④
6	①	②	③	④
7	①	②	③	④
8	①	②	③	④
9	①	②	③	④
10	①	②	③	④
11	①	②	③	④
12	①	②	③	④
13	①	②	③	④
14	①	②	③	④
15	①	②	③	④

問題2

	①	②	③	④
16	①	②	③	④
17	①	②	③	④
18	①	②	③	④
19	①	②	③	④
20	①	②	③	④

問題3

	①	②	③	④
21	①	②	③	④
22	①	②	③	④
23	①	②	③	④
24	①	②	③	④
25	①	②	③	④

저자 약력

이치우(lcw66631@gmail.com)

인하대학교 문과대학 일어일문학과 졸업
일본 **橫浜国立大学 教育学部 硏究生** 수료
駐日 한국대사관 한국문화원 근무
(전)일본 와세다대학 객원 연구원
(전)한국디지털대학교 외래교수
(현)일본어 교재 저술가

저서

『최신 개정판 JLPT 일본어능력시험 한권으로 끝내기 N1/N2/N3/N4/N5』 (다락원, 공저)
『新일본어능력시험 한권으로 끝내기 N1/N2/N3/N4』 (다락원, 공저)
『4th EDITION JLPT 일본어 능력시험 [문자·어휘 / 한자 / 문법] 콕콕 찍어주마 N1/N2/N3/N4·5』 (다락원)
『新일본어 능력시험 [문자·어휘 / 한자 / 문법] 콕콕 찍어주마 N1/N2/N3/N4·5 대비』 (다락원)

JLPT 콕콕 찍어주마 N4·5 문법 **4th EDITION**

지은이 이치우
펴낸이 정규도
펴낸곳 (주)다락원

초판 1쇄 발행 2003년 9월 5일
개정2판 1쇄 발행 2010년 1월 5일
개정3판 1쇄 발행 2017년 12월 11일
개정3판 7쇄 발행 2025년 2월 19일

책임편집 김은경, 송화록
디자인 하태호, 최영란

다락원 경기도 파주시 문발로 211
내용문의: (02)736-2031 내선 460~465
구입문의: (02)736-2031 내선 250~252
Fax: (02)732-2037
출판등록 1977년 9월 16일 제406-2008-000007호

Copyright ⓒ 2017, 이치우

저자 및 출판사의 허락 없이 이 책의 일부 또는 전부를 무단 복제·전재·발췌할 수 없습니다. 구입 후 철회는 회사 내규에 부합하는 경우에 가능하므로 구입문의처에 문의하시기 바랍니다. 분실·파손 등에 따른 소비자 피해에 대해서는 공정거래위원회에서 고시한 소비자 분쟁 해결 기준에 따라 보상 가능합니다. 잘못된 책은 바꿔 드립니다.

ISBN 978-89-277-1186-5 18730
      978-89-277-1168-1 (set)

http://www.darakwon.co.kr

- 다락원 홈페이지를 방문하시면 상세한 출판정보와 함께 동영상강좌, MP3자료 등 다양한 어학 정보를 얻으실 수 있습니다.
- 콕콕 실전문제 및 파이널 테스트 문제의 해석은 다락원 홈페이지 학습자료실에서 다운로드 받으시거나 교재 안의 QR코드를 통해 바로 확인하실수 있습니다.
- 파이널 테스트 추가 4회분 문제와 해석을 다락원 홈페이지 학습자료실에서 다운로드 받으실 수 있습니다.